T0279117

También es posible para ti

Diseño de portada: Editorial Sirio, S.A.
Maquetación: Toñi F. Castellón

© 2022, Maria Elena Badillo

© de la presente edición
   EDITORIAL SIRIO, S.A.
   C/ Rosa de los Vientos, 64
   Pol. Ind. El Viso
   29006-Málaga
   España

www.editorialsirio.com
sirio@editorialsirio.com

I.S.B.N.: 978-84-18531-97-2
Depósito Legal: MA-800-2022

Impreso en Imagraf Impresores, S. A.
c/ Nabucco, 14 D - Pol. Alameda
29006 - Málaga

Impreso en España

Puedes seguirnos en Facebook, Twitter, YouTube e Instagram.

Cualquier forma de reproducción, distribución, comunicación pública o transformación de esta obra solo puede ser realizada con la autorización de sus titulares, salvo excepción prevista por la ley. Diríjase a CEDRO (Centro Español de Derechos Reprográficos, www. cedro.org) si necesita fotocopiar o escanear algún fragmento de esta obra.

El papel utilizado para la impresión de este libro está **libre de cloro** elemental (ECF) y su procedencia está certificada por una entidad independiente, no gubernamental, que promueve la sostenibilidad de los bosques.

MARIA ELENA BADILLO

También es posible para ti

*Eso que sueñas
y que otros
han logrado*

Editorial
SIRIO

A mi gran amiga Liliana, un alma hermana con quien,
en otro plano, mi ser había pactado un encuentro
más allá del propio entendimiento...

◄ Índice ►

◄ Prólogo ►

Carcelianos versus *feelfreenianos*

Ahora mismo se está produciendo un choque de paradigmas entre dos formas muy diferentes de entender y de vivir las relaciones humanas. Por un lado, están los *carcelianos*. Representan la vieja forma de concebir los vínculos, basada en las creencias limitantes de ese gran carcelero: el ego. A pesar de construir relaciones limitantes, conflictivas e insatisfactorias, los *carcelianos* siguen siendo mayoría.

Por otro lado, están los *feelfreenianos*, un colectivo minoritario emergente en nuestra sociedad que crea sus relaciones desde el ser y la consciencia. En inglés, *feel free* significa 'siéntete libre'. En el fondo no es más que una invitación a vincularse de forma libre y respetuosa, empleando verdades verificadas con las que mantener relaciones mucho más armónicas y satisfactorias. Para lograrlo, primero hemos de conquistar nuestra propia libertad interior, rompiendo cualquier cadena mental que nos oprima.

En este sentido, los *carcelianos* parten de la creencia limitante de que necesitan a los demás para ser felices. De ahí que establezcan vínculos basados en el apego. En cambio, los *feelfreenianos* han verificado empíricamente que nadie puede hacerles felices del mismo modo que ellos tampoco pueden hacer feliz a nadie. Principalmente porque la verdadera felicidad reside en el interior de cada ser humano. Esta es la razón por la que crean relaciones basadas en el desapego, el cual no hay que confundir con la insensibilidad o la indiferencia.

A su vez, los *carcelianos* adoptan una actitud victimista frente a la vida. Lo cierto es que están convencidos de que el resto de las personas son la causa de su malestar y sufrimiento. Tanto es así, que suelen culpar a los demás por lo que sienten. En cambio, los *feelfreenianos* saben que nadie tiene el poder de herirlos emocionalmente sin su consentimiento. Son plenamente responsables de sus emociones, y están comprometidos con dejar de perturbarse a sí mismos, aprendiendo a domesticar su mente y sus pensamientos.

Por otro lado, los *carcelianos* cuentan con una mente rígida y esperan inconscientemente que los demás cumplan con sus expectativas. Se creen que son el centro del universo y se decepcionan cada vez que alguno de sus amigos no actúa o se comporta como ellos desean. Debido a su egocentrismo suelen cosechar mucha frustración. En cambio, los *feelfreenianos* liberan a los demás de tener que cumplir con sus expectativas. Cuentan con una mente mucho más flexible y altruista. Y han aprendido a fluir con lo que la realidad les depara en cada momento.

Otra diferencia es que los *carcelianos* esperan que los demás llenen su vacío interior. De ahí que su amor sea mercantilista y esté condicionado. Debido a su escasez, quieren a los demás en función de cómo se comportan con ellos. En cambio, los *feelfreenianos* se sienten abundantes y aman a los demás por lo que son. No limitan su capacidad de amar en ningún caso. Aman principalmente porque el amor les hace sentir de maravilla.

Del orgullo a la humildad

En paralelo, los *carcelianos* son orgullosos y paternalistas. Dado que les incomoda ocuparse de sus propios asuntos emocionales, tienden a intentar cambiar a los demás bajo el pretexto de que creen saber lo que a estos les conviene. En cambio, los *feelfreenianos* cultivan la humildad y el respeto. Dedican tiempo y espacio a atender sus necesidades emocionales, aprendiendo a ser felices por sí mismos. Esto es lo que les permite aceptar y respetar a los demás tal como son, aunque no estén de acuerdo con ellos.

Otro rasgo distintivo entre ambos colectivos es que los *carcelianos* son buenistas. Es decir, creen que lo más importante es ser buenas personas. En el fondo, lo que anhelan es gozar de una buena imagen y reputación social. De ahí que suelan llevar una máscara puesta, adoptando en ocasiones conductas falsas e hipócritas. En cambio, los *feelfreenianos* han pasado por un proceso de autoconocimiento que les ha permitido madurar, liberándose de cualquier careta que los aleje de su autenticidad. Saben que lo más importante es estar bien consigo mismos y establecen vínculos basados en la honestidad.

Si bien no son conscientes de ello, los *carcelianos* malviven en un estado de esclavitud psicológica: les importa demasiado lo que piense la gente. Tanto es así, que temen que, si se priorizan, los demás los tacharán de «egoístas». Por eso les cuesta decir que «no». En cambio, los *feelfreenianos* han conquistado su libertad interior. Han aprendido a priorizarse, amándose con todo su corazón. Más que nada porque saben que la relación más importante es la que establecen consigo mismos, y que el resto de las relaciones, no son más que un juego de espejos y proyecciones.

Por otra parte, a los *carcelianos* nos les gusta la soledad. A menudo consideran que estar solos es un fracaso. Tienden a construir relaciones basadas en la dependencia emocional. Suelen juntarse en grupos grandes para mantener conversaciones banales, intrascendentes y superficiales, dificultando la posibilidad de establecer conexiones emocionales profundas. En cambio, los *feelfreenianos* son autosuficientes. Necesitan la soledad para cultivar la relación íntima consigo mismos, y se convierten en sus mejores amigos. Así es como pueden intimar verdaderamente con otras personas.

Con la finalidad de lograr lo que quieren, los *carcelianos* manipulan y chantajean emocionalmente a los demás. Tienden a enarbolar la bandera de lo moral, tratando de hacer sentir egoístas o culpables a quienes no se someten a su criterio. En cambio, los *feelfreenianos* no emplean la manipulación ni el chantaje emocional. Comprenden que las relaciones humanas se establecen de forma libre y voluntaria. De ahí que simplemente acepten a los demás tal como son.

Otra particularidad que los diferencia es que los *carcelianos* se comparan entre sí y a menudo sienten celos y envidia. No en vano, todavía no se han liberado de sus cadenas mentales ni convertido en quienes pueden llegar a ser. De ahí que se sientan inseguros y acomplejados. En cambio, los *feelfreenianos* comprenden que cada ser humano es único y singular, y que de nada sirve compararse. Admiran a aquellas personas auténticas que destacan por su valía y originalidad. Cultivan la comprensión, alegrándose genuinamente por la alegría de sus allegados.

En definitiva, las relaciones *carcelianas* están basadas en el infantilismo, la obligación y la esclavitud. Mientras, las relaciones *feelfreenianas* se construyen sobre la madurez, la ilusión y la libertad. Lo cierto es que dentro de cada uno de nosotros existe un carceliano (el ego) y un *feelfreeniano* (el ser). La pregunta es: ¿a cuál de los dos estamos alimentando más?

Un caso práctico

Yendo a un ámbito más práctico, ¿cómo son en general las relaciones cuando están tiranizadas por el ego? ¿Y cómo son cuando quitas el ego de la ecuación? Pongamos por ejemplo que mañana es la cena de cumpleaños de nuestro amigo Pedro. Ha reservado una mesa para diez en un restaurante. Y a pesar de haber confirmado nuestra asistencia semanas atrás, nos sentimos cansados y sin ganas de asistir. Finalmente le comunicamos que nos sabe fatal pero que hemos tenido una semana muy intensa de trabajo y que nos quedamos en casa para descansar.

En el caso de ser carceliano, Pedro insiste en que vayamos, empleando el chantaje emocional, recordándonos que él nunca ha fallado a ninguna de nuestras cenas de cumpleaños. Llegado a este punto, podemos ceder a su manipulación e ir para evitar que Pedro se enfade. Por el contrario, si nos mantenemos firmes a nuestra negativa es bastante posible que Pedro se sienta decepcionado y se produzca un conflicto entre nosotros.

En el caso de ser *feelfreeniano*, Pedro agradece que lo avisemos, pues igual aprovecha para llamar a otro de sus amigos cercanos para ocupar nuestra plaza. Y si bien le sabe mal porque evidentemente le gustaría contar con nuestra presencia, acepta nuestra decisión. Y no solo eso, nos emplaza a quedar otro día para celebrarlo juntos mano a mano, empleando el latiguillo *feel free*. Paradójicamente, al respetar nuestra libertad, se produce una mayor conexión y comunión, lo que afianza el vínculo entre nosotros.

Curiosamente, el *feelfreenianismo* es percibido por los *carcelianos* como una actitud egoísta. Así, tachan de egoístas a aquellos que se priorizan a sí mismos en vez de priorizarlos a ellos. Pero ¿quién es el verdadero egoísta? Los *feelfreenianos* jamás juzgan a otros *feelfreenianos*. Principalmente porque comprenden que todo lo que hacemos en la vida lo hacemos, en primer lugar, por nosotros mismos. Y que es un milagro que los otros cumplan nuestras expectativas.

En este sentido, para saber cómo podemos conservar a nuestros amigos, también podemos valernos de una metáfora de lo más ilustrativa: coger arena con las manos. Imaginemos que agarramos un buen puñado con cada mano. Y que acto seguido ponemos las dos palmas hacia arriba. En este punto, empezamos a cerrar con fuerza la mano derecha, lo que provoca que la arena se cuele entre nuestros dedos.

La paradoja es que cuanto más apretamos, más arena se nos escapa. Mientras tanto, mantenemos abierta la palma de la mano izquierda, lo que permite que el puñado de arena permanezca intacto. Por medio de este ejemplo comprendemos que cuanto más intentamos retener y encerrar una amistad, más posibilidades tenemos de perderla. En cambio, si aprendemos a tratarla con respeto, confianza y libertad podemos llegar a conservarla para siempre.

Pues bien, te cuento todo esto porque el libro que ahora mismo te dispones a leer es en sí mismo un homenaje al *feelfreenianismo*. Su autora es una mujer consciente y sabia, cuyo mensaje está cimentado sobre su propio viaje de autoconocimiento y su propia experiencia de despertar y transformación. Lo cierto es que el mundo es un lugar mejor gracias a seres humanos como Maria Elena Badillo. Si todavía no lo has verificado, te aseguro que al terminar este libro estarás cien por cien de acuerdo conmigo. ¡Buen viaje!

Borja Vilaseca
Fundador de Kuestiona

◄ Prefacio ►

Durante mucho tiempo buscaba con ansias que un gurú, un taller, un curso o un libro me brindaran de manera práctica y sencilla, las claves para acabar con mi dolor. No tenía muy claro qué era lo que quería cambiar, pero sabía que necesitaba un remedio para terminar por fin con la frustración que inundaba mi vida. La rutina me tenía absorbida: mis días consistían en levantarme de lunes a viernes para ir a un trabajo que no disfrutaba, pasar cada día esforzándome por mantener las apariencias en un ambiente hostil donde en vez de compañeros de trabajo, todos éramos competidores dispuestos a hacer lo necesario para sobresalir. Vivía preocupada por cómo combinar los tacones y la cartera con el *outfit* del día, contando calorías y comparándome con otros.

Transitaba cada jornada en un desgaste de energía enorme, procurando lucir una imagen impecable que estuviera a la altura de las expectativas de mis clientes y jefes. Trataba de obtener resultados que demostraran mi valor y con ellos buscaba ganar el favoritismo de mis superiores para que por fin reconocieran lo valiosa que era. Buscaba siempre sobrepasar a mis compañeros, invirtiendo tiempo y dinero en capacitaciones y certificaciones que creía que me darían el soporte necesario para seguir escalando profesionalmente, pero que realmente, poco o nada contribuían a mi vida personal o a mis verdaderos intereses; y por supuesto, internamente pasaba los días quejándome por todo y externamente, haciendo mi mejor esfuerzo para sostener conversaciones frívolas con el fin de agradar y no desentonar. Mi vida había dejado de ser algo que disfrutar y se había convertido en un libreto que cumplir: era una rutina monótona, gris y sumamente agobiante. En resumen, tal vez, de algún modo, me sentía como puedes estar sintiéndote tú.

Esa fue mi vida durante muchos años y, si estás leyendo estas líneas, es probable que te identifiques con lo que te estoy compartiendo. Si tal vez eres ama de casa (una de las labores más importantes y menos valoradas), si eres un emprendedor, independiente, o te dedicas a otras ocupaciones y no propiamente a un empleo convencional, no te preocupes, seguro que has llegado a este libro porque en cierta medida, también tus días se han alejado más de la plenitud y se acercan más y más, al sinsentido y la rutina. Es probable que tu desasosiego no provenga de un entorno laboral complejo, sino de una competencia contigo mismo, de una falta de sentido profundo, de un cúmulo de autoexigencias y del cansancio que produce vivir una vida de apariencias y comparaciones inconscientes con los vecinos, con las madres de los compañeros de tus hijos, con tu círculo de amigos, con las figuras que observas en redes sociales o hasta con tu propia familia. Tal vez sientas que tu cotidianidad se ha convertido en vivir haciéndolo todo por el bienestar de otros, siguiendo los patrones de lo que te han mostrado que es correcto. En definitiva, acercándote a lo que otros esperan y alejándote cada vez más de ti y de tu verdadero bienestar; y en el proceso, mientras más te das a los demás, descubres que más te pierdes a ti mismo.

Volviendo a mi vida unos años atrás, recuerdo que, en ese entonces, me pasaba los días esperando con ansias la fecha de pago para disfrutar por fin de un efímero gozo como retribución a tanto sacrificio. Creía que todo lo que es verdaderamente valioso debe costar un gran esfuerzo y estaba convencida de que mientras más me sacrificara por mi trabajo, por mi pareja y por los demás y mientras menos disfrutara de mi vida, más orgullosa me sentiría, más reconocerían mi valor y más amada sería. Recuerdo que me jactaba de no tener nunca tiempo, y es que cada vez que me invitaban a realizar cualquier cosa que representara diversión o descanso, respondía a los cuatro vientos: «¡No puedo, tengo que presentar un informe, no tengo tiempo!». Vaya, qué orgullosa me sentía de decir que no tenía un minuto para lo verdaderamente valioso. Ahora comprendo que mi vacío interior era de un tamaño tan abrumador como el de mis inseguridades, y, por tanto, solo los factores externos me hacían sentir importante.

Así, entre jornada y jornada, esperaba con ansias el día feliz en el que llegaría la tan anhelada retribución económica que mucho me merecía por tan arduo sacrificio. Sin embargo, este gozo se iba en un par de horas, cuando pensaba en las cuentas por pagar, gran parte de ellas, resultado de adquisiciones de bienes y objetos que no eran imprescindibles para mi vida, pero que sí eran necesarios para mi ego, pues a través de ellos podía conservar las apariencias de una «directora nacional de operaciones» con más de cuatro mil seiscientas personas a su cargo.

Entre las facturas de la camioneta, pagar la casa de recreo en el campo, pagar la hipoteca del apartamento en la zona más cara de la ciudad y, por supuesto, los cursos, los viajes, los accesorios, las carteras y vestidos de marca, se me iba el sueldo que tanto me costaba obtener. Realmente el precio que pagaba por ese salario era muy alto. ¡Sí!, lo leíste bien: el precio que *YO pagaba por ese salario era muy alto.* En realidad, yo recibía un sueldo, pero el coste que asumía por obtener ese salario era elevadísimo, no solo por el esfuerzo y empeño invertido en mi labor, sino por el desgaste emocional que estaba consumiendo día a día mi tranquilidad, mi salud y mi felicidad. Lo más curioso de esto es que, en mi mente, los responsables de mi vida parca y frustrante eran mi jefe, mi esposo, el sistema financiero, el político de turno, mis compañeros, la vida... En fin, todo menos yo.

Esta era mi existencia de hace solo dos años, sin embargo, las cosas cambiaron para mí, no por destino, ni por suerte, ni por casualidad, simplemente porque descubrí el secreto para transformar mi vida (y la de cualquier persona dispuesta a hacerlo) y esto es lo que espero compartir en este libro. Hoy escribo estas páginas desde una isla paradisíaca, me acompañan el ritmo suave y armonioso de las olas, el aire salado del mar y el paisaje adornado por el canto de las gaviotas, y mientras escribo, deseo profundamente que la tranquilidad, la certeza, la abundancia y la armonía que estoy experimentando, también se materialicen de manera permanente para ti.

Inicio la escritura de este libro en un paraíso del mar Caribe, con la libertad de saber que mientras me desconecto de la cotidianidad para concentrarme en el comienzo de este proyecto, mi equipo de trabajo está al frente de todo, y mi negocio independiente, que inicié hace aproximadamente veinticuatro meses, está marchando a la perfección. Mi vida es tan diferente ahora que confieso que me cuesta recordar cómo me sentía hace solo dos años, y a veces me cuesta creer que materializar lo que soñaba era algo tan simple y cómo mi mente lo hacía ver tan complejo.

Déjame contarte algo más acerca de mí, hace un mes cumplí treinta y siete años, estoy divorciada, no tengo hijos, no soy gerente de nada, tampoco trabajo para ninguna empresa y, sin embargo, me siento la mujer MÁS AFORTUNADA DEL PLANETA... Si mi «yo» de veinte años hubiera escuchado esto, diría que soy una fracasada y que mi vida carece de sentido. Pero en realidad, para mí es todo lo contrario. Terminé hace poco un matrimonio de trece años, y pude hacerlo desde la consciencia y el amor, sin apegos ni dependencias y reconociendo que, aunque nos unía un cariño sincero, ya no estábamos creciendo juntos y nuestros caminos ya no convergían. Entendí que el precio que tendríamos que asumir por seguir casados era que alguno renunciara a una parte esencial de sí mismo, y eso no sería justo para ninguno de los dos. He alcanzado la madurez necesaria para comprender que el amor no es suficiente para seguir al lado de alguien, puesto que el propósito de tu pareja es ayudarte a crecer y potenciar la expansión de tu consciencia (aunque eso implique enseñarte a desapegarte), y que el objetivo real nunca ha sido *estar juntos para toda la vida* como nos han hecho creer, de eso te hablaré más adelante en este libro. Pero no solo eso ha cambiado para mí, también he aprendido a amarme más de lo que jamás había pensado, tanto que ya no dependo de la presencia de un hombre en mi vida para sentir que valgo. He vencido mi miedo a la soledad y ahora la disfruto enormemente. Sin embargo, créeme, eso no siempre fue así, en las relaciones era una total *drama queen* mendigando amor y conformándome con un poco de compañía. De eso también te hablaré más adelante.

Hoy tengo una vida mucho más sana, no solo emocional, sino también físicamente, me alimento con consciencia, tengo el peso que quiero y un cuerpo perfectamente imperfecto que acepto y amo, es el cuerpo que quiero, no el que creo que debo tener. En el presente, no tengo el título de directora, ni de gerente (estandarte profundamente anhelado por mi ego durante muchos años), pero estoy traspasando fronteras, impactando vidas y elevando la consciencia del planeta, llevando uno a uno un mensaje de amor. No tengo deudas, por el contrario, poseo bienes que he adquirido sin ningún tipo de préstamo, tengo un negocio próspero, genero empleo y en comparación con mi vida de hace algunos años de presupuesto ajustado y muchos compromisos por cumplir, ahora ahorro e invierto y mi cuenta bancaria crece diariamente. Me dedico a lo que amo, disfruto de mi libertad como jamás me hubiera imaginado, no necesito de nada externo que me recuerde mi grandeza, tampoco necesito de religiones, credos, imágenes o talismanes para estar conectada con mi creador. Vivo en presencia de una consciencia suprema, me siento unida con la divinidad y reconozco que hoy me percibo más amada, más abundante y libre de lo que había sido nunca.

No es mi pretensión resultarte arrogante, por el contrario, mi deseo más profundo es inspirarte, por eso dedicaré cada uno de estos capítulos a mostrarte los pequeños ajustes que pueden transformar tu realidad tal y como ocurrió con la mía. No obstante, si al leerme sientes malestar o tal vez percibes petulancia, hoy cuento con la consciencia suficiente para saber que solo podrás interpretar estas líneas de acuerdo con la forma en la que te interpretas y calificas a ti mismo, pues la vida es un espejo en el que nos reflejamos permanentemente. Te comparto todo esto, no para jactarme, sino para demostrarte que es posible, que mi vida actual, antes parecía una ilusión y hoy es una realidad. Hace algunos años era para mí una utopía considerar la posibilidad de vivir así, te comparto esto porque deseo que tengas la certeza de que, si yo pude, definitivamente tú también puedes hacerlo.

Escribo con total franqueza, porque mi deseo con este texto es que sepas que puedo hablarte del sufrimiento con absoluta familiaridad, porque ese era mi pan de cada día. Mendigué amor de pareja, compré afecto con detalles, accedí a estar en relaciones que no me satisfacían tratando de obtener un poquito de cariño, perdoné mentiras, omití ofensas, me puse en riesgo, me lastimaron física y emocionalmente, y hasta perdí dinero tratando de sentir que era merecedora de amor. Me refugié en la comida para combatir el dolor y llenar el vacío interior, y con ello llegué a tener veinticinco kilos de sobrepeso y una autoestima por el suelo. Fui insegura, fui inclemente y exigente conmigo, acepté trabajos por agradar a otros, me formé una imagen impecable que nada tenía que ver con mi verdad, y lo hice solo para buscar aprobación. Lloré en privado mientras reía afuera, compré cosas para llenar mi vacío interior, me provoqué enfermedades, descuidé mi salud, me invadían la envidia, la comparación y los celos, traté de controlar a otros evitando confrontarme y reconocer que no tenía el control de mis propias emociones. Viví en modo automático, me victimicé y me lamenté, escalé y escalé laboralmente mientras mi autoestima iba en descenso… Y la lista podría seguir.

Créeme, lo que sea que estés atravesando o lo que sea que te haya marcado también lo he vivido. A nivel del alma yo te entiendo, yo sé lo que es el sufrimiento y te cuento mi historia, no para que me admires, mucho menos para victimizarme, comparto estas líneas por una sola razón: quiero que sepas que, si yo pude transformar mi vida, hacerlo *también es posible para ti*.

No quiero que me creas, ese no es mi objetivo, pero quiero que sepas que lo que te brindaré en este libro no es una historia lejana, ni tampoco es la recopilación de lo que otros han dicho, ni mucho menos es una forma de contarte algo que aprendí de terceros o que observé en un escrito. Lo que con un amor profundo quiero regalarte hoy es lo que he vivido en carne propia, y quiero que sepas, de primera mano, que he experimentado lo que es sentir el miedo paralizante y trascenderlo para llegar a la libertad y el amor absoluto. En este libro quiero abrirte sin reservas mi corazón.

De alma a alma y en total presencia, quiero que también transformes tu vida, que crees la realidad de tus sueños, que reconozcas tu grandeza y que obtengas lo que anhelas y mereces, y si estas líneas pueden acompañarte en el proceso, yo estaré sintiendo que sirvo a un propósito más grande que tú y que yo. Y así, cuando juntos elevemos nuestra vibración y conectemos con la plenitud y la abundancia, estaremos inspirando a otros a que también lo hagan, y en unidad perfecta con la vida, paso a paso, seremos más y más los que retornemos al único estado de consciencia que es real, a nuestra esencia poderosa e infinita de grandeza y de amor.

◄ Introducción ►

Las casualidades no existen, no dudes por un segundo que, si este libro está en tus manos, es por la infinita sincronía de una consciencia que va más allá de tu mente y de la mía. En sus páginas te hablaré con la cercanía, simpleza y franqueza de una hermana o una amiga; y quiero que te prepares, porque te diré cosas que probablemente te sacarán de tus casillas. Te confrontaré con firmeza y hasta diré una que otra palabra fuera de tono. Me dirigiré a ti con naturalidad y tranquilidad como si nos conociéramos hace tiempo, porque en el fondo tú, yo y todo lo que existe: *somos uno*.

Varias cosas me facultan para hablarte de esta manera. En primer lugar, el hecho de que no he escrito este libro para exponer teorías o discutir conceptos científicos. Asimismo, el hecho de que no busco que me creas, es más, deseo que, por favor, cuestiones todo lo que comparto para que te permitas llevarlo a la práctica y comprobar si realmente funciona para ti. También me siento en la libertad de escribirte con cercanía y simpleza porque este libro no ha sido creado para que me des la razón, ni tampoco para ganar la validación de ningún editor, de hecho mientras lo escribo, no tengo idea de cómo vaya a publicarse, pero tengo la certeza de que en su momento, esa gran consciencia divina y matriz universal, que contiene todo lo existente y a la que llamo «jefe», articulará lo necesario para que este texto llegue a su publicación. Así, sé que mi jefe (que también es el tuyo) se ocupará de los asuntos que están fuera de mi control, y también se encargará de que este texto llegue a tus manos, si es que leerlo es tu tarea.

Te escribo sin protocolos y me siento con la tranquilidad de hablarte de manera informal y cercana, simplemente porque te quiero. ¡Sí, te quiero! Quiero al hermoso ser que está más allá de tu mente y de tu ego, te quiero tanto como quiero a la vida, a los animales, las flores y todos los seres existentes.

Te has preguntado alguna vez cómo es posible que podamos sentir ese calorcito en el alma por un atardecer, un paisaje o cualquier criatura de la naturaleza, y no podamos sentirlo por la maravilla de seres humanos que nos rodean y que también forman parte de ella. No necesito conocer al personaje que interpretas, ni saber tu género, tu edad, ni qué cosas «buenas o malas» has hecho, mucho menos a qué te dedicas o cuánto tienes en tu cuenta bancaria, te quiero como quiero a la existencia porque tú eres parte de ella, porque reconozco que tu esencia y la mía son idénticas, porque compartimos esta experiencia a la que llamamos vida y porque, de alguna u otra manera, si este texto está en tus manos, nuestros caminos se han encontrado, y tú ya formas parte de mi historia y yo de la tuya.

Corazón, en este texto te relato algunas experiencias íntimas de mi vida, te cuento cómo mis ideas se fueron replanteando, cómo mi percepción se fue transformando, y cómo mi realidad comenzó a corresponder con mi nuevo estado del ser. Prepárate, porque este es un libro que te llevará a la reflexión y a la incomodidad. Probablemente tu ego (el personaje creado por tu mente para defenderse y afrontar la vida) se sentirá afectado con estas líneas y, si es así, eso estará bien, porque el ego tiene mucho miedo al cambio, una gran necesidad de tener la razón, y un deseo inmenso de sentirse seguro, y nada le incomoda más que ser bombardeado con planteamientos que le hagan dudar de lo que siempre ha creído.

Te invito a que no descartes ninguna idea planteada en este texto sin antes haberte permitido ponerla en práctica o, por lo menos, mirarla desde una posición neutral y sin juicios de valor. Antes de que tu mente (ego) tome el control y descarte algún planteamiento, pregúntate: ¿cómo puedo saber si funciona o no, si no lo he intentado?

Recuerda, no te invito a que creas todo lo que digo, eso sería ser ingenuo. Tampoco te estoy invitando a que descartes de primera mano las ideas que encontrarás en este libro basándote en tus creencias y juicios, eso sería ser arrogante. En lugar de esto, te invito a que seas suspicaz, en otras palabras, a que te abras al beneficio de la duda. Así, te insto amorosamente a que antes de aceptar o descartar algo, te brindes la oportunidad de medir su efectividad diciéndote: ¿por qué no?, o tal vez preguntándote: ¿qué puedo perder si me permito intentarlo?

En este texto, encontrarás apartados llamados «momentos de reflexión». En ellos te propongo cerrar el libro por unos minutos y abrir tu mente y tu corazón. De este modo, cuando en medio de la lectura encuentres estos espacios, mi invitación es a que dediques unos minutos a detenerte por un instante y no seguir avanzando. Te invito a cerrar las páginas, respirar profundo y regalarte la oportunidad de revisar qué piensas de lo que has leído, a preguntarte si te has sentido identificado, a reflexionar en cómo te sientes, en cómo recibe tu mente lo que acabas de leer y si resuena o no con tu corazón. No dejes pasar estos instantes que te invitan a cuestionar tu propia vida, a indagar en tu historia y reformular ideas, todo esto forma parte de la construcción de una nueva realidad. Recuerda que todo elemento físico que ha sido creado por el hombre, antes de ser materializado y convertirse en realidad, fue simplemente algo efímero que se manifestó primero en el plano mental; cualquier invención antes de llevarse a la práctica, primero fue solo una idea en la mente de alguien. Lo que estás experimentando y las circunstancias que te rodean no son el fruto de las casualidades o del destino; como ya puedes deducir, tus resultados actuales son la consecuencia de las ideas que consciente o inconscientemente has albergado en tu mente, por esto, los ***momentos de reflexión*** de este texto son tesoros, oportunidades que te invitan a descubrir y desenmascarar esas ideas que, finalmente, han terminado manifestadas en la realidad que percibes.

A lo largo del texto, también encontrarás otros apartados llamados «integrando el aprendizaje» en los que he dispuesto para ti técnicas y ejercicios que te ayudarán a profundizar en el concepto que estemos desarrollando en cada capítulo. Haz dichos ejercicios y no temas hacerlo en el mismo libro. Emplea colores y marcadores, dobla las hojas, haz muñequitos y subraya lo que te llame la atención. Toma apuntes, señala todo lo que consideres relevante, escribe tus ideas... En fin, es tu libro, ¡ráyalo todo lo que quieras! ¿Cuándo eras pequeñito te enseñaron a tener los cuadernos impecables, a no tener tachaduras y a no salirte del margen? ¡Pues al carajo con eso! En este libro, haz todos los monigotes que se te ocurran, es tu vida, es tu libro, es tu experiencia y la vida no se disfruta a través de la perfección, se disfruta experimentándola con libertad y creatividad. Así, te invito a que hagas de este libro algo realmente tuyo, escribe en él, píntalo con los colores de tu alma, y un día, cuando haya transcurrido un tiempo y vuelvas a repasar estas hojas, descubrirás lo mucho que han cambiado tus ideas, analizarás con gratitud y alegría cómo se ha transformado tu realidad, y cómo se ha creado magia solo por el hecho de permitirte cuestionar lo que creías sobre ti y sobre la vida. También te prometo que cada vez que vuelvas a leerlo, descubrirás algo nuevo y establecerás nuevas interpretaciones. Esto será una consecuencia de tu transformación interior y surgirá a medida que expandas tu consciencia y practiques una nueva visión de tu historia y el mundo.

Por último, recuerda que te quiero, que cada palabra aquí escrita lleva un pedacito de mi alma, que este texto es una forma de retribuir lo feliz y afortunada que me siento con mi vida, y que cada frase recoge implícito, el deseo profundo de contribuir en algo a mejorar la tuya.

Empecemos este viaje con un abrazo de alma a alma y recuerda que eso que sueñas y que otros han logrado TAMBIÉN ES POSIBLE PARA TI.

Todo mi amor.

Capítulo 1

El perro que no quiere soltar su hueso

Si no está en tus manos
cambiar una situación que te produce dolor
siempre podrás escoger la actitud
con la que afrontar ese sufrimiento.

Viktor Emil Frankl

Has llegado a este libro y estás leyendo estas líneas porque realmente deseas transformar tu vida y dejar de sufrir, ¿es correcto? Pues voy a revelarte la primera verdad que enfrentaremos juntos en este viaje, y con ello quiero invitarte a que dejes ya de mentirte: ¡tú no quieres dejar de sufrir! Te lo diré de nuevo: simplemente ¡no quieres dejar de sufrir! y es así de simple.

En este momento te estarás preguntando cómo me atrevo a afirmar esto si no te conozco. Es probable que estés pensando que estoy equivocada y que tú estás seguro de estar harto de esa situación que tanto deseas transformar. Déjame explicarte por qué lo afirmo con tanta contundencia. Estoy segura, totalmente segura, de que no quieres dejar de sufrir por una sencilla razón: ¡porque sigues sufriendo!

En otras palabras, si quisieras transformar tu vida ya lo hubieras hecho, ¡punto!

El trabajo con miles de personas de diferentes lugares del mundo me ha permitido comprobar cómo opera en la cotidianidad aquello que la neurociencia nos plantea acerca del funcionamiento de la mente. Voy a ponerlo en palabras sencillas y a sintetizarlo de la manera más simple posible: tu cerebro consume una alta carga de energía, de hecho, aproximadamente el veinte por ciento de tu energía corporal es consumida solo por tus procesos mentales, esto hace que el cerebro sea el órgano de tu cuerpo que más energía consume, además de ser una parte de ti que constantemente está demandando glucosa y oxígeno. El alto consumo del cerebro tiene mucho que ver con el hecho de que a los humanos nos cueste tanto realizar transformaciones. Piénsalo de este modo, tu cerebro es una máquina perfecta diseñada para que sobrevivas con el menor riesgo y con el menor esfuerzo posible, solo así podrá garantizar que en el momento en que se presente una verdadera emergencia o te enfrentes a una real amenaza, cuentes con el suficiente respaldo energético como para atacar o escapar. Así, la paradoja es que mientras por una parte tu cerebro quiere que «guardes» energía, por otra, sus procesos de pensamiento interno consumen altas cantidades de tu combustible vital. Por otro lado, ha invertido mucho tiempo y mucha de esa energía vital estableciendo su patrón de pensamiento, y esto es algo que hace de manera constante desde que naciste. Puedes interpretar este patrón de pensamiento de tu cerebro como el mapa de las calles y avenidas de una gran ciudad.

Para explicarte esta idea emplearé una analogía. Vamos a imaginar que la mente es un gran terreno que conforma una ciudad. Siendo un infante, la ciudad (tu mente) no cuenta con calles o vías establecidas, sino que estas se irán formado paso a paso y año tras año; pensemos ahora que tus pensamientos son los habitantes de la ciudad y que a medida que creces, esos pensamientos se van dirigiendo a diferentes destinos en el mapa de tu mente. Según tus experiencias de niño, y de acuerdo con los referentes con los que hayas crecido y tu interpretación de los acontecimientos, los pensamientos que habitan la ciudad de tu mente comienzan a dirigirse a zonas específicas del plano mental. Imaginemos que en la ciudad de tu mente hay un *parque positivo*, este es el lugar a donde se dirigen los pensamientos amables, el amor, la confianza, la seguridad, la colaboración y la esperanza, y otro lugar que podría ser tal vez un *coliseo negativo*, a este lugar se dirigen la inseguridad, la frustración, la humillación y la competencia. Ahora tengamos presente que las interacciones y experiencias que viviste siendo niño pudieron haber hecho que tus pensamientos se dirigieran al *parque positivo* o bien, que más y más transeúntes (pensamientos e ideas) fueran encaminados al *coliseo negativo* donde habitan la duda y la zozobra. Como suele ocurrir en la vida real, cuando observas un campo abierto por el que varias personas pasan frecuentemente, el terreno empieza a transformarse en senderos. Lo mismo ocurre en tu mente, el paso de los pensamientos habilita la construcción de las carreteras mentales, tal y como lo vemos en un terreno silvestre, y, así, cuando por años han pasado miles de personas por el mismo sendero, la tierra va modificándose y se van forjando caminos donde ya no crecen las plantas, no hay obstáculos y los transeúntes circulan con mayor facilidad. Lo mismo ocurre con tus «carreteras neuronales», estas son vías de comunicación entre las células de tu cerebro y mientras más pensamientos positivos o negativos vas generando, más sólidas y fuertes se van haciendo las conexiones o carreteras que estas células neuronales establecen entre sí.

Así, año tras año, aprendes a pensar negativamente (esto es lo más común de acuerdo con la forma en la que nos criaron) y cuantos más pensamientos transitan las rutas que se dirigen al *coliseo negativo* las vías de tu mente que conducen a ese destino se van haciendo más y más grandes. Por otro lado, mientras te enfocas en lo negativo, el *parque positivo* y amoroso deja de ser visitado, o es visitado con muy poca frecuencia, esto hace que acceder a él sea mucho más complejo. Imagina una ruta desatendida por la que rara vez pasa alguien, la maleza comienza a apoderarse del terreno, las plantas crecen y, finalmente, acceder por esta vía es incómodo y retador, por tanto, si el objetivo de tu cerebro es que ahorres energía y pensar genera un alto consumo energético, en el momento de elegir una ruta hacia alguno de los dos destinos: *estadio negativo* o *parque positivo, ¿*cuál ruta crees que elegirá? Seguramente ya comprendes hacia dónde nos lleva esta metáfora, no obstante, vamos a aclararlo un poco más.

En promedio, tu cerebro genera diariamente más de sesenta mil pensamientos. Quiero que multipliques este número por trescientos sesenta y cinco días del año y luego por tus años de vida, ¿un gran número no? Ahora pregúntate lo siguiente: durante este tiempo ¿cuántos de esos pensamientos que has tenido se han dirigido al *parque positivo* y sano y cuántos al *coliseo negativo* del recelo, la comparación, la queja y el dolor?

Luego analiza esto, si solo el cinco por ciento de tu mente es consciente y el noventa y cinco por ciento de tus procesos mentales se producen en automático, ¿cuál es la probabilidad de que de manera mecánica tu cerebro enrute los pensamientos al *coliseo* en lugar del parque? y peor aún, si llevas años construyendo esos caminos que ahora ya no son senderos sino que parecen autopistas, ¿cuánto tiempo, esfuerzo y energía crees que a tu mente le representaría comenzar a abrir nuevos caminos hacia otro destino más alegre y esperanzador? Sería mucho trabajo ¿no? Si has seguido este planteamiento, comprenderás fácilmente por qué razón, de acuerdo con la forma en la que opera tu mente, mientras más negativo eres, más negativo serás, y en especial, por qué tu mente rechaza el cambio y se resiste a trabajar en la apertura de nuevos panoramas.

Ahora entiendes que tu mente ha invertido años en la construcción de carreteras neuronales o canales de comunicación que hacen posible que te desenvuelvas de manera automática y simple, sin tener que esforzarte tanto. Esa es la razón por la cual muchas ideas que presentas en la cotidianidad no requieren de mucho esfuerzo y simplemente se manifiestan de manera tan natural que te identificas con ellas diciendo «*así soy yo*». Sin embargo, eso no es cierto, fue tu mente la que aprendió a procesar e interpretar así los acontecimientos, eso es muy distinto. Voy a demostrártelo con un ejemplo. Piensa en la última vez que te presentaron a alguien, trata de recordar cuántos milisegundos necesitaste para formarte una idea acerca de esa persona. Probablemente no sabías su nombre, tal vez ni siquiera la habías escuchado hablar, bastó solo con que observaras su apariencia, sus movimientos y microgestos para catalogarla de acuerdo con tus esquemas mentales, asignarle una clasificación, suponer a qué nivel socioeconómico pertenecía e incluso determinar si te agradaba o desagradaba.

¿Cómo ocurre esto? Sencillo: tu mente se ha entrenado durante años en establecer atajos mentales, rutas de pensamiento automático para facilitarte el proceso de la vida. El problema radica en que muchos de esos atajos realmente son laberintos que te alejan de lo que en verdad quieres, que te acercan a lo que otros te han enseñado que debería ser, y que te han llevado a existir en modo de supervivencia en lugar de plenitud. Por tanto, tu mente no quiere que cambies, y te voy a contar un secreto en el que profundizaremos más adelante: a tu mente poco o nada le importa tu plenitud, o tu realización, o que sientas que tu vida tiene un sentido profundo, a tu mente solo le interesa tu supervivencia, porque para eso está diseñada. Tu realización personal es un tema que supera los alcances mentales, ya que sentir que realmente estás haciendo eso para lo que naciste es algo que no pertenece al territorio de la mente, sino al terreno del alma.

En resumen, tu mente pretenderá que continúes haciendo aquello que te ha traído hasta aquí, finalmente el objetivo está cumplido *has sobrevivido* y de alguna manera para tu mente eres un ser funcional, sin importar que no estés viviendo plenamente.

Cambiar representa esfuerzo, desaprender requiere una alta carga energética, y entrenarte en nuevos patrones mentales y comportamentales amerita tiempo, inversión de energía y, no te mentiré, también requiere mucho compromiso. Tu mente no quiere que cambies, no solo por el esfuerzo que representa, sino porque cambiar da miedo. El solo hecho de plantearte la posibilidad de hacer algo diferente y de fracasar en el intento genera ansiedad y frustración, pensar que no serás capaz o que tendrás que atravesar la incomodidad, es algo que te limita incluso sin siquiera haber empezado. No quieres cambiar porque en tu mente también aparecen los recuerdos de intentos fallidos, esas promesas que te has hecho en el pasado y que has incumplido: iré al gimnasio, leeré un poco todas las noches, no regresaré con esa persona que me ha lastimado tanto, comeré más saludable, me atreveré a pedir ese aumento..., y seguramente muchas más. En un afán por protegerte de un dolor mayor, tu mente recuerda cada una de esas iniciativas que quedó solo en eso: un intento, un fracaso; por ello, además de pensar en todo lo que implica el cambio, y en el esfuerzo que la mente no quiere realizar, te bombardea recordándote la lista de iniciativas que no fuiste capaz de materializar.

Todo esto hace que tu mente se abrume y te lleve a plantearte lo siguiente: si no has podido con esas pequeñas cosas anteriormente, ¿cómo puedes creer que esta vez será diferente? Recuerda, si tu mente tiene que elegir un dolor, preferirá el dolor que ya conoces y al que estás habituado, en lugar de un dolor causado por un motivo nuevo, porque para ella, esto puede ser incluso más peligroso. Tu cerebro analiza los riesgos y elige automáticamente el dolor de la frustración constante con la que has batallado por años, al fin y al cabo, lo has tolerado y has sobrevivido a él, y de este modo, tu frustración actual puede ser incluso más amigable que el dolor desconocido que conlleva nuevos riesgos que asumir.

No quieres cambiar, y eso es lo primero que deberemos aceptar juntos. Nunca podrás transformar aquello que te niegues a ver, por eso es vital que puedas reconocerlo. Un gran paso para empezar este viaje es aceptar que una parte tuya no quiere cambiar, esto te permitirá ser consciente de que en el proceso de transformar tu realidad no solo estarás batallando con tus miedos o inseguridades, estarás llevándole la contraria a tu mente y a su esquema de pensamiento, y quiero que desde ya comprendas la magnitud de la campaña que estás a punto de emprender.

Ahora, respira profundo, reflexiona en lo que acabamos de compartir y cuando te sientas listo, con tu puño y letra, escribe en las próximas líneas, y en especial, con tus propias palabras, el siguiente planteamiento: *una pequeña parte de mí está cansada y desea un cambio, pero una gran parte de mi inconsciente se resiste a él. La verdad es que, si lo pongo en una balanza, en el fondo, no quiero cambiar.*

Hoy reconozco que:

_____

_____

_____

_____

Si todavía tienes dudas y tu mente te hace creer que en verdad has puesto todo de tu parte, que has intentado todo lo que está a tu alcance, que esto de transformarse no solo es cuestión de querer hacerlo, que las cosas no son tan fáciles como lo planteo, o si te hace creer que simplemente, no has podido lograr lo que quieres porque nadie ha sabido darte el paso a paso para dejar de sufrir, debo decirte que todo eso solo son argumentos con los que has inundado tu mente año tras año para no hacer aquello que implica salir de tu zona conocida. Cuando realmente quieres algo, en lugar de excusas, encuentras alternativas y soluciones. No hablamos de casos extremos con condiciones psicológicas clínicas o situaciones físicas fuera de lo habitual,

hablamos de seres humanos que con nuestras imperfecciones bata-
llamos diariamente por transformar nuestra realidad y, en estos casos,
solo hay una alternativa posible: cuando quieres algo no lo piensas, ¡lo
haces! Seguramente, fallarás en el intento, y a veces será frustrante, y
te caerás, y lo volverás a intentar, pero cuando de verdad quieres algo,
piensas menos y actúas más.

Voy a demostrártelo con un sencillo ejemplo, imagina que tienes
hambre, y que no se trata de un antojo o el deseo de comer algo, realmente tienes una necesidad, quieres comer y lo sientes física, mental
y emocionalmente. En este caso, ¿qué haces? ¿Acaso no te levantas
del sillón y vas a la nevera o a la despensa para prepararte algo? ¿O
en lugar de eso, te quedas en el sillón pensando por horas cuál será la
mejor alternativa? Si quieres alimento te levantas y vas por él, y si no
lo haces la respuesta es simple, realmente no lo querías tanto. Eso es
algo que te puedo asegurar.

En mi experiencia como terapeuta y después de haber brindado miles de horas de sesiones individuales, he comprendido que la
mayoría de las personas no buscan sanar, la mayor parte busca solo
un «alivio temporal» que minimice su malestar, y la razón es simple,
buscamos un alivio porque sanar duele. Sanar implica remover fibras
profundas, intervenir directamente en el punto exacto donde se originó el dolor y destapar realidades que no queremos ver, esto hace
que, al comienzo, sanar pueda incluso ser mucho más doloroso que
el malestar que nos lleva a buscar una curación.

De esta manera, las personas pasan la vida en un estado permanente de queja, indiferencia y autoengaño a través de «soluciones
temporales». Esto es como poner en una herida infectada banditas, ti-
ritas, o paños de agua tibia para ganar la tranquilidad de estar haciendo
algo, pero en el fondo es un engaño porque la infección sigue avanzando. Son intervenciones simples y sus resultados son igual de simples
y efímeros. Se acostumbran a llevar sus vidas entre la resignación, el
conformismo y un proceso recurrente de depositar culpas en otros,
porque esto es fácil para la mente, así se evaden responsabilidades y se

alivia el malestar. Culpan a su género porque «todo es más fácil para los hombres ya que ellos tienen más oportunidades» o tal vez porque «todo es más fácil para las mujeres guapas que pueden conseguir lo que desean». Culpan a su edad porque «ya es demasiado tarde para intentarlo» o porque «todavía estoy muy joven y este es el momento de disfrutar, ya habrá tiempo para preocuparme». Culpan a su país porque «con tanta corrupción, quién puede prosperar» o tal vez porque «no deberían permitir tantos inmigrantes, esa es la razón por la que las cosas son tan difíciles». Culpan a su clase socioeconómica porque «las oportunidades las tienen quienes nacen en familias de clase alta o en cuna de oro» o porque «los que más tienen asumen una carga tributaria muy alta y eso es un robo», culpan a quienes los criaron por no darles la formación académica necesaria, a ese amigo al que le prestaron dinero y nunca lo devolvió, a la soledad que los tiene deprimidos, o a la depresión misma, porque si no se sintieran tan tristes, seguramente su vida sería diferente. Culpan a la ansiedad porque «si tan solo no sintiera este malestar, seguro que sí haría todo lo que quiero», culpan a su estatura porque todo es más fácil para los altos, a sus parejas porque los han hecho sufrir tanto, a los hombres por ser tan infieles y solo querer pasar el rato, y a las mujeres por ser interesadas, celosas y dramáticas. Culpan a sus padres por los traumas que les ocasionaron en la infancia, porque se fueron y los abandonaron, porque abusaron o porque nunca les dieron ese abrazo o esa palabra de aliento que tanto necesitaban. Culpan al jefe porque es un hijo de su *santísima madre* que no les permite avanzar profesionalmente y para colmo no es tan inteligente como para tener ese cargo. Culpan al compañero de trabajo que obtuvo ese puesto sin merecerlo, al destino o, incluso, culpan al dios que rezan, cuestionando por qué no les ha dado el trabajo que piden, y precisamente, es ese mismo dios al que también culpan porque, a pesar de tantas oraciones y peticiones, no ha logrado hacer que su pareja deje de beber, o que esa enfermedad que los aflige se sane... Y la lista podría continuar.

Reconócelo, siempre será más fácil depositar en otros la responsabilidad de tu frustración que reconocer que la única razón por la cual vives lo que vives y sufres lo que sufres, ¡eres tú!

Sincerémonos ahora, atrévete a escribir con libertad y transparencia a quién o a qué has culpado de tus frustraciones y malestares. Hazlo en las siguientes líneas.

He elegido la vía de escape culpando a:

_____

_____

_____

_____

_____

Al no afrontar los miedos, aceptarnos, amarnos, y muchas veces soltar eso a lo que nos aferramos (personas, ideas o hábitos), los seres humanos estamos destinados a seguir repitiendo los patrones de insatisfacción, frustración y vacío que hemos venido viviendo y experimentando. Siempre será más sencillo quejarse y conformarse que cambiar, por eso me atrevo a decirte que no quieres dejar de sufrir.

Esto es más habitual de lo que nos imaginamos, no solo se trata de asuntos transcendentales, en la cotidianidad delegamos la responsabilidad de nuestro bienestar a simples cosas externas. Por ejemplo, si sigues creyendo que el pastel de chocolate y las rosquillas son tus puntos débiles y es por ellos que no logras mantener la dieta, estás creyendo que un trozo de harina con azúcar tiene más poder que tú y que careces de la voluntad necesaria para desistir de tu impulso de consumirlo. Observa cómo estás delegando tu responsabilidad y culpando a la comida, incluso, si no culpas a la comida culpas a tu debilidad y crees que, ser tan débil, es la razón por la cual tienes sobrepeso, fácil ¿no? Todo ello es un juego de tu mente que evade su papel, en lugar de reconocer que tanto el deseo de comer como la falta de control son tus propias creaciones y que quien decide identificarse con la etiqueta de «débil, goloso o falto de voluntad» eres tú, que no se trata de la rosquilla ni del estado emocional que intentas apaciguar comiendo, el único y verdadero artífice de ese tormento eres tú, porque tu estado de consciencia es el único que puede elegir cómo asumir las situaciones. Si algo debes tener claro es que tú no eres el modelo de pensamiento y acción automático al que tu cuerpo y mente se encuentran habituados, tú eres la conciencia que hace posible que los pensamientos y comportamientos se produzcan.

Este es un buen momento para que detengas la lectura y dediques un par de minutos para reflexionar en lo que acabo de plantearte, voy a repetirlo nuevamente: *cuando realmente quieres algo, simplemente lo haces,* no te engañes más.

Momento de reflexión

Reflexionemos en esto juntos, quiero que te enfoques en un momento de tu vida en el que realmente deseabas algo y, aunque no tuvieras claro cómo llevarlo a cabo, simplemente lo hiciste. Si no llega a tu mente un recuerdo evidente, te daré algunos ejemplos que te serán de ayuda: piensa en un padre que no sabe nadar, pero que ve a su hijo pequeño caer en una piscina, en un instinto primario de urgencia y movido por una preocupación genuina, lo más probable es que este padre se lance al agua sin que le importe nada más que rescatar a su pequeño, ¿estás de acuerdo? Cuando quieres hacer algo, lo llevas a cabo.

Seguramente estarás pensando: «Maria, pero esto es un ejemplo muy extremo», no te preocupes, vamos con algo más sencillo. ¿Recuerdas la primera vez que tuviste que montar en una bicicleta? No había teoría, no había metodología, ni cursos, ni pasos, solo te subiste en ella y te lanzaste a la acción. Seguramente te caíste varias veces hasta lograr mantener el equilibrio, y probablemente después de un par de caídas fuiste afinando el método, pero, al fin y al cabo, no se trataba de ver cómo montaban los demás, ni de que tu bicicleta tuviera dos llantitas traseras de apoyo, tampoco se trataba de que alguien estuviera sosteniéndote mientras lo intentabas, al final, aprendiste a montar en bici cuando te lanzaste en soledad, cuando asumiste el riesgo y cuando tu entusiasmo y deseo fueron más grandes que el miedo y finalmente te atreviste a rodar. No hubo teoría que te instruyera en cómo alcanzar el equilibrio, encontraste tu centro y pudiste salir victorioso a través de la acción. Por supuesto, esa primera experiencia fue retadora y tal vez incómoda, pero aun así persististe hasta lograrlo.

Si lo piensas, tu vida está llena de primeras veces en las que actuaste, aun sin tener claro el cómo. Recuerda tal vez ese primer beso, o incluso tu primer encuentro sexual en el que carecías de técnica, pero te dejaste llevar por la intuición y el impulso, o piensa en aquel empleo que necesitabas, pero que exigía hacer algo de lo que tú no tenías ni idea, y, sin embargo, dijiste «sí» y al final terminaste llevándolo a cabo aun sin saber cómo. ¿Te identificas?

Déjame contarte una historia: cuando me gradué de la secundaria, mis padres no contaban con recursos económicos para pagar mi amada carrera de Psicología. Mi padre, en un gran esfuerzo por apoyarme, pidió un préstamo en su empresa y logró pagarme algunos semestres en una prestigiosa universidad, pionera en enseñar Psicología Clínica, pero el gasto era muy alto para él. Yo quería seguir adelante con mi formación, así que tuve que estudiar y trabajar al mismo tiempo para seguir costeando mis estudios y finalizar mi carrera. La mejor alternativa para mí en ese momento fue cambiar de universidad y graduarme en una institución más económica que además me permitiera tener horarios flexibles para poder trabajar y estudiar simultáneamente. Recuerdo que empecé en un servicio telefónico, atendiendo llamadas. Mi turno era de diez de la noche a seis de la mañana. Cuando salía del trabajo, después de haber estado despierta toda la noche, debía ir a recibir clases desde las ocho de la mañana hasta las dos de la tarde. El salario que recibía por mi trabajo no era muy alto y para reducir un poco los gastos, caminaba más de quince cuadras todos los días, con el fin de ahorrar el valor diario de un par de transportes públicos. Estaba agotada.

Era mi primer empleo y lo agradecía, pero el dinero no era suficiente y el esfuerzo me estaba enfermando porque dormía entre tres y cuatro horas al día. Hacía lo que podía, entre lo complicado que era todo lo que representaba la vida universitaria más las vicisitudes de un primer empleo.

Un día mi superior me dijo que le gustaba mi comportamiento, que le parecía que yo tenía una buena imagen personal y que me veía muy responsable y comprometida. Estaban buscando una asistente para un proyecto de un importante cliente, la empresa era la compañía más sobresaliente en la prestación de servicios públicos de mi país, y formar parte de esa organización (aunque fuera como un empleado contratista) era para cualquier persona un verdadero privilegio y un honor. Mi supervisor inicialmente me dijo que se trataba de un reemplazo, porque la persona que tenía el cargo había sido incapacitada por tres meses. Las condiciones económicas y de horario eran perfectas para mí, parecía que si se lograba materializar esa oportunidad todo mejoraría, así que mientras él hablaba, yo me emocioné muchísimo. Todo iba perfecto en la propuesta del nuevo empleo hasta que mi jefe me dijo: «el trabajo requiere un buen manejo de Excel y saber algunas fórmulas de cálculo en este programa, tú sabes manejar Excel, ¿no es así, Maria Elena?». En ese momento me quedé fría y hasta ahí llegó mi entusiasmo.

Yo nunca había manejado ese programa informático, pero adivina cuál fue mi respuesta, algo se apoderó de mí y solo recuerdo escucharme decir: «claro que sí». Recuerdo que ese día, cuando llegué a casa, la angustia me paralizó, no sabía en lo que me había metido, me sentía mal por haber mentido, pero lo que más me preocupaba era defraudar a mi jefe, el hombre que tan amorosamente había confiado en mí. Para concluir esta historia, lo que ocurrió es que me arriesgué y acepté el cargo. Durante la capacitación para el nuevo rol, yo solo sudaba, mientras la persona a la que reemplazaría me explicaba los procedimientos. Ella me preguntaba «¿comprendes lo que hay que hacer?» y yo solo movía mecánicamente mi cabeza asintiendo, aunque la verdad es que, al ver la pantalla, las tablas de Excel y las fórmulas del programa, sentía náuseas y palpitaciones. Ella me explicaba con detalles, pero yo sentía que me hablaban en mandarín. Sin embargo, mi deseo de cambiar mi realidad era mucho más grande que mi miedo.

Empecé a ensayar y probar por mi cuenta, en ese entonces no había tutoriales en YouTube, ni tampoco mucha información en Internet, pero hice lo que pude, investigué, pregunté y me esforcé. En las horas de almuerzo dividía mi tiempo entre estudiar para mis exámenes de la universidad y practicar las fórmulas de cálculo de Excel. No fue fácil, pero finalmente terminé siendo muy buena en esta herramienta, descubrí que había formas más ágiles de realizar los reportes y mejoré algunos procedimientos. Mi jefe estaba encantado y el trabajo que era inicialmente solo por tres meses resultó en un contrato de un año y medio, pues me ubicaron en un nuevo cargo más retador. Luego, la empresa para la que trabajaba como contratista, me presentó una nueva alternativa de vinculación directa para una compañía filial de esa organización. Renuncié a la empresa temporal y acepté una oferta de empleo como «asistente de gerencia». Después de unos meses, ya formaba parte del área de Recursos Humanos, directamente vinculada y con contrato indefinido. Cuando lo miro en retrospectiva me digo: al haber tomado esa decisión, ¿fui irresponsable o avezada? Fue una decisión que le dio un giro a mi vida, no fue fácil, créeme, en realidad no lo fue, pero me aportó experiencias maravillosas.

Recuerda, corazón, cuando realmente deseas algo con tu alma, lo haces, aunque no sepas muy bien cómo. Cuando estás decidido a llevar algo a cabo, dejas de enfocarte en el *no sé cómo hacerlo* y te concentras en el *qué debo empezar a hacer para lograrlo*, y en lugar de entrar en parálisis por análisis, simplemente actúas. En lugar de escudarte en culpar a los acontecimientos, seguir a la espera de que alguien te enseñe cómo hacerlo o de que una oportunidad se presente, tomas las riendas y te aventuras a abrir los caminos que te llevarán al destino que tanto añoras. En lugar de posponer tus iniciativas hasta que estés listo para dar el salto, o esperar que el gurú de turno te regale la fórmula mágica para transformar tu vida, dejas a un lado tus excusas y simplemente empiezas a tomar acciones (aunque sean pequeñas) para generar cambios.

Recuerda, yo también estuve ahí, quejándome y lamentándome por muchas cosas que no marchaban como yo deseaba, y uno de mis primeros grandes saltos para transformar eso que tanto me afligía, fue reconocer que no quería dejar de sufrir. Eso fue absolutamente revelador y liberador para mí.

Además de lo que hemos visto hasta ahora en este capítulo, voy a plantearte un nuevo concepto muy interesante: los seres humanos no queremos dejar de sufrir porque, en el fondo, el sufrimiento trae a nuestras vidas beneficios ocultos. En otras palabras, el estado actual en el que te encuentras, de alguna manera, beneficia a tu inconsciente. Tu mente se siente satisfecha con la realidad que experimentas puesto que (aunque suene contradictorio) tu mente está obteniendo algo que la complace. ¿Cómo es esto posible? Sencillo: porque si no fuera así, ya lo habrías transformado. Haber entrenado a más de seis mil personas de diferentes lugares del mundo en este concepto me permite asegurarlo con tanta convicción. Para que sea más claro para ti, voy a compartirte algunos ejemplos hipotéticos en los cuales tu mente gana, aunque tú creas que estás perdiendo:

- De ese trabajo que no te gusta y con el que te resignas, tu mente inconsciente gana la comodidad de continuar en una zona conocida y no arriesgarse al reto de renunciar y postular a una nueva vacante.
- De tu situación sentimental que se caracteriza por atraer a hombres infieles y patanes, tu mente gana la satisfacción de tener la razón y, además de confirmar que lo que siempre has creído es cierto, ganas también la aprobación de las mujeres de tu clan familiar que se caracterizan por tener relaciones tormentosas. Así, al no superarlas a ellas y ser leal a este patrón, tu inconsciente se identifica como una más de la familia y no cargas con la culpa de tener una mejor vida que tus antecesoras.
- De tu estado de salud afectado y vulnerable, ganas la atención y cuidado de las personas que te aprecian.
- De tu economía inestable, tu mente gana la tranquilidad de saber que otros cuidarán de ti, sentirán empatía y compasión por tu situación, y así, te liberas de hacerte responsable.
- De las mujeres que atraes y que no quieren comprometerse, tu mente gana la tranquilidad de saber que no tendrá que renunciar a su libertad, ni compartir su tiempo con alguien más que probablemente llegará a coartar tus preferencias e individualidad.
- De tu miedo a emprender y tu frustración por no atreverte a iniciar ese negocio, tu mente gana la comodidad de no tener que trabajar tantas horas o de no tener que invertir tiempo en prepararte y adquirir información para poder sacar adelante ese proyecto.

Y estos, son solo algunos ejemplos, no obstante, confío en que la idea que nutre el planteamiento ya está clara. Si no has transformado tu vida es simplemente porque, aunque resulte molesto, estás obteniendo alguna compensación oculta de tu situación actual y además de esto, tu cuerpo se ha habituado tanto a las emociones y sensaciones asociadas a ese malestar que, aunque le resulten desagradables, ya ha perfeccionado su capacidad de familiarizarse con ellas. De este modo, prefiere la molestia conocida en lugar de asumir la retadora incomodidad que producen la incertidumbre y la novedad. Te voy a compartir otro dato que (cuando lo analizas por primera vez) resulta impactante. ¿Recuerdas que te mencioné que estabas a punto de emprender una gran campaña contra tu mente inconsciente? Lo impactante de esto es que tu inconsciente no solo se compone de procesos mentales asociados a tu cerebro, tu cuerpo también forma parte de tu inconsciente y voy a demostrártelo ahora.

Como ya hemos visto, el cerebro es la máquina donde se produce tu proceso mental, por eso es indispensable que comprendas las implicaciones de tu sistema nervioso central (compuesto por tu cerebro y tu médula espinal), pero además de ello, tu cuerpo cuenta con un sistema nervioso autónomo o «vegetativo» que es el responsable del equilibrio u homeostasis corporal, y también cuenta con un sistema endocrino, encargado de gestionar las hormonas implicadas en la regulación de tus estados de ánimo. Durante años, tu cerebro ha entrenado a tu cuerpo en la producción automática de sustancias que se ajusten a tu interpretación de la realidad y a tu sistema de pensamiento. Por ejemplo, cada vez que te preocupas y angustias pensando en todo lo que puede salir mal, estás:

- Fortaleciendo las carreteras neuronales que te conducen al *coliseo negativo* y que contribuyen a que los pensamientos relacionados y asociados con la angustia se produzcan de manera fácil y automática.
- Estás forzando a tu sistema endocrino y a las glándulas suprarrenales a producir cortisol «hormona del estrés», norepinefrina y adrenalina.
- Estás forzando a tu sistema autónomo a que aumente tu ritmo cardiaco, altere tu presión arterial, contraiga sus vasos sanguíneos

o aumente la sudoración, entre otras tantas cosas como la disminución de la melatonina y las alteraciones del sueño.

- Y mientras duermes, tu cerebro no para, continúa trabajando de manera inconsciente organizando la información que recibiste mientras estabas despierto, clasificándola según sus asociaciones previas, sacando conclusiones, haciendo inferencias.

Y esto solo por mencionar algunos de los cambios físicos que se producen cuando tu mente se ajusta a un sistema de pensamiento establecido. Trabajemos ahora con la siguiente hipótesis, imagina que por más de un año has estado en presencia de una actitud negativa, ansiosa, depresiva o temerosa. Piensa no solo en los cambios mentales y en lo fuerte que se ha hecho este esquema de pensamiento, sino también, en los cambios físicos que se han producido día tras día debido a la forma en la que estás pensando, observa que tu cuerpo se acostumbró por un periodo prolongado a producir las sustancias y cambios fisiológicos que se ajustaban a la visión que tenías de ti y de la realidad. Ahora, imagina que de la noche a la mañana decides realizar un cambio de percepción y que ahora empiezas a ver todo de manera más positiva. No obstante, descubres que, aunque te esfuerzas por pensar de manera más amorosa enviando pensamientos hacia *el parque positivo*, algo no anda bien. Te sientes igual que antes, te sientes cansado, sin energía, ansioso, o depresivo, y te preguntas: ¿qué es lo que estoy haciendo mal? O peor aún, piensas: esto no funciona, es una pérdida de tiempo. A la luz de lo que acabo de exponerte, lo estás haciendo todo bien, excepto que tu cuerpo se resiste a acompañarte en tu nueva iniciativa, por una simple razón: tu mente ha invertido mucho tiempo en entrenar a tu cuerpo en cómo debía sentirse, tu cuerpo ha invertido mucho tiempo adaptándose a lo que tu mente le ha exigido, y el problema es que ahora ninguno de los dos quiere perder su tiempo y esfuerzo, por tanto, cambiar resulta más retador de lo que te imaginabas. Acéptalo: no quieres cambiar y, hasta que no lo veas con claridad, no estarás listo para realizar el salto que añoras.

Lo maravilloso de esto es que al comprender que cuando inicias un cambio siempre habrá resistencias y que tu inconsciente no solo es un «cuarto oscuro» de tu proceso mental, sino también la suma de tus funciones corporales, en el momento en el que las cosas no salgan bien y sientas que por más que te esfuerzas algo no funciona, contarás con la suficiente sabiduría para comprender de qué se trata y podrás amorosamente ser paciente y condescendiente con tu proceso sin dejarlo a un lado o abortarlo. Además, podrás empezar a debatir aquellos beneficios ocultos con los que tu mente intenta mantenerte anclado a tu antiguo esquema de pensamiento.

Voy a compartirte el caso de una de mis consultantes que ejemplifica claramente la batalla entre el hábito corporal y los beneficios ocultos de la mente como factores inconscientes de resistencia al cambio. Recuerdo claramente a una paciente de cuarenta años a la que atendí hace algún tiempo, ella consultaba por la frustración que representaba no haber tenido ninguna relación de pareja en toda su vida, se sentía devastada por estar sola y creía que no había nacido para el amor. Se negaba a reconocer que esta situación que tanto le frustraba traía para su vida un beneficio profundamente oculto. No podía entender cómo lo que tanto lamentaba, la pudiera estar beneficiando. Cuando analizamos su situación en detalle, encontramos que, en el fondo, ella no quería tener pareja, porque inconscientemente tenía arraigada la idea de que, al estar en una relación sentimental con un hombre, ella tendría que empezar a cuidar su imagen y su peso, y esto, a su vez, implicaría tener que privarse de comer golosinas y chocolates (mi paciente tenía bastante sobrepeso). Recuerdo que me transmitía con frustración su planteamiento primario como una queja: «Mira *doc*, hoy en día tener pareja no es nada fácil, si estás en una relación tienes que permanecer arreglada, ser delgada y atractiva, de lo contrario, te van a terminar dejando por alguien más bello», decía.

Ella deseaba a alguien que la amara, y se lamentaba por tener cuarenta años y ninguna relación de pareja, su primer beso lo dio sobre los veinticinco años y lo hizo, no por amor, sino con un completo desconocido, porque ya estaba harta de ser la única entre sus amigas a quien ningún hombre había besado. Todo esto hacía que se sintiera profundamente frustrada. Sin embargo, en el fondo no había tomado conciencia de que, entre muchas otras cosas, una de las que más la saboteaba para iniciar una relación de pareja era el temor por su imagen física y la responsabilidad que acarrearía tener que cuidar de sí misma al verse forzada a perder peso. Su inconsciente se aferraba a la idea de que los hombres solo se fijan o permanecen al lado de mujeres delgadas. Conscientemente deseaba una relación, pero inconscientemente la rechazaba. Mi paciente en el fondo no quería renunciar a lo único que había llenado su vacío emocional durante tantos años: la comida. Su cuerpo llevaba años acostumbrado a la producción de triptófano, la serotonina y la feniletilamina que se incrementaban en su organismo después de comer chocolates. Así, estas golosinas eran un consuelo y suministraban un breve «chute» de bienestar justo en los momentos en los que más soledad y tristeza experimentaba.

El beneficio oculto para su inconsciente era seguir en la zona de confort, compensando su soledad con comida (a la que no veía como alimento, sino como un premio por su sufrimiento) sin tener que cuidar su apariencia. La victoria dulce y tentadora para su mente era contar con la libertad de comer lo que se le antojara. De esta manera, mientras incrementaba su peso y se cubría con capas de ropa y de grasa corporal, se protegía de la amenaza que generaba su creencia irracional de que, para estar con un hombre, es necesario tener la talla de una modelo de pasarela y llevar una vida frívola y superficial.

Así funciona nuestra mente inconsciente bajo la influencia del personaje que habita en ella y que toma el control automático de nuestra vida: el ego. Más adelante, en el capítulo tres, nos centraremos en comprender cómo opera este personaje y cuáles son sus máscaras. Entre tanto, quiero compartirte que el ego pasa la vida buscando una situación que genere caos y a la que pueda culpar de su insatisfacción. Eso nos lleva a elegir un sufrimiento menor, como un beneficio para tratar de compensar un dolor mayor. Ejemplos de esto son el comprador compulsivo que se lamenta por sus finanzas, pero que, a través de los objetos materiales, logra compensar falsamente su percepción de falta de valía; o el fumador que sabe que está acabando con sus pulmones y se queja de no poder dejar su vicio, pero obtiene el beneficio oculto de poder calmar por unos minutos con el cigarrillo la ansiedad profunda que le generan los miedos y pensamientos recurrentes a los que no desea enfrentarse.

Para incrementar las posibilidades de que descubras información valiosa en este libro, es fundamental que comiences por una autoindagación consciente, y por eso me interesa realmente que comprendas con claridad que tu mente se está beneficiando de eso de lo que te quejas tanto.

Voy a compartirte un nuevo ejemplo que te ayudará a enfocarte mejor. Otro caso del beneficio oculto que se me viene a la mente es el de un hombre de cincuenta y dos años al que tuve la oportunidad de acompañar como terapeuta. Este paciente se quejaba de lo frustrado que estaba en su trabajo, de su jefe que era un incompetente, poco profesional y con menos preparación académica que él, y que, por si fuera poco, se llevaba todo el mérito por la labor que mi paciente realizaba.

Este hombre llegó a consulta totalmente frustrado, quejándose con firmeza de lo injusta que era la compañía para la que trabajaba y de lo mucho que odiaba su empleo. Llevaba ocho años trabajando para la misma organización, seis de ellos para el mismo jefe. Cuando lo confronté acerca del motivo por el cual todavía continuaba ahí si finalmente era tan infeliz, aparecían excusas como: «no hay más empleo», «tengo que responder por mis obligaciones» o incluso «no le voy a dar el gusto a ese pelele (su jefe) de renunciar e irme de ahí». Encontrar el beneficio oculto con este paciente fue realmente fácil para mí, pero complejo para él, y es que no estamos acostumbrados a mirar dentro de nosotros mismos. Cuando indagué sobre su tiempo libre y en qué se basaban las conversaciones con sus amigos y su familia, ¡sorpresa!, ahí estaba la clave, este hombre siempre se quejaba de su trabajo con cuanta persona se encontraba, y si era un ser querido, mejor. Su situación laboral hacía que su esposa lo compadeciera diariamente y lo consintiera amorosamente por el sacrificio que este buen esposo hacia día a día por ella y sus hijos. Sus amigos admiraban su resistencia y perseverancia, su madre lo trataba como al niño pequeño al que le hacen *bullying* en el colegio y su padre se identificaba con él y lo aprobaba, diciéndole que lo entendía y que un gran hombre siempre estaría dispuesto a hacer lo necesario para llevar el pan a la mesa de los que ama. Mi paciente había aprendido que la atención, el cariño y la aceptación de otros solo se obtienen a través del sacrificio, y justamente por esa razón, se había autoimpuesto un castigo laboral que lo hiciera digno de lo que todos estamos buscando de una manera u otra: aprobación como sinónimo de amor. Si tan solo nos enseñaran desde pequeños a conocernos realmente, nuestra vida sería mucho más simple y plena.

¿Ves cómo funciona? No queremos dejar de sufrir, estamos dormidos, hemos sido programados por las instituciones, la religión, nuestras familias y el sistema educativo para vanagloriarnos de lo mucho que nos sacrificamos en la vida, y finalmente, nuestro sufrimiento se convierte en el estado al que nos habituamos. Es como si fuésemos niños pequeños que estuviéramos viendo la vida pasar desde nuestra ventana, observando a los demás chiquillos jugar y correr felices, mientras nosotros deseamos estar ahí afuera, pero en lugar de ello, estamos dentro, lamentándonos por no poder hacerlo, ya que estamos castigados. Lo paradójico es que el castigo ha sido autoimpuesto porque creemos que no merecemos disfrutar o que, para hacerlo, el precio que tenemos que pagar es muy caro. Somos como el perrito que se aferra a su hueso pudiendo comerse un jugoso filete, simplemente porque el hueso es lo único que conoce y porque si lo suelta teme quedarse sin nada.

En la antigüedad, tenía sentido que los caninos almacenaran su alimento puesto que invertían un alto grado de energía cazando, y al tener una victoria con una presa más grande de lo que podían consumir, era una buena alternativa esconder parte del botín para protegerlo de los carroñeros o de otros depredadores. No obstante, en la actualidad tus mascotas y las mías tienen «pienso» o croquetas a disposición, ya no cazan ni pasan hambre, entonces ¿por qué conservan este comportamiento? La respuesta es que lo hacen por la misma razón por la que tú y yo seguimos fieles a las ideas y creencias de nuestros antepasados, y nos aferramos a ellas sin cuestionarlas y sin importar que ya no sean prácticas o funcionales. Simplemente seguimos como borregos la programación que recibimos y la aceptamos porque «así es la vida, y es así como debemos vivirla».

En conclusión, cuando de transformar una realidad incómoda se trata, debemos reconocer tres cosas:

- Una de ellas es que la realidad que experimentamos es nuestra propia creación, no precisamente por los sucesos que acontecen, sino porque lo que sea que esa situación represente (cielo o infierno) siempre es el fruto de nuestra interpretación y, en la mayoría de los casos, la interpretación preferida por nuestra mente es aquella donde todo lo demás sea responsable de nuestros males y desgracias.
- La segunda es que antes de realizar transformaciones profundas es necesario reconocer que si en el pasado no hemos generado cambios, no es porque no hayamos podido, sino, simple y crudamente, porque no hemos querido. Esto obedece a la alta inversión energética de nuestra mente y cuerpo en convertirnos en quienes somos y a los beneficios ocultos que obtenemos de nuestro estado actual.
- La tercera y última consideración es que para un alma en la que se ha encendido la llama ardiente del deseo de un cambio, no existen excusas, sino motivos, y aunque esa alma carezca de las herramientas, el haber llegado al límite del sufrimiento será un motor en la búsqueda de alternativas que produzcan no el alivio del dolor, sino la sanación de sus orígenes.

Para cerrar este capítulo, voy a resumir todo lo planteado empleando el símil o metáfora del canino que por instinto se aferra a un hueso. Ese animal que pelea con otros por su botín, que vive en ansiedad porque teme perderlo, incluso invierte tiempo y energía escondiéndolo bajo tierra, todo esto, pese a que este hueso no representa para él mayor bienestar. Si lo piensas bien, muchos de nosotros somos muy parecidos, somos como aquel perro que desperdicia su existencia aferrándose a lo que está programado en su inconsciente y en sus genes, sin cuestionarlo. Actuamos en automático con patrones heredados tal y como el can que elige el hueso al que está habituado, mientras se aleja del verdadero banquete de disfrute que puede ofrecerle la vida.

Integrando el aprendizaje

Identifiquemos tus beneficios ocultos

Elige el área de tu vida en la que más desees realizar un cambio, te doy algunas ideas: tu área financiera, tu relación de pareja, tu satisfacción profesional, tu área espiritual, tus relaciones familiares, tu vida social, la forma en la que disfrutas y te regalas placer y bienestar, tu educación, tu realización personal, el sentido y propósito de tu vida, o cualquier otra área en la que sientas que realmente deseas cambiar.

Sé específico y escribe tres aspectos claros en los que tu mente se beneficie de manera inconsciente y oculta por el hecho de que esta área NO esté funcionando como tú deseas. Recuerda que se trata de beneficios escondidos. Además de los casos compartidos en este capítulo, te brindo otros ejemplos:

Ejemplo del área espiritual. Tener afectada mi espiritualidad me beneficia porque: 1) No tengo que dedicar tiempo para orar o meditar. 2) En lugar de responsabilizarme, puedo decir que los malos resultados de mi vida se deben a mi falta de fe. 3) No me expongo a críticas, pues si empiezo a indagar profundo en mi espiritualidad, me van a rechazar o tildar de raro o esotérico.

Ejemplo área financiera. Tener malos resultados económicos me beneficia porque: 1) Inconscientemente sigo el patrón de mi familia y esto hace que ellos me acepten (si soy más próspero me juzgarán). 2) Malgastar el dinero me beneficia, porque satisfago momentáneamente mis vacíos emocionales, comprando cosas que no necesito. 3) Aunque hago esfuerzos por obtenerlo, no consigo materializar muchas ganancias, eso me beneficia porque puedo quejarme con todos y finalmente recibir ayuda de personas más prósperas.

Realiza tu ejercicio

El área que deseo transformar es:

_____

_____

_____

_____

_____

Los beneficios ocultos de tener esta área afectada son:

1) _____

_____

_____

_____

2) _____

_____

_____

_____

_____

3) _____

_____

_____

_____

_____

Al hacer consciente esta información que estaba oculta y al reconocerla con honestidad, me siento:

_____

_____

_____

_____

Ahora, resume estos tres beneficios que acabas de encontrar y tradúcelos en la mayor victoria oculta con la que tu mente ha venido complaciéndose inconscientemente. Te daré algunas ideas:

Seguridad de estar en lo conocido, comodidad por no tener que arriesgarte, compasión de otros, cuidados y solidaridad de los demás, te libras de responsabilidades culpando a otros de lo que te pasa, te proteges evitando el rechazo, evades el dolor, te cargas con problemas que no te corresponden para sentirte necesitado por otros, controlas la vida de los demás para así evitar controlar tus propias emociones, recibes aprobación de otros al renunciar a tus deseos, obtienes el favoritismo de los demás por complacer sus demandas, recibes reconocimiento por tu esfuerzo y perfeccionismo, te liberas de la culpa, en fin...

Pregúntate con sinceridad qué es lo que inconscientemente estás ganando por vivir así. Indaga, ve profundo, sé muy intuitivo y no aceptes lo primero que te diga tu mente, ya has visto cómo funciona su procesamiento automático. Sé suspicaz y analiza tu vida en detalle. En el fondo, existe una ganancia primordial, una gran victoria para tu inconsciente, la clave está en que identifiques qué es eso que a lo largo de tu vida has tratado de evitar a toda costa, o qué es eso que tu mente trata de conseguir por cualquier medio. Una vez que lo identifiques, encontrarás lo que te ancla a la situación que ahora experimentas.

¿Qué es lo que estás obteniendo al seguir viviendo bajo las mismas condiciones? Reflexiona en ello y luego responde con sinceridad.

Hoy soy sincero conmigo, decido ver aquello que está escondido para poder transformarlo. Reconozco que mi mayor ganancia oculta por tener esta área afectada es:

_____

_____

_____

_____

_____

Capítulo 2

Dios no hará tu trabajo

Esta es mi religión. No hay necesidad de templos.
No hay necesidad de una filosofía complicada.
Nuestro propio cerebro, nuestro propio corazón es nuestro templo
y la filosofía es la bondad.
Dalái lama

Ya lo he dicho en el capítulo anterior, siempre será más fácil culpar a otros de tus desgracias. No puedes tener a esa pareja que sueñas porque todos los hombres son unos infieles, no quieren comprometerse y, además, solo te encuentras con hombres casados. No puedes prosperar económicamente porque estás en un país de mierda, donde la economía está por los suelos y los políticos roban y abusan. No puedes emprender, estudiar o sacar tu máximo potencial porque no tienes tiempo con las responsabilidades que conllevan tu matrimonio y tus hijos. No puedes lograr lo que quieres porque te falta capacitarte más y no tienes dinero para hacerlo. No eres una persona segura porque tienes una piel llena de imperfecciones, tienes sobrepeso y sufres de ansiedad. ¿Alguno de estos ejemplos te suena? Ahora quiero que cuestionemos un poco esas ideas que te han traído hasta aquí: si todos los hombres son unos infames, ¿por qué, sí hay mujeres en relaciones sanas y plenas? ¿Por qué pese a la situación económica actual, sí hay personas honestas y generosas generando riquezas? ¿Por qué otros, que tuvieron las mismas oportunidades financieras que tú y que provienen del mismo entorno socioeconómico o educativo, pueden ser hoy personas prósperas y exitosas? ¿Por qué otras personas, de tu edad y con responsabilidades como las tuyas, parecen avanzar a pasos gigantes, mientras tú sigues frustrado y estancado? ¿Por qué personas que no son «tan agraciadas» o que no tienen tantos estudios viven vidas plenas y felices? ¿Por qué a ti no te alcanza el tiempo, pero otras personas incluso más ocupadas que tú son más productivas y dan abasto con todos sus objetivos? La respuesta es sencilla: porque no se trata de lo que pasa en tu vida, sino de lo que estás dispuesto a hacer que pase para crear la vida que deseas.

Por favor, no pienses que quienes prosperan, lo logran por pura suerte o, simplemente, debido a que tienen una mejor relación con Dios y que por eso él los prefiere y los premia. Tampoco se trata de que Dios (si lo quieres imaginar como un ser con barba y túnica) esté en el cielo jugando a los dados para ver a quién le corresponde una vida plena y a quién una vida de frustración y miseria. Hemos crecido con una idea de un dios que favorece a algunos y es injusto con otros, o bien, que es tan inclemente como para hacer (con conocimiento de causa) que algo malo te pase con el fin de que puedas probar tu valor o aprender una lección a través del dolor. Las instituciones familiares, educativas y religiosas han instaurado en nuestro inconsciente la idea de un dios que será más condescendiente contigo según tu nivel de sacrificio, ofrendas y acatamiento de las normas, o bien, en el otro extremo, la idea de que no existe ningún dios y, por tanto, lo que sea que te pase siempre será fruto de la casualidad o del destino, algo así como si se tratase de un juego de azar donde dependes de la buena fortuna.

Cuando hablamos del dios de las religiones, pareciera que el cielo fuese una gran organización con políticas claramente instituidas, donde para ingresar primero tienes que pasar por un arduo proceso de selección con el fin de determinar si eres digno del bautismo. Una vez aceptado, para poder ascender debes cumplir con los mandamientos y con la línea establecida. Por si todo esto fuera poco, parece que el departamento de Recursos Humanos celestial evaluará periódicamente tu desempeño (pecados versus buenos comportamientos) para premiarte o castigarte en consecuencia. De alguna manera es como si se tratase de que para aquellos empleados con un buen desempeño el bono fuera una vida de más oportunidades, facilidades, salud y paz, y la consecuencia para aquellos que no alcancen el nivel esperado fuera un toque de atención con copia a su hoja de vida, a partir del cual, atravesarán un periodo de prueba con problemas, enfermedades, dificultades, penurias, dolor y drama.

Por favor, no me malinterpretes, es tu derecho elegir la visión con la que te sientas más cercano a la divinidad y encontrar la práctica que más te aproxime a tu conexión con esa gran matriz de amor que contiene todo lo existente. Mi objetivo es plantear que las religiones, como todo en la vida, son constructos neutros, que según como se miren, pueden tener aspectos positivos o negativos. Constructos creados por las mentes de hombres que se basaron en la sabiduría de grandes maestros, y que interpretaron y adaptaron un mensaje original de acuerdo con lo que consideraron más conveniente según sus intereses. No dudo de la buena fe detrás de algunos de los precursores religiosos, solo reconozco que, finalmente, fueron hombres que, como tú y como yo, también libraban sus batallas internas y se debatían con sus propias historias, miedos y paradigmas. Con esto, y comprendiendo que no vemos las cosas como son sino como somos según nuestra programación mental, te presento la siguiente reflexión, para que la recibas con tu corazón y escuches cómo resuena con tu sabiduría interna: ¿es posible que gran parte de estos dogmas religiosos creados o interpretados por hombres, basados en el castigo, el miedo, el juicio y la división, mostraran mucho de lo que estos hombres llevaban dentro, y menos de las verdaderas enseñanzas de sabiduría ancestral de los maestros que inicialmente las compartieron?

Si me has seguido en mis redes, talleres, vídeos o conferencias, sabrás que no profeso ninguna religión, tampoco estoy en contra de ninguna de ellas. Conservo una posición neutral y tomo de cada cosa, lo que más aporte a mi vida desde la perspectiva de la libertad, el respeto y el amor, pero esto no siempre fue así. Durante mucho tiempo fui una participante activa de la religión católica, dirigía a un grupo de jóvenes que combinaban la fe con el arte, la música y la danza en una iniciativa llamada la «Renovación Católica Carismática» un movimiento de la Iglesia católica que buscaba darle un contexto juvenil y fresco a la práctica religiosa, y cuyo objetivo era promover la participación de más jóvenes y adolescentes, despertando su fe a través un encuentro religioso más ameno y con un aire más moderno (en comparación con las tradiciones convencionales). En resumen, era una forma más abierta y amigable de interpretar las escrituras y vivir los dogmas propios del catolicismo, y representaba una actitud más flexible para practicar la religión. En ese entonces, asistía a misa tres veces por semana, trabajaba como voluntaria con uno de los sacerdotes más reconocidos de mi ciudad y hacía equipo con una banda de cantantes y músicos que tocaban ritmos modernos de alabanza a Jesús y amor a María, mientras el grupo de chicos que yo lideraba danzaban y convocaban a los feligreses a expresar su fe con gozo y plenitud. No te voy a mentir, era mucho más divertido que una eucaristía convencional, pero no dejaba de ser un estilo de vida que, en lugar de empoderarme, me desconectaba de mi verdadera grandeza y me conducía a construir una imagen errada y distorsionada que dista mucho de la comprensión de lo que hoy es Dios para mí.

Debo advertir ahora que el concepto que te compartiré de Dios es sumamente personal y que ya no proviene de ninguna escuela o enseñanza. Pese a haber estudiado libros de ancestral sabiduría como: El Kybalion, El Tao, La Biblia, los *Upanishads*, la Doctrina Secreta, El Corán, los *Yoga Sutras*, y el *Bhagavad Gita*, y ser una apasionada de la sabiduría de los maestros iluminados, solo puedo decirte que ya no creo en Dios, porque si creyera en él, estaría tratando de encasillarlo dentro de un concepto y Dios no es algo que se entienda, es algo que se vive.

Decir que creo en Dios sería como afirmar que existe una construcción de mi mente (basada en lo que otros han dicho) y que mi esquema de interpretación mental se adapta a una ideología de lo que es la divinidad, por tanto, mi mente acepta «la idea de Dios» y cree en ella, solo porque es correspondiente con sus criterios y juicios. De una manera más simple, si dijera que «yo creo en Dios» sería como decir que Dios es validado y aprobado de acuerdo con los paradigmas y creencias arraigados en mi mente. No, no es así, ya no «creo» en Dios, ahora RECONOZCO CONSCIENTEMENTE a Dios, y eso es muy distinto. Puedo compartirte con total certeza que a Dios no se lo conoce sumándole atributos, a Dios se lo reconoce cuando se le desliga de todo aquello que no es, y a Dios no podemos sentirlo ni experimentarlo cuando intentamos encajarlo en una limitada definición mental basada en el miedo, las creencias, el castigo, el pecado, la culpa, las imposiciones, los estigmas, la carencia, la pobreza, los sacrificios, los templos, los rituales, la separación, los conflictos, los dogmas o juicios. En definitiva, Dios está mucho más allá de los limitados atributos egoicos en los que la básica mente humana suele tratar de encasillar aquellas cosas que por sí misma no logra comprender. Dios no es algo que pueda definirse puesto que está mucho más allá de los alcances de la mente. Dios «ES TODO LO QUE ES» y, por tanto, no requiere ser conceptualizado. Esa es la razón por la cual el ego humano, en búsqueda de un sentido que está más allá de su poder, ha tratado de encasillar a la máxima deidad en una serie de atributos más propios de la tierra, y más parecidos a sus patrones de comportamiento. Así, en las religiones solemos encontrar a un dios asociado al castigo, el juicio, el poder y la separación. Un dios enmarcado en egolatría que busca ser alabado y reconocido, un dios al que debe contactársele en lugares específicos bajo ritos y a través de otras personas más instruidas y dignas. Un dios tan lejano que requiere de artilugios y antesalas para poder acceder a sus dominios. Si lo piensas bien, el dios de las religiones tiene más características de los deseos inconscientes y latentes de la mente humana (poder, reconocimiento, bienes materiales, ofrendas, alabanzas, seguidores y enemigos) que una verdadera naturaleza espiritual. El dios que nos han contado tiene más atributos característicos del ego de los hombres, y no de la energía divina que sostiene todo lo que conocemos y también aquello que nuestros sentidos no alcanzan a percibir y que nuestra mente aún no comprende. No podemos tratar de explicar a Dios porque al referirnos a esa gran matriz de consciencia divina, estamos refiriéndonos a la energía primigenia que nunca fue creada porque siempre ha existido, pero que a su vez es la fuente que ha dado origen a todo lo existente, y eso es algo que sobrepasa la comprensión de nuestras limitadas mentes.

Mientras te escribo estas líneas, hay un hermoso cangrejo blanco mirándome. Este pequeñito lleva casi una hora a mi lado, observándome curioso. Recoge arena y la expulsa a un lado del hoyo que tan delicadamente está cavando como refugio. Mientras lo hace, no me aparta la mirada, sus ojitos saltones me observan con la expresión de quien mira a un extraterrestre. Él está atento a cualquier amenaza, pero aun así, no deja de hacer su trabajo, está en el presente y no está abortando su iniciativa por culpa del viento caribeño que tapó la entrada de su morada en la arena, ni tampoco preguntándose si otro cangrejo habrá cavado un hoyo más grande. Tampoco está preocupado por lo que yo pueda estar pensando de él, simplemente está siendo lo que es: «un hermoso cangrejo» y está haciendo lo que debe hacer, ni más ni menos, y en ese ser pequeñito, perfectamente hermoso que, sin saberlo, forma parte de un todo perfecto, yo simplemente percibo y reconozco a Dios y soy consciente de él.

Veo a Dios en el mar azul que tengo enfrente y en dos pájaros que hace unos minutos estaban picoteando el paquete de frutos secos que traje a la playa por si me daba hambre. Lo veo en el niño que justo acaba de pasar corriendo y que con sus gritos me ha desconcentrado y que también ha espantado al cangrejo que tan tranquilamente cavaba su refugio. Lo veo en el hombre que batalla con su equipo de *snorkel* y que está a punto de zambullirse, y también lo veo en ti cuando te imagino leyendo estas líneas. Pero, no te confundas, no quiero sonar poética, no se trata de que Dios esté presente en las cosas hermosas y maravillosas de la vida, en la naturaleza y en la inocencia de un niño, eso es un cliché, no te hablo de eso. Se trata simplemente de ser conscientes de que Dios está presente en absolutamente todo lo que conforma este planeta, esta galaxia y todo el universo. Dejando a un lado el romanticismo de apreciar a Dios solo en aquellas cosas que te resultan preciosas, quiero que reflexiones conmigo: si lo piensas bien, realmente no hay mucho mérito en sentirte conectado con un dios que habita en aquello que tu mente cataloga como hermoso, el verdadero reto se encuentra cuando más allá de las creencias de tu mente, experimentas con consciencia que Dios también es parte de aquello que no te agrada y que rechazas. En otras palabras, el mérito reside en la sabiduría y nobleza capaces de aceptar que esa expareja que te causó tanto dolor, el conductor molesto que no quiso darte el paso, la persona deshonesta que te entregó un billete falso, el compañero de trabajo que te robó el proyecto, el adulto que te lastimó o que abusó de ti en tu infancia, el vecino que no toleras porque cuando vas a dormir pone la música muy alta, la mujer imperfecta que te escribe estas líneas, e incluso, el político corrupto de turno y el asesino al que condenas también son Dios.

La energía potente que ha creado todo lo que te rodea y que está más allá de toda comprensión. La dinámica armoniosa que mueve esta existencia y que otorga sentido a lo que se percibe con la conciencia y que se interpreta a través de la consciencia. La profunda y basta sincronicidad que articula minuciosamente cada acontecimiento al que tú llamas «casualidad»; la fuerza que hace que crezcan los árboles, que tu corazón lata, que las aves emigren, que las estaciones cumplan religiosamente su ciclo y que la «vida» expresada en un cuerpo tarde o temprano perezca... Todo esto, es la divinidad misma en expresión. ¿Qué otro nombre podría brindársele a una inteligencia infinita y perfecta, sino *Dios*?

«Hemos sido creados a imagen y semejanza de nuestro creador», esa es una de las grandes enseñanzas de los maestros espirituales. Entonces, si hemos sido creados de la misma materia prima de la que se compone aquel que nos creó, si poseemos la esencia divina del máximo creador, si somos una parte de aquel que nunca fue creado, que siempre ha existido, pero que, a su vez, es el responsable de crearlo todo, eso indicaría que sin duda, tú y yo somos creadores en potencia experimentándonos en una forma de vida. Somos almas conectadas que conforman un gran espíritu, somos almas que forman parte de la gran consciencia universal y que mediante una consciencia individual diseñan y atraviesan experiencias gracias a estar portando un cuerpo.

La triada «espíritu, mente y cuerpo» posee dos componentes que expirarán con el paso del tiempo: el cuerpo y con él, la mente. Sin embargo, siempre habrá un componente que es eterno: el espíritu. Una de las cosas que observo con frecuencia es que pareciera existir una confusión entre alma y espíritu. Lo que puedo decirte con certeza es que más allá de los nombres, alma y espíritu son dos que a su vez forman uno. Para efectos prácticos podemos entenderlos y diferenciarlos con la siguiente analogía: tú eres un gran ser compuesto de miles de células, sin ellas tu ser físico no existiría, pero a la vez, sin el gran ser que las contiene, las células tampoco podrían existir; eres la suma de millones de microscópicas partes que conforman tu todo. Lo mismo ocurre con el espíritu y el alma, si llamamos espíritu a ese ser supremo que siempre ha existido y que es la energía divina creadora de todo lo existente, entenderíamos al espíritu como el gran ser que se compone de miles de millones de almas, a las que miraríamos como células. Espíritu y almas son uno. El espíritu, Dios, la Fuente, el Universo, (ponle el nombre que más resuene contigo) es el gran contenedor de todo lo existente y se expresa a través de partes de sí mismo a las que reconocemos individualmente como almas. No obstante, no te confundas, podemos llamarlo Espíritu, Alma, Ser o Matriz Divina, puedes ponerle el nombre que desees, al final solo se trata de la energía que mueve tu vida y que es en esencia, la misma energía que conforma todo el universo. Esa gran energía universal es el Espíritu y este se manifiesta de manera individual a través de un alma cuya consciencia es la que está detrás de la mente y del cuerpo que hoy habitas. El espíritu se experimenta a través de tu alma y tu alma forma parte del espíritu, así como célula y organismo son uno y existen y se experimentan gracias a su interdependencia. El espíritu te contiene y tú eres él a través de tu alma, y el alma es la parte que de ti que jamás fallece, esa es la parte de la triada que siempre ha existido y siempre existirá y cuya esencia es pura y eterna porque, a su vez, es una con el Espíritu que dio origen a todo lo existente.

No entraré en este libro a hablarte de física cuántica, no es el propósito, pero sí mencionaré que la ciencia ya nos demuestra que todo lo que existe está compuesto en su menor medida por energía, y que el observador y lo observado se correlacionan de manera que el mundo tal como lo percibimos no es más que una sinfonía de vibraciones que danzan al ritmo de la conciencia de aquel que los contempla. La música de la vida (entendida como circunstancias y sucesos) es consecuente con la consciencia del director de orquesta que la coordina, y el director, si así queremos llamarlo, es Dios. Pero no dejes que la mene te engañe, no estamos hablando de un Dios externo a ti, recuerda: célula y organismo son uno.

Ahora iremos mucho más profundo, porque lo que estás a punto de leer es algo que probablemente sea cuestionado y rechazado por tu mente. Recuerda que para la mente es preferible que haya un factor externo al que puedas culpar de todos tus males o en el que puedas depositar las esperanzas de que todo cambie. La mente se aferrará a cualquier idea que ella considere más conveniente, siempre buscando hacerse el camino más fácil, y una de las cosas más convenientes para el proceso mental es considerar que existe un ser supremo al que puede depositársele la responsabilidad de «arreglar aquellas cosas» que nosotros no logramos ajustar por nuestros propios medios. Como veremos a continuación, hemos sido programados para depositar en

Dios la responsabilidad de hacerse cargo de esas cosas por las cuales nuestra mente se siente sobrepasada.

Observa cómo reacciona tu cuerpo cuando tu mente procesa la siguiente frase: «Dios no es un ser supremo al que tengas que pedirle que te ayude, o al que tengas que acudir para que solucione tus problemas o alivie tu dolor». Al procesar esta idea, ¿esta afirmación resulta para ti una frase desalentadora? ¿O es —por el contrario— una frase reconfortante?

Resulta, mi querido corazón, que en esta sinfonía universal de vibraciones que se entrelazan creando la música del universo, el director de orquesta eres tú a través de tu consciencia, los músicos son tu mente y los instrumentos tu cuerpo. Músicos e instrumentos son dirigidos con tu «energía-consciencia». El auditorio en el que interpretas tu obra es esta experiencia a la que llamas vida, y la sinfonía melodiosa o estridente que disfrutas o que sufres, en el único momento que existe (el presente), la estás dirigiendo e interpretando única y exclusivamente tú. De esta manera, Dios es la música, pero la música no puede desligarse del músico que la produce, tampoco de aquel que la compone o de aquel que dirige su interpretación. Música y músico son uno, así como Dios y tú también lo sois. Observa que todo está interconectado, por ejemplo, músico e instrumento también son uno, de lo contrario, ¿de qué serviría un instrumento si no hubiese un músico que lo tocara? El director y la orquesta se sintonizan para interpretar y se convierten en uno, y la música y el público que se emociona gracias a ella también son uno. En esta analogía puedes ver fácilmente que no pueden desligarse unos de otros, y eso es lo que en espiritualidad llamamos: «consciencia de unidad».

Unidad no es vivir como «hermanos», tampoco que todos pensemos igual, o que estemos de acuerdo, o que carezcamos de conflictos, o que eliminemos nuestras diferencias, unidad es reconocer que no estás separado de Dios, y que Dios lo es todo, por tanto, no estás separado de nada, eres uno con el todo. Unidad es reconocer que, así como sin importar dónde se encuentre y aunque ya no esté en manos del artista, la pintura y el artista siempre estarán unidos porque en cualquier lugar que esté expuesta la obra, siempre estará presente una parte de su autor, nada existente puede estar separado de su creador, porque creador y creación son uno. Dios es aquel que te creó, si tú eres una parte de él (como una célula que lo conforma) y si él se experimenta a sí mismo a través de ti, tú y Dios también sois uno. En otras palabras: TÚ ERES DIOS. Por favor observa que no estoy diciendo que «Dios habita en ti», tampoco estoy diciendo que «eres un hijo de Dios» o que «Dios está en tu corazón», estoy diciendo de manera literal que *tú eres Dios*.

Profundicemos más en esta idea y, para ello, volvamos al título de este capítulo: «Dios no hará tu trabajo». Con un profundo amor quiero invitarte a que no olvides esto, te aseguro que transformará tu vida como lo ha hecho con la mía. Recuerda corazón que Dios no hará por ti aquello que puedas hacer por ti mismo. Por eso te invito a que te preguntes cómo cambiaría tu vida si reconocieras tu poder divino y tomaras acción, en lugar de quedarte esperando a que una fuerza externa transforme tu entorno. ¿Cuáles serían tus resultados si unos años atrás hubieras elegido reconocer que esa fuerza que mueve el universo y tú sois uno y que en ti yace el poder de manifestar cualquier cosa que haya pasado por tu mente? ¿Qué sería de ti y cómo cambiaría tu vida si aceptaras que no estás solo y que jamás lo has estado porque tu consciencia individual (eso a lo que llamas alma) siempre ha sido y siempre será una con el gran Espíritu?

Cuando comprendes que no hay nada que esperar, porque nadie externo a ti hará realidad aquello que es tu responsabilidad, y cuando decides tomar acción con la certeza de que si con tu consciencia lo creaste como un deseo en tu plano mental, tienes todas las capacidades para expresarlo luego en el plano corporal y terrenal, habrás transformado tu estado interno inyectándolo de poder personal, y lograrás pasar de «soñarlo» a unirte al propósito de generar las maneras de «manifestarlo». Solo así, serás Dios en esplendor ejerciendo su máximo poder creador.

Momento de reflexión

Piensa con atención en estas palabras: «Dios no hará por ti aquello que puedas hacer por ti mismo».

Detente a reflexionar sobre todas las veces en las que has pedido a un ser supremo que, por favor, alivie tu dolor, resuelva tu problema o mejore tu condición. Pregúntate con sinceridad, ¿estabas pidiendo a Dios que solucionara un asunto que tú debías atender? ¿O tal vez estabas dejando en responsabilidad de «algo externo» las acciones que sabías que debías llevar a cabo, pero que te rehusabas a afrontar?

Por ejemplo: ¿estabas pidiendo a Dios que mejorara una enfermedad que probablemente tú provocaste gracias a tu ritmo de vida estresante, tus emociones no gestionadas o tus hábitos poco saludables? ¿Rogabas a la divinidad que aliviara tu enfermedad mientras tú evitabas hacer ejercicio, comer sanamente y dormir bien? ¿O tal vez pediste a Dios que te quitara el dolor del desamor causado por estar apegado a una persona en quien depositaste la responsabilidad de la felicidad que eras incapaz de brindarte a ti mismo? ¿Imploraste a un ser superior que te ayudara a salvar esa relación que en el fondo sabías que no traería nada bueno para ti, en lugar de preocuparte por amarte lo suficiente como para hacerte a un lado a tiempo y no quedarte donde no te podían querer sanamente? ¿O quizá suplicaste a Dios que te ayudara a sacar a flote ese proyecto en el que sabes que no diste todo tu potencial? ¿Tal vez rezaste pidiendo a Dios un empleo esperando que una oportunidad llegara del cielo, pero en el fondo estabas desconfiando de tus capacidades, lleno de miedo y angustia y cuestionando tus aptitudes, en lugar de potenciar tu talento y tener la certeza de que podías hacer cosas grandiosas con tus dones y habilidades?

Cierra por unos instantes el libro y reflexiona en esta pregunta con total honestidad: ¿Has querido dejar de hacer tu trabajo pidiendo a Dios que se encargara de tus asuntos?

Voy a contarte una historia, crecí en un entorno religioso, mi familia no es muy grande, solo tengo una hermana menor y algunos primos, y aunque mis padres no son practicantes, mi familia materna siempre fue devota. Recuerdo que en casa de mi abuela siempre había un altar con vírgenes y santos. En la sala había una imagen del sagrado corazón de Jesús, en cada alcoba en el espaldar de cada cama había colgada una cruz, y en cualquier lugar de la casa podías encontrar una biblia abierta en el salmo 91. Ah, y por supuesto, también recuerdo que en Semana Santa, en casa de la abuela no se podía comer carne y era obligación hacer ayuno, entre otras costumbres religiosas muy arraigadas.

Algo que me impactaba mucho de pequeña era una costumbre muy particular en Colombia: el 3 de mayo las personas religiosas suelen celebrar el «día de la santa cruz» y lo hacen reuniendo a las familias para rezar «los mil *Jesuses*». Se trata básicamente de un ritual, y mi abuela lo hacía con los siguientes pasos: a una imagen de la cruz le describen todos sus deseos materiales, luego la familia reunida le pide a la cruz la materialización de esos anhelos además de protección y bendiciones, y esto se hace repitiendo MIL VECES la palabra «Jesús» entre otra serie de oraciones. Se hacía enfrente de un altar en el que se depositaban granos, una cruz e imágenes de las cosas que querías materializar.

Ahora que lo pienso bien, era como una especie de «mapa de sueños religioso» donde ponías todo aquello que querías atraer. Analizándolo en retrospectiva, esto se asemeja a otras prácticas de las que me he enterado a lo largo de mi vida y que me comparten mis pacientes, estudiantes y conocidos. Prácticas como poner a un santo de cabeza para pedir algo, rezar novenas, recitar ciertas oraciones para encontrar cosas que se han perdido, hacer la señal de la cruz cuando se pasa por una iglesia para pedir protección, hacer promesas a un santo específico para que haga realidad tu petición, poner figuras religiosas detrás de la puerta o al costado de la cama, para evitar malas energías... y no sé cuántas cosas más.

Volviendo a «los mil *Jesuses*», recuerdo que mi abuela materna siempre ponía en el altar una fotografía de una casa, porque ella deseaba tener una vivienda propia. Hasta los diez años, crecí entre rosarios diarios y oraciones matutinas y vespertinas que eran repetidas mecánicamente. Me recuerdo a los siete u ocho años rezando el día de la cruz mil veces la palabra Jesús, no por voluntad sino por complacer a mi abuela, quien creía que arraigarme sus creencias era la mejor forma de amarme y de hacerme una persona de fe y de bien. Ahora la comprendo y entiendo sin juicios por qué lo hacía, pero también comprendo que lo que más la motivaba era el miedo a un castigo divino, en lugar del amor. Mi abuela, año tras año, ponía en su altar la fotografía de la casa que quería. Confieso que el día de la cruz era para mí un juego, me divertía porque de tanto repetir la palabra «Jesús» al final todos terminaban diciendo *sesú, cebú, esú...* (en fin, cualquier cosa menos la palabra correcta) y era muy gracioso ver como algunos caían dormidos. Yo realmente lo disfrutaba hasta que a los diez años dije que ya no le veía sentido y dejé de acompañarla. Ella siempre decía: «Yo seguiré rezando con fe porque sé que mi Dios me va a dar la casita que sueño». Eso fue hace ya casi treinta años, mi abuela todavía sigue rezando el rosario dos veces al día, todos los años reza los «mil *jesuses*» y sigue esperando que su Dios le dé la casa que tanto desea.

No te cuento esto para despertar tu compasión, para tu tranquilidad (si te preguntas qué es de la vida de mi abuela), te comparto que ella es una mujer fuerte, valiente, que trabajó mucho desde que era muy joven y que, como todos, tuvo experiencias dolorosas y retadoras entre las que se encuentran: un matrimonio muy difícil siendo ella muy joven, la pérdida de un hijo y dos cirugías del corazón. Hoy en día está muy bien, jamás le ha faltado nada y la mayoría de sus hijos cuidan amorosamente de ella, pero su sueño de tener su casa no se ha cumplido y tal vez no se cumpla en esta encarnación por razones que no voy a detallar en este libro por respeto a su privacidad, pero, al fin y al cabo, razones que comprendo y observo como parte del aprendizaje que su alma ha elegido para esta experiencia de vida.

Quise compartirte este ejemplo porque es una buena representación de cómo los seres humanos solemos invertir gran parte de nuestra energía vital en pedir que algo se nos brinde a través de una intervención divina, incluso podemos estar seguros y absolutamente convencidos de que estamos haciendo todo lo correcto para materializar eso que pedimos. Sin embargo, nos quedamos ahí, nos estancamos creyendo que estamos haciendo lo que hay que hacer y que el resto es potestad de un ser superior que premiará nuestro buen comportamiento dándonos aquello que creemos que merecemos. Y en ese juego para el que hemos sido programados desde que éramos pequeños, no nos detenemos a corregir nuestros sistemas de pensamiento, a hacer un alto para retomar el poder divino que nos fue dado por derecho y a enfocar realmente nuestras acciones en dirigir cada paso hacia nuestro objetivo y nuevas alternativas que nos conduzcan hacia aquello que tanto anhelamos.

Ahora, reflexionemos juntos sobre la naturaleza de tu vida (y la mía) y volvamos al ejemplo del director de orquesta. ¡Eres Dios! Has sido creado de la misma energía de tu creador, su esencia y la tuya son iguales. En otras palabras, tienes el mismo poder para materializar que aquel que lo ha materializado todo, y como ya te mencioné antes, no me refiero a la idea cursi de que Dios habita en cada uno de nosotros o a la famosa frase: «encuentra a Dios en tu corazón». No, no, no, nada de eso, no tienes que encontrar a Dios en ningún lado porque ¡YA ERES DIOS! No está dentro de ti porque tú y yo y absolutamente todo lo que existe SOMOS DIOS. Así que, si quieres preguntar dónde están las manos del ser supremo que puede transformar tu vida, detente un segundo y observa las manos con las que sostienes este libro.

Esta ha sido una gran revelación para mí y si hoy puedo compartirte algo que partió mi historia en dos, déjame decirte que fue el momento exacto en el que me reconocí como lo que realmente soy: YO, MARIA ELENA BADILLO ¡SOY DIOS! Jejeje, ahora me sonrío al imaginar lo que podría pensar alguien que lea esta frase sin tener el contexto adecuado. Probablemente al escucharme decir que yo soy Dios, pensaría que me estoy autoproclamando como la sacerdotisa de una nueva secta religiosa, o que simplemente no estoy en mis cabales, y si nos encontráramos en otra época de la historia humana probablemente terminaría ardiendo en una hoguera.

Corazón, yo soy Dios y tú también lo eres. Tú y yo somos fractales que se repiten a mayor y menor escala. Cada órgano de tu cuerpo está compuesto de células. Así como cada galaxia está compuesta de planetas, tu ser está conformado por sistemas, y también lo está el macrocosmos que es una suma de sistemas interconectados. Somos parte de una gran estructura planetaria, galáctica y universal, fragmentos, de una gran consciencia, hilos de un tejido infinito de energía y grandeza. Somos puntadas de una gran manta de inteligencia y presencia con la misma libertad para crear que posee aquel que nos creó. Esta gran fuerza, este todo, esta inteligencia a la que llamamos Dios decidió experimentarse a sí misma a través de diferentes formas de vida y diferentes niveles de consciencia: minerales, plantas, animales y seres humanos (por hablar solo de los seres que podemos percibir con nuestros sentidos), cada uno con capacidades diferentes y papeles diferentes que desempeñar dentro de la armonía de lo que llamamos planeta Tierra. Los niveles de consciencia en cada uno de estos seres que conforman los reinos del planeta en el que habitamos son diferentes en expresión y estructura, pero todos están compuestos de la misma esencia: energía en diferentes manifestaciones. Observa, las plantas poseen sensibilidad, los animales sensibilidad y emociones, los humanos sensibilidad, emociones y capacidad de razonar, y aquellos humanos en un proceso más avanzado, desarrollan además de la capacidad racional algo que en espiritualidad conocemos como un «un nivel elevado de consciencia». Este nivel implica que el ser ha trascendido el proceso de supervivencia enmarcado por pensamientos automáticos movidos por los instintos de competir, subsistir y ganar, y ha logrado dejar de identificarse con aquello que no es. Ha podido desarrollar la habilidad de reconocerse como mucho más que un cuerpo, y ha conseguido desligarse de su proceso mental para empezar a reconocerse a sí mismo como aquel que está experimentándose a través de un cuerpo y que posee una mente como herramienta para expresarse, pero que, al final, no es ninguno de ellos.

Como verás, cada nivel es más elevado que el anterior. En nuestro caso, los seres humanos hemos sido creados con la misma libertad de elegir, de sentir, hacer y manifestar, que aquel que nos creó, y cada uno de nosotros ha sido premiado con el libre albedrío de decidir la experiencia de vida que quiere manifestar. En otras palabras, cada uno es el director de su propia sinfonía.

Seguiré con la analogía de la orquesta: esta gran energía o consciencia universal a la que llamamos Dios hace posible que se den las condiciones para que los sonidos e instrumentos de otros músicos encajen perfectamente con la melodía que cada director desea tocar en su vida. Visto de otro modo, si estás tocando una melodía estridente de carencia, dolor y angustia, la consciencia universal hará lo necesario para que se den las condiciones requeridas en las que otros sonidos, igualmente estridentes, y otros músicos y directores que «resuenen» con lo que tú estás produciendo encajen perfectamente en tu ritmo y melodía, pero recuerda: nada es casualidad. Estas personas no llegan a tu vida por suerte o por azar, el ritmo lo marcas tú, razón por la cual, otras personas que estén en la misma vibración encajarán perfectamente y podrán sumarse a tu concierto (armonioso o estruendoso). Como verás, esta gran inteligencia llamada Dios jamás interfiere en la elección de la partitura que tú eliges tocar. Definir el ritmo y los sonidos es potestad de cada director de orquesta. Por supuesto, existen algunas leyes básicas para el funcionamiento de la sinfonía, y cada director está sometido a esas leyes, aunque no lo sepa. Se trata de principios universales y espirituales en los que profundizaremos más adelante. Para seguir con el ejemplo, ten presente que la tarea de escribir la pieza musical es exclusivamente nuestra, y que, en definitiva, somos el director de la orquesta de nuestra propia vida, Dios no escribirá la partitura por ti.

En este capítulo he empleado la palabra Dios para que me acompañes en el planteamiento del concepto, sin embargo, ya te habrás hecho a la idea de que al referirme a Dios, no estoy hablando de la figura de un hombre supremo que está en el cielo, de hecho, no hay ni cielo ni infierno, este mismo instante YA ES cualquiera de esas dos cosas… Paraíso o averno, lo que tú hayas decidido crear. Cuando me refiero a Dios, hablo de la inteligencia que rige el funcionamiento de esta existencia tal y como la experimentamos. Me refiero a la sabiduría, a la conciencia, a la presencia. Yo lo llamo «mi jefe», a veces también le digo padre-madre, pero si lo prefieres también puedes llamarlo vida, universo, o campo cuántico, da igual, finalmente quien necesita ponerle un nombre es la mente. Dios lo es todo, no necesita definirse y, en cualquier caso, no hará tu trabajo porque quiere que tú también recuerdes quién eres… Eres Él.

Permíteme aclarar la idea de que Dios no hará tu trabajo con este ejemplo: quiero que pienses en un padre amoroso que está acompañando a su hijo en el proceso de aprender a sumar y a restar. Este padre sabe que su hijo es su creación, él le ha dado la vida y su hijo posee sus genes, está hecho a su imagen, por tanto, el padre conoce el infinito potencial de su pequeño, sabe que tiene una gran inteligencia y reconoce sus capacidades. Sin embargo, el pequeño se siente abrumado al ver las operaciones matemáticas, se confunde, duda y no sabe si lo está haciendo bien. Este niño llora y le suplica a su padre que, por favor, le solucione el problema aritmético. A simple vista, el niño siente que la situación le sobrepasa y prefiere entre lágrimas, pedirle a su padre, a quien ve como un ser admirable, que por favor lo ayude.

Si fueras el padre amoroso de este ejemplo, ¿qué harías? ¿Solucionarías cada suma y resta para que tu pequeño no sufra? ¿O le darías señales e indicaciones amorosamente para que él aprenda a desarrollar sus capacidades y logre resolver el reto? Recuerda, un buen maestro siempre te dará las indicaciones, pero permitirá que cumplas con tus deberes, porque todo gran guía sabe que solo así podrás desarrollar tus habilidades y explotar al máximo tu potencial. Un gran maestro querrá que alcances la sabiduría y sabrá que sabiduría es la suma del conocimiento puesto en práctica a través de la experiencia. Por ello, te incitará a actuar, aunque ello pueda resultar abrumador. ¿Estás de acuerdo?

Como podrás ver, no existe un maestro más grande que aquel quien nos creó. Si Dios (visto como un ente externo a ti) hubiera solucionado cada uno de los problemas en los que has pedido ayuda, entonces serías un bebé emocional incapaz de reconocer tu infinito poder. Dios no quiere que te concibas como indefenso, incapaz o poco valioso, Dios decidió experimentarse mediante tu forma de vida para recordar su poder a través de tus experiencias. El regalo de la existencia es una posibilidad de manifestación constante de la esencia divina que eres, no lo olvides.

Siguiendo con el ejemplo del padre y el niño, un padre sabio dará los recursos y los ejemplos necesarios para que el pequeño aprenda, pero no le hará la tarea, ¡y esta, mi corazón, es la forma en la que Dios atiende a tus peticiones! Dios no bajará a solucionar los problemas que tú mismo has creado, no llegará a arreglarte las cosas ni a hacer tus deberes. Dios atenderá tus deseos y te acompañará a través de la generación de oportunidades, pondrá en tu camino personas que te enseñen, situaciones que te inspiren, experiencias que te lleven a exigirte, y hasta podrá hacerlo con señales, mensajes, consejos y palabras que otras personas te brinden como una invitación a retomar tu poder. Dios facilitará tu camino y te acompañará en tu aprendizaje, pero no hará por ti aquello que sea tu deber. Ten esto muy claro, porque si esa es tu expectativa, te invito desde ya a que te desprendas de ella.

Quiero ser cuidadosa y exponerte algo que considero importante: esta consciencia infinita, a la que para efectos de comprensión en este libro llamo Dios, siempre está dispuesta a apoyar las iniciativas que surgen del amor, por esta razón, articula lo necesario para que se cumplan propósitos colectivos que van más allá de las concepciones individuales. No se trata de que no puedas recurrir a la consciencia suprema en busca de acompañamiento cuando te sientas perdido, no es eso lo que quiero decir, por supuesto que puedes conectar con ella cuando lo desees, y puedes hacerlo de manera simple, natural y cercana como cuando hablas con un padre amoroso o con un gran amigo. Puedes recurrir a esta matriz de sabiduría universal para pedir guía, orientación, para recordar tu grandeza, para pedir inspiración, favorecer tu creatividad, encontrar paz y calma, generar respuestas, agradecer, y despertar la intuición que acompañe en el camino. Te aseguro que esta inteligencia responderá, porque tú formas parte de ella, pero no hará el trabajo por ti, por la simple razón de que ese es tu compromiso. «Pedid y se os dará» fue una de las más hermosas promesas que dejó un gran maestro de la humanidad, pero hemos confundido el pedir con evadir nuestra responsabilidad. Pedir sí, pero desde nuestra entereza, no desde una actitud de pequeñez e incapacidad. Pedir no anhelando que mágicamente se resuelvan las cosas, sino que se nos enseñe la mejor manera para que seamos nosotros quienes podamos llevarlas a cabo.

Sabes que amo los ejemplos sencillos y este es uno de ellos: imagina que eres el conductor de una excavadora que participa en una gran construcción. La construcción es tu mundo, la excavadora son tu cuerpo y mente, y tu verdadero Yo (tu alma, tu ser, tu consciencia) es el conductor de ese vehículo. En este ejemplo, Dios será el arquitecto a cargo de la obra. Como conductor al servicio de un plan mayor y miembro activo de ese gran proyecto que se está construyendo, puedes acudir al arquitecto cada vez que lo necesites, él es el responsable de proveerte de repuestos, recursos, combustible, e indicaciones para que puedas llevar a cabo tu parte en la construcción. Cuando estás desorientado puedes acudir a él para que te dé nuevas instrucciones, supervise el mantenimiento, reemplace una pieza en mal estado o incluso te recargue de combustible, pero, como conductor, es tu responsabilidad cuidar tu vehículo, tratarlo con respeto y esmero, desempeñar tu trabajo con dedicación y dar lo mejor haciendo cosas buenas por el colectivo y contribuyendo al propósito general. El arquitecto de la obra respetará tu trabajo y te dará la libertad para que excaves cuanto y cuando quieras. En esta obra, al igual que tú, hay muchos otros conductores de excavadoras, no compiten entre ellos, pero algunos son más dedicados, comprometidos y reconocen su fuerza. Saben que son capaces de penetrar rocas, de cavar grandes profundidades, avanzar aun en medio del lodo y saben que si se lo proponen podrán hacer un gran trabajo, pero, por otro lado, otros conductores y sus máquinas van a media marcha, dudando y excavando poco y siempre en terreno seguro.

La construcción es el plan mayor del arquitecto y, por lo tanto, el arquitecto quiere que ese proyecto salga adelante. Ahora responde esta pregunta: cuando se trate de avanzar y progresar en beneficio de toda la obra, ¿a qué excavadoras les brindará más terreno el arquitecto? ¿Le dará más terreno a aquellas que están dando todo su potencial y rindiendo al máximo o a las que están a media marcha?

Hay una enseñanza bíblica que ejemplifica claramente esta idea, se trata de la parábola de los talentos que (sin ningún matiz religioso) resumo aquí de manera breve:

Un hombre que partía lejos llamó a sus siervos y les encomendó sus bienes. A uno dio cinco talentos, al otro dos, y al otro uno, a cada uno conforme a su capacidad. El que había recibido cinco talentos fue y negoció con ellos, y ganó otros cinco. Asimismo, el que había recibido dos, ganó también otros dos, pero el que había recibido uno fue y cavó en la tierra, y escondió el dinero de su señor. Después de un tiempo, volvió el señor e hizo cuentas con ellos. El que había recibido cinco talentos, trajo otros cinco talentos, diciendo:

—Señor, cinco talentos me encomendaste; he aquí, he ganado otros cinco talentos sobre ellos.

Su señor le dijo:

—Bien, buen siervo y fiel; sobre poco has sido fiel, sobre mucho te pondré; entra en el gozo de tu señor.

Luego, llegó también el que había recibido dos talentos y los había multiplicado, su señor le dijo:

—Bien, buen siervo y fiel; sobre poco has sido fiel, sobre mucho te pondré; entra en el gozo de tu señor.

Finalmente, llegó también el que había recibido un talento y dijo:

—Señor tuve miedo de perder y fui y escondí tu talento en la tierra; aquí tienes lo que es tuyo.

El señor le dijo:

—Siervo negligente, quitadle, el talento y dadlo al que tiene diez, porque al que tiene, le será dado y tendrá más; y al que no tiene, aun lo que tiene le será quitado.*

Recuerda que la Biblia, al igual que muchos textos sagrados, nos habla a través de parábolas, por esta razón es necesario apreciar el mensaje de este texto de manera metafórica. Uno de los principios de la abundancia y de las leyes universales se refiere a que en esta experiencia de vida, solo hay abundancia, no existe la carencia, por lo tanto, en tu vida habrá abundancia de aquello que tú elijas manifestar, abundancia de abundancia o abundancia de escasez, pero, al fin y al cabo: ¡abundancia! En otras palabras, si eliges tomar riesgos confiando en tus capacidades, creyendo en tu potencial y con la certeza de que cada experiencia enriquecerá tu vida, «al que tiene se le dará», y en consecuencia, atraerás, propiciarás y manifestarás mayores oportunidades enriquecedoras para ti. Por otro lado, si eliges ver la vida como un valle de lágrimas, donde solo te rodean las desgracias, donde careces de valor y donde eliges andar evitando actuar a causa del miedo, la consecuencia es simple: «al que no tiene, hasta lo poco que tiene se le quitará» y como ya mencionaba antes, en cualquier caso, cielo o infierno, melodía armónica o estridente, bienestar o caos, cualquiera que experimentes, solo será fruto de tu propia creación.

Tu orquesta la diriges, no solo con lo que piensas, sino con la coherencia que existe entre lo que piensas, lo que realmente sientes y las acciones que llevas a cabo. En el caso de la excavadora, podríamos

---

* Mateo 25:14-30.

decir que el arquitecto te da o te quita terreno según la forma en la que experimentas tu realidad y te percibes a ti mismo bajo el equilibrio «pensamiento, emoción y acción».

Integrando el aprendizaje

Realiza el siguiente ejercicio para analizar de manera profunda cómo se encuentra la coherencia entre lo que dices desear versus lo que *piensas*, *sientes* y *haces*.

Enfócate en el área de tu vida en la que no estás obteniendo los resultados que esperas. Ahora pregúntate lo siguiente y procura responder de manera rápida y sincera aceptando lo primero que venga a tu mente:

La suma de lo que habitualmente piensas, sientes y haces en esta área, te lleva a estar ¿en una vibración de abundancia o de carencia?:

_____

A continuación, analicemos tus resultados a la luz de la trilogía «pensamiento, acción y emoción». Responde:

1) Pensamientos: escribe las ideas recurrentes que tienes con respecto a la situación que has elegido. Sé específico y no pases nada por alto. Describe las ideas asociadas a ti, a la situación, a las personas involucradas, relata qué es lo primero que piensas cuando intentas transformar los resultados o encontrar una solución.

_____

_____

_____

_____

Ahora reflexiona: ¿mis ideas sobre este aspecto son positivas, motivadoras y basadas en el amor y la confianza? ¿O Tengo juicios, preconceptos, y apreciaciones negativas, dubitativas y contradictorias?

2) **Acciones:** escribe con detalle qué es lo que sueles hacer ante la situación que te genera conflicto, relata cuáles son los comportamientos asociados a esta situación que son repetitivos y resultan habituales para ti. Enfócate en qué es lo que realizas de manera automática cuando de afrontar la situación se trata.

_____

_____

_____

_____

_____

_____

Ahora reflexiona: ¿en esta situación, estoy dando todo mi potencial? ¿Me responsabilizo de mis resultados, actúo con certeza y espero lo mejor? ¿O en lugar de actuar elijo la vía del escape y la evasión? ¿Suelo repetir los mismos comportamientos, aunque sé que no darán resultado?

3) **Emociones:** describe tu estado emocional recurrente fruto de la situación en cuestión. Cuando piensas en transformar los resultados y en encontrar alternativas de solución, ¿cómo acostumbras a sentirte? Escríbelo. Detalla las emociones que suelen acompañar tus acciones y pensamientos en presencia de la situación.

_____

_____

_____

_____

_____

_____

Ahora reflexiona: ¿mis sentimientos realmente acompañan mis pensamientos y mis acciones, o estoy siendo incoherente? En otras palabras, ¿quiero algo y me estoy esforzando por lograrlo, pero, en el fondo siento todo lo contrario y creo que no lo merezco? ¿Digo desear algo con el corazón, pero en un nivel más profundo me siento incapaz de obtenerlo o disfrutarlo?

Cuando decidí desprenderme de cualquier religión, lo hice porque comprendí que, en lugar de acercarme a la grandeza de Dios, cada vez me alejaba más de su verdadera esencia. Creía que alabar y adorar a un ente externo me acercaba a mi padre y creador, pero en realidad, mientras más idealizada y compleja era mi idea de Dios, más me separaba de la esencia real del amor.

Hoy reconozco que a un padre amoroso no le interesa que sus hijos lo estén adulando o enalteciendo, como bien dice Baruch Spinoza, «¿Qué clase de Dios ególatra querría eso?». Hoy estoy convencida de que Dios no necesita nuestras alabanzas, quienes las necesitamos somos nosotros, pues al agradecer, maravillarnos y reconocer a la infinita presencia de la divinidad en todo lo que existe, elevamos nuestro campo energético y subimos nuestra vibración. Dios (si nos empeñamos en verlo como un ente externo) no necesita que lo vanagloriemos, quienes necesitamos conectar con esa energía de agradecimiento profundo y de contemplación somos nosotros para expandirnos y para elevarnos. Si lo miramos bien, en realidad el proceso es muy simple y puede realizarse desde una perspectiva muy personal. Para alabar y reconocer la grandeza de Dios no es necesario hacer grandes sacrificios, autoflagelarse con penitencias, ni tampoco repetir incansablemente las palabras escritas por otros, solo basta con estar en presencia y ser consciente de su existencia y guiarnos por el amor, porque cualquier acto propiciado y dirigido por el amor estará en coherencia con la fuente creadora, es así de simple. Cada vez me convenzo más de que la mejor forma de adorar a la gran inteligencia divina es aprovechando nuestra existencia e invirtiendo nuestro tiempo en esta tierra en propósitos guiados por el amor hacia nosotros mismos y hacia los demás. ¿Por qué no nos enseñan eso desde pequeños? ¿Por qué tantas trabas, condiciones, y obstáculos para conectar con algo que siempre ha estado a nuestro alcance?

Dios es como el aire que está a tu alrededor todo el tiempo, silencioso y sereno, proveyéndote de todo lo necesario para que vivas esta experiencia. Sin embargo, en la cotidianidad no te percatas del aire, no eres consciente de su presencia, a menos que hayas dejado de respirar y entonces sientas que te falta. Lo mismo pasa con la inteligencia divina de la que provenimos, su energía está ahí siempre, nos movemos en ella, somos ella, pero es necesario que seamos conscientes de su existencia para poder reconocerla; sin embargo, aunque no la hagamos consciente y no la percibamos con nuestros sentidos, ella siempre estará presente, ella no nos necesita, ni necesita que la admiremos, adoremos o ensalcemos, somos nosotros quienes requerimos ser conscientes de su presencia para valorarla, disfrutarla, sacarle el máximo provecho y conectar con su grandeza. Nos han inculcado muchas creencias sobre las formas en las que debemos conectarnos con la divinidad: prohibiciones, rituales, privaciones de la libertad y cohibir muchos de los deseos de nuestra naturaleza humana. Sin embargo, no hay que castigar el cuerpo con sacrificios de ayuno, peregrinaciones o acciones martirizantes, tampoco hay que dar ofrendas, poner altares o cantar alabanzas. A Dios le da igual si tu lees las escrituras, si aceptas o no transfusiones de sangre, si comes cerdo, o si te vistes con pantalón o falda. ¿Realmente crees que a la conciencia infinita de amor le importa si dedicas una hora los domingos para ir a rezarle? ¿Acaso la fuerza que mueve este universo requiere de eso para expresarse? ¿Se detendría la vida si no vas a «comulgar todos los domingos»? ¿O si no lees las escrituras, o si comes carne un viernes santo? Definitivamente no, quien en verdad requiere de requisitos y condiciones es nuestra limitada mente, la mente de los seres humanos. Como ya te había mencionado antes, lamentablemente hemos asignado a la gran matriz divina muchas de las características de nuestros limitantes y pequeños egos.

Antes de que continúes leyendo quiero aclararte, corazón, que está bien si tú disfrutas de estas prácticas, por favor, recibe mis palabras con el mismo amor con el que yo las estoy brindando. No es mi intención ofender a nadie con mis planteamientos, como te explicaba, somos libres de elegir cómo queremos expresar nuestra grandeza, y dependiendo de la óptica con la que se mire, todo puede tener un contexto positivo. Por ejemplo, algunas personas elevan su vibración al congregarse, pues les llena de satisfacción compartir con otros que también agradecen y que vibran en amor, y eso es hermoso. También sé que las religiones han sido bálsamos de fe y de esperanza para la humanidad en momentos muy importantes de la historia, y eso ha sido perfecto, y también reconozco que en un momento específico de la evolución de nuestra consciencia humana, cuando carecíamos de la suficiente información y cuando nuestro nivel de desarrollo era muy bajo, los seres humanos necesitamos de guías que nos mostraran a través de instituciones religiosas un camino de comunicación con un ser superior. Pero esos tiempos han cambiado y cada vez estamos más despiertos, y somos más conscientes de que podemos seguir en conexión con la fuente de maneras más amorosas, libres y simples, y eso es también evolución. ¿Quién soy yo para decir que algo está bien o mal? Lo que quiero hacer, al compartirte estas ideas es invitarte a que reformules los motivos por los cuales te congregas (si es que lo haces) y a que reconozcas que, en cualquier instancia, la presencia divina no quiere que vivas en miedo, carencia o bajo el condicionamiento de «haz esto para obtener aquello» o de la idea de «si no haces esto, serás castigado». La presencia divina te ha creado para expresarse a través de ti, tú formas parte de ella, y como tal, en infinito amor desea que disfrutes de este regalo al que llamamos vida, que te abras a amar, que te abras a respetarte y respetar gozando de esta experiencia y haciendo cosas buenas por ti y por los demás, porque al ser parte del todo, cuando tú brillas y elevas tu vibración, la consciencia divina también se expande.

Quiero concluir este capítulo invitándote a que dejes de rezar, y si eres una persona creyente, este, seguramente será el momento en el que quieras tomar este libro, tirarlo a la basura y pedir que te devuelvan tu dinero, da igual... Me mantendré firme en mi planteamiento: sí, deja de rezar, deja de recitar de forma mecánica palabras escritas por otros. No obstante, si quieres repetir oraciones preestablecidas, está bien, pero entonces procura que cada palabra con la que te dirijas a la fuente (Dios) sea pensada, vivida y tenga un sentido real para ti. El lenguaje del universo, el lenguaje de nuestro padre es tu energía, así que valen más la forma en la que te sientes cuando oras, las emociones que se producen en ti y la vibración en la que te encuentras, que las palabras que pronuncias. Por favor reflexiona sobre esto: ¿cuando estás rezando, lo haces desde una actitud de victimismo, carencia y miedo? Si es así, eso es lo que está recibiendo el universo, eso es lo que estás creando. Si por el contrario lo haces con esperanza, certeza, confianza y tranquilidad (aun en medio del dolor) eso mismo será lo que la gran matriz divina reciba, y cualquiera de las dos, angustia o tranquilidad, serán tu creación. También quiero invitarte a que dejes de rezar para pedir, en especial eso, no pidas desde una actitud de victimismo o carencia, te propongo que seas consciente de que tus momentos de conexión con la Fuente de la que provienes no sean momentos de escasez emocional. Eso es como postrarte ante a una fuente inagotable, o estar frente a un manantial de agua cristalina y en lugar de beber y saciarte, pasarte el rato llorando porque tienes sed. No mendigues, por favor, cuando hables con tu Padre no le supliques, no creas que él tiene algo que perdonarte, o que te está castigando o que su nivel de escucha dependerá de los gritos que emitas. No creas que tienes que sufrir o humillarte para que te escuche, eso solo podría requerirlo un Dios creado por el ego de los hombres. El amor en esencia no tiene que perdonar nada porque todo lo comprende, el amor del que provienes no quiere que sufras, por el contrario, quiere que recuerdes tu infinito poder, el amor que te creó no castiga, ¡solo AMA!

Recuerda que no te estás dirigiendo a un ente externo, tú eres una extensión de ese ser al que le estás rezando, entonces es como hablar con una parte de ti. Por favor, ¡recuerda que eres Dios!, no permitas que tu miedo te desconecte de tu grandeza, no te arrodilles angustiado, pidiendo y suplicando. Si has de doblar tus rodillas, que sea para rendirte ante la maravilla de la vida, para agradecer profundamente por la majestuosidad de esta experiencia, para reconocer que existe un plan más grande que el que tu mente y tu ego pueden concebir. Si te arrodillas ante el padre que sea para decirle *reconozco que no sé cómo hacerlo y desarmo mi ego para que en tu sabiduría divina me muestres otras formas de desplegar todo mi potencial y mi poder personal*. Corazón, con el alma te digo, por favor, no rebajes a Dios al nivel de tu inconsciencia, no le supliques como si Él fuera a escucharte más o a darte mayor prioridad de manera proporcional a tu angustia y desgracia. Dios no necesita que te rebajes, ni que le derrames lágrimas, por supuesto, amorosamente las comprenderá y te consolará si lo necesitas, pero tu llanto no es el precio que tienes que pagar para ser escuchado por tu padre, todo lo contrario, cuando tu mente está serena es cuando más puedes escuchar y sentir la voz de la fuente del amor inagotable que te ha creado. Si quieres hablar con tu padre, con la fuente, con tu creador, háblale como a tu mejor amigo, emplea tus propias palabras, esas que salen del alma, y si no quieres hablar, entonces no digas nada, la matriz de amor de la que provienes no habla ni español, ni inglés, ni tailandés. La Fuente RESUENA CON TU ENERGÍA, la comprende, la entiende y se nutre de ella. Siente el amor que todo lo es y que tú también eres, pide su guía y su consejo con tranquilidad y calma, pues toda pregunta que hagas siempre será escuchada. No te angusties, solo hazle saber lo que sueñas, lo que quieres para tu vida y ten la certeza de que has sido escuchado por la consciencia divina. ¡Cómo no escucharte si tú y ella sois uno!

Reemplaza las súplicas que ansían perdón y que surgen de la culpa por consciencia desde el amor. Lo repito una vez más: el universo no perdona porque ¡no hay nada que perdonar! ¿Cómo puede un padre amoroso perdonarte por no saber hacer algo? Un padre amoroso conoce y comprende la inocencia de sus hijos, y sabe que, si no lo hicieron de una manera diferente, es porque simplemente no sabían hacerlo mejor; un padre amoroso ve con claridad y te conoce mejor de lo que tú mismo puedes llegar a conocerte. Tu creador sabe bien que, si en algún momento obraste de una manera inadecuada, fue simplemente porque tu nivel de consciencia te hizo creer que esa era una buena idea. Los pecados no existen más que para la mente que juzga y condena, los pecados solo son creados por el ego, a través de esta encarnación simplemente estás aprendiendo y tu creador lo sabe, por eso facilitó esta experiencia, para que ascendieras y expandieras tu vibración. Cuando sientas que pudiste haberlo hecho mejor, en vez de pedir perdón a un ente superior, enfócate en integrar lo que descubriste, en poner en práctica lo que aprendiste y empéñate en hacerlo mejor la próxima ocasión. Sube escalones en tu nivel de consciencia y haz que tu energía divina se expanda haciendo uso de todo tu potencial.

Reemplaza las súplicas, el llanto o las oraciones desesperadas, por una comunicación fluida con la energía universal, puedes hablarle en calma, meditar, contemplar, orar (con consciencia) o simplemente estar en presencia. Ámate y reconoce tu grandeza, esto vale más que poner un altar lleno de imágenes, darte golpes de pecho, hacer penitencias, o cumplir periódicamente con un ritual en el que estás en cuerpo, pero en el que tu mente y tu corazón no están presentes. Vive en libertad, haz cosas buenas por ti y por los demás, alégrate por las maravillas que te rodean, todas estas son formas de agradecer a la consciencia creadora. Es suficiente y basta con admirar, amar y respetar la vida misma en todas sus manifestaciones para estar en comunión con tu Dios. Honrar a la presencia creadora es un acto profundo pero sencillo, y es directamente proporcional al amor, la devoción y el cuidado con el que te tratas a ti mismo.

No necesitas ir a un lugar «sagrado» para conectar con la Fuente de la que provienes, es cierto que en nuestro planeta hay lugares (naturales y también creados por el hombre) que tienen una carga vibracional más elevada y que actúan como portales de conexión en los que se potencia la comunicación con el universo, pero no supedites tu práctica espiritual a que tengas que estar en un lugar específico, recuerda que el mejor templo para venerar a la presencia creadora es el silencio en el que puedes contemplarte y contemplar a otros tal y como son, dejando a un lado los juicios y las preconcepciones, y recuerda también que el reino de los cielos no es algo que te espera después de la muerte donde habrá un señor entre las nubes con una lista en mano, midiendo tu desempeño para concederte o no el paso. El reino de los cielos es ese instante preciso en el que conectas con la presencia-consciencia, con tu padre, y lo haces simplemente observando la existencia de todo lo que es, con la inocencia prístina de un niño libre de todo juicio.

Capítulo 3

El patito bueno y el patito malo

Debemos ir más allá del constante clamor del ego,
más allá de las herramientas lógicas de la razón,
al lugar tranquilo dentro de nosotros; al reino del alma.
Deepak Chopra

Mientras escribo estas líneas, descubro que mi ego trata de hacerse presente, llevo años reconociéndolo y restando su participación en mi vida y, aunque cada vez protagoniza menos, eso no quiere decir que no se siga presentando a veces. Por fortuna, ya es fácil para mí identificarlo. Por ejemplo, en este instante mi ego me asalta con preguntas como: ¿Para qué estás escribiendo esto? ¿Crees que alguien lo va a leer?, pero en especial la más frecuente de las afirmaciones de mi ego (al que llamo Petete) es esta: «Maria, este libro es una porquería, lo que estás diciendo es obvio, todo el mundo ya sabe esto y quien lo lea no descubrirá nada nuevo. No estás hablando con argumentos científicos, no estás citando a ningún investigador, no estás proponiendo nada que no se haya dicho antes, este libro no sirve para nada». ¿Sabes qué hago cuando esto ocurre?, hablo con mi ego y le planteo lo siguiente:

Querido ego, entiendo que quieres protegerme, pero no te voy a escuchar esta vez. Soy libre de decir lo que quiero decir, no estoy buscando que nadie me apruebe, no estoy buscando ganar un premio literario, ni tampoco que un editor alabe mi obra, no me interesa ganar el respeto de ninguna comunidad científica y da igual si no estoy proponiendo nada nuevo. Esto ha sido NUE-VO PARA MÍ y estoy compartiendo desde mi alma lo que a mí me transformó la vida. Estoy al servicio de mi jefe (la infinita consciencia universal) y segu-ramente a alguien le ha de servir. Yo cumplo con mi tarea, así que, querido Petete, no pierdas el tiempo porque voy a terminar mi libro a pesar de tus cuestionamientos.

Y con estas simples palabras, mi ego se va calladito como un niño castigado al rincón de mi mente al que he ido desplazándolo con los años. Ahora bien, si es la primera vez que escuchas hablar del ego, este ejemplo de mi diálogo interno te debe de sorprender, pero cuidado, no vayas muy lejos, te aseguro que un diálogo similar ocu-rre en tu cabeza a diario y que una vocecita está ahí frecuentemente cuestionándote, diciendo que no puedes, que desconfíes, que lo que te pasa es injusto, que los demás van a lastimarte, que ocultes lo que sientes, que no te muestres débil, que no vale la pena intentarlo, que no tienes lo que se necesita para alcanzar eso que sueñas..., y un sin-fín de cosas más.

Qué es el ego y por qué este capítulo se llama «El patito malo y el patito bueno», ah, y por qué mi ego se llama Petete... Vamos a hablar de todo ello a continuación, pero antes, quiero compartirte esta her-mosa frase de Fernando Sánchez Dragó: «Ni español ni extranjero, ni blanco ni negro, ni mujer ni varón. Soy yo sin etiquetas, que es lo contrario del ego. Toda mi vida he luchado por destrozar el ego para que emerja el Yo profundo». Una de las cosas más maravillosas de mi proceso de despertar espiritual y del viaje de autoconocimiento y for-talecimiento de mi autoestima ha sido reconocer el personaje en el que había estado viviendo toda mi vida. Recuerdo que la primera vez que escuché sobre el ego, lo asocié al egocentrismo o al sentimiento de superioridad, para mí no era claro lo que mi maestro espiritual me trataba de mostrar con absoluta sabiduría: «Quien reacciona, se ofende, teme y sufre por lo que ocurre en el entorno, no eres tú, es tu ego». En este capítulo vamos a hablar con mucho detalle acerca de este falso yo (que todos poseemos), pero antes de explicarte muy bien qué es y cómo se manifiesta en tu vida, vamos a analizar juntos, por qué se crea el personaje y de dónde surge el EGO.

El origen del personaje

Nos enseñan el desamor desde que somos muy pequeños. Crecemos con la falsa idea de que no somos suficiente. Nuestros padres, tutores y maestros nos inculcan aquello que ellos mismos padecieron, y esto se resume en un concepto relativamente simple: debes satisfacer las expectativas de otros adaptando tus comportamientos a las condiciones de tu entorno, solo así serás apreciado, aceptado e incluido. Este aprendizaje se afianza en cadena de generación en generación, pues nuestros padres lo heredan de sus ancestros, nosotros de nuestros padres y finalmente lo compartimos con nuestros niños. Así, a medida que crecías, te fuiste desconectando de tu grandeza y te identificaste con todo lo que el entorno decía sobre ti. A ello se debe que el concepto que formaste de ti mismo finalmente nunca haya sido tuyo, sino infundido por las relaciones que formaron parte de tu historia. Esas experiencias crearon una huella profunda en tu interior.

Ten presente que lo que todo niño anhela es reconocimiento, amor incondicional y protección. Sin embargo, cuando el entorno nos pide que cambiemos, que nos comportemos adecuadamente, que no digamos lo que pensamos, que no expresemos lo que sentimos, que sobresalgamos, que complazcamos y que finjamos, entre muchas más cosas que nos demandan la familia, el sistema y la sociedad, aprendemos que simplemente no somos suficiente, que nos falta algo, que debemos ser algo más, que hay que cambiar o de lo contrario, nos veremos expuestos al inminente dolor del rechazo, la humillación, el abandono, la traición o la injusticia.

Esto nos ocurre en mayor o menor medida a todos, sin importar la niñez que hayamos tenido y sin importar que nuestros padres o cuidadores nos hayan educado con la mejor de las intenciones; simplemente cuando te piden que cambies y te comportes diferente a lo que eres o, en otras palabras, cuando no te permiten expresarte en libertad, te están condicionando a que, para ser amado y aceptado, debes ser alguien diferente a quien realmente eres. De cualquier manera, este patrón social se resume en la siguiente premisa «para que te quieran debes ser algo diferente a lo que en verdad eres» y esto es algo absolutamente doloroso puesto que lo que todos buscamos de una forma u otra es el amor. Por tanto, en un esfuerzo por sobrevivir y pertenecer, terminamos accediendo a vivir bajo la sombra de un personaje. Para evitar el dolor del rechazo, el dolor de no ser suficiente, y para soportar el peso de tener que demostrar que valemos y que merecemos, desde niños propiciamos inconscientemente la creación de nuestro personaje, al que siendo adultos conoceremos como ego.

Ese personaje aprende a adaptarse a los requerimientos de los demás, aprende a cumplir con las expectativas de papá y mamá, aprende a comer cuando no siente hambre para que mamá se sienta contenta, aprende a callar cuando los adultos hablan y a guardar sus sentimientos y emociones; aprende que los niños no lloran y se esconde bajo la máscara de un hombre fuerte e indolente; aprende que las niñas deben ser lindas y frágiles para ganar el favoritismo; aprende que para ser aceptado por los otros niños, debe ser frívolo y burlarse de los más débiles o fingir que le agradan ciertas cosas aunque en realidad no las prefiera; aprende a pasar desapercibido, a no dar problemas, a hacerlo todo bien para no agravar las dolencias y cargas de papá y mamá que ya tienen suficientes problemas; aprende que hay que callar el abuso o habrá consecuencias; aprende a guardar la rabia, a disimular el dolor y a fingir que todo está bien; aprende a hacerse cargo de casa y de sus hermanos mientras mamá está sumida en la depresión, o mientras mamá trabaja porque papá los ha abandonado; aprende a llamar la atención haciendo monerías porque solo así papá deja de mirar la televisión y le brinda un poco de atención; aprende a reírse por todo y a hacer bromas, incluso a costa de sí mismo, para que de esta manera papá y mamá dejen de pelear; aprende a escuchar las quejas permanentes de mamá sobre las infidelidades y el maltrato de papá y se disfraza de confidente y se convierte en el cuidador de mamá, olvidando que su papel es ser hijo o hija... Y estos son solo algunos ejemplos.

El ego puede tomar tantas caras como historias de vida existen, lo que siempre será común en todos los casos es que su surgimiento se debe a un mecanismo de protección en una desacertada búsqueda de amor. Aunque el ego es el responsable del caos, el sufrimiento y la insatisfacción en nuestra vida adulta, es importante reconocer que en medio de todo, existe siempre la posibilidad de observar el lado más positivo de aquello que nos acontece. Bajo este planteamiento hablando del ego, podríamos decir que a pesar de que nos hace la vida más difícil, se crea con una buena intención (aunque se expresa de formas muy desacertadas), ya que sus orígenes podrían considerarse «bien intencionados» puesto que surge con el fin de mitigar el dolor, de combatir el rechazo y de protegernos del sufrimiento ocasionado por el desamor.

El niño cuya madre permanece ausente porque debe sostener dos trabajos ya que papá los abandonó, aprende que no hay nadie que lo atienda y, por lo tanto, deberá ser lo suficientemente fuerte para valerse por sí mismo, pues al fin y al cabo, en la vida siempre estará solo y no podrá contar con nadie más. El niño con un padre insaciable para el que nada es suficiente y que siempre exige que obtenga las mejores notas y que sobresalga a como dé lugar aprenderá a ser altamente exigente y perfeccionista, pues para que lo quieran y valoren, deberá competir y demostrar sus capacidades. La niña que ve a mamá tomar las decisiones, tener la última palabra, definir en qué y cómo se gasta el dinero menospreciando directa o indirectamente a papá por ser un conformista sin iniciativa, aprenderá que los hombres son como niños y que hay que tratarlos como tales, y en sus relaciones de adulta buscará ser la madre de sus parejas, controlándolos y enseñándoles cómo deben actuar, para evitar así el dolor y la frustración que representa que su familia permanezca estancada por un hombre. La niña que crece viendo de cerca el dolor, la carencia y el sufrimiento de alguno de sus padres, y que aprende a cuidar emocionalmente de ellos mientras es valorada y reconocida por portarse bien y ser muy buena, se transformará en una mujer con una necesidad enorme de rescatar víctimas e irá por el mundo ofreciendo su ayuda sin que le haya sido solicitada. Será experta en ir salvando a los «pobrecitos» que se encuentre en el camino, anhelando que todo el sacrificio que ha hecho por los otros sea compensado con amor y aceptación. Todas estas son diferentes formas de ego expresado en la edad adulta bajo la máscara de personajes que han surgido desde el dolor de quien busca desesperadamente el amor.

Algo importante que considerar sobre el ego es que este siempre tiende a los extremos, el personaje que creamos puede ser aquel complaciente y encaminado a satisfacer y cumplir todo lo que las personas desean, con el fin de que no nos rechacen, pero también puede resultar lo contrario, el ego también puede crear un personaje que se ubique en el extremo totalmente opuesto. Así, en aras de evitar el dolor y la humillación, puede surgir una máscara de rebeldía absolutamente discrepante de aquello que nos exigían cuando éramos niños. Por ejemplo, si papá y mamá deseaban un niño creyente, devoto y respetuoso de la Iglesia y sus designios, el ego puede formar una máscara totalmente opuesta. En este caso, podría formarse un adulto que vive en una batalla constante contra los mandatos religiosos y que invierte su energía en luchar con todo lo asociado a los dogmas. Puede surgir entonces un adulto ateo, escéptico y totalmente discrepante de la religión. En este ejemplo, quiero que veas que existe una gran diferencia entre no profesar ninguna religión y rechazar rotundamente, con un malestar interno muy elevado, cualquier manifestación religiosa. Permíteme aclararlo: cuando no compartes algo, pero simplemente lo respetas y no te afecta, no estamos hablando de ego, pero sí estamos hablando de ego cuando experimentas un rechazo profundo y contundente, cuando sientes malestar, ira, rencor y cuando pierdes la paz. Esto ocurre porque el ego es totalmente paradójico: se crea como una forma de protegerte del conflicto y del dolor, pero a su vez, siempre busca reproducir en tu vida conflicto y dolor, pues de ellos nació y de ellos se alimenta, y sin ellos no puede vivir. El ego surge del caos y, por tanto, el caos es la única razón por la que existe y la única razón por la que puede seguir existiendo. El caos es su alimento, es lo que lo creó y es lo que lo mantiene vivo. Así que, si en tu vida no hay amenazas, no hay conflictos o no hay angustias, el ego dejaría de tomar protagonismo, simplemente ya no sería necesario y podrías prescindir de él, por eso él siempre busca que te mantengas muy ocupado en todo, menos en ser feliz. Una clave para reconocer que alguien verdaderamente está conectado con su poder personal y posee elevados niveles de conciencia, es que ese alguien vibra más en felicidad y plenitud y transmite más autenticidad y paz que falsedad y ego.

Me interesa muchísimo que el concepto del ego quede sumamente claro para ti, puesto que será un término recurrente que emplearé a lo largo del libro, por esta razón, no escatimaré en hablarte de él un poco más. Quiero darte otro ejemplo: imagina a un niño de cuatro o cinco años, este pequeño ha desarrollado un profundo temor nocturno y al ir a la cama, las sombras que se forman en su habitación, debido a la poca luz que entra por su ventana, le recuerdan a monstruos y seres fantasmales que él cree firmemente que pueden hacerle daño. Este pequeño acude angustiado a papá y mamá en búsqueda de consuelo, amor y protección. Imaginemos que el padre y la madre del niño aprendieron de sus propios padres que hay que sobrevivir a un mundo que siempre es amenazante, un mundo que se mueve por la competencia y la codicia y que exige que las personas sean aguerridas y valientes, así que creen que la mejor forma de educar a su pequeño es enseñarle a enfrentar desde ya el mundo complejo que le espera cuando crezca. Con su mejor intención, le dicen al niño a sus cortos cuatro o cinco años: «no deberías llorar, debes ser fuerte, tienes que ser un niño valiente, no hay nada que temer, debes aprender a dormir solo», e incluso tienden a compararlo con su hermanito un par de años mayor, para que el niño asustado aprenda cómo debe comportarse.

El niño de nuestro ejemplo está aprendiendo desde muy temprana edad que está mal tener miedo, que debe reprimir sus emociones y que debe cambiar (ser fuerte y valiente) pues esto es lo que esperan sus padres de él, pero no conoce ni logra encontrar los recursos necesarios para hacerlo. Nadie le ha enseñado cómo se es valiente, o por qué razón no hay que temer, por qué no debe llorar, ni tampoco le han demostrado que lo que parecen ser monstruos no son más que reflejos que su mente asocia con figuras imaginarias. Por lo tanto, al no saber cómo afrontar la situación y buscando complacer de cualquier modo a papá y mamá, la mente del niño ingenia una alternativa para hacer más llevadera la situación: como es una herramienta poderosa y no quiere que el pequeño sufra, se crea un «amigo imaginario» para acompañarlo a vencer el dolor y el miedo que le aquejan.

Voy a detenerme ahora en el ejemplo, para que asociemos algunos componentes de esta analogía contigo y con la formación de tu ego. Por supuesto, el niño eres tú, y también soy yo y hemos sido todos. En el ejemplo hay un temor a la oscuridad, pero puedes extrapolarlo a lo que quieras: a no ser suficiente, a que me abandonen, a que no me quieran, a no cumplir con las expectativas, a ser torpe, a fracasar, a no ser aceptado, a ser feo, tímido o poco brillante, a no resultar atractivo para el sexo opuesto... En el fondo, la raíz es exactamente la misma, como niños necesitábamos recordar el profundo amor del que provenimos (Dios, la Fuente, el Universo) y desde que encarnamos, experimentamos la necesidad profunda de volver a encontrar esa armonía absoluta de la que al nacer sentimos que fuimos separados. Ansiamos recordar ese amor infinito en el que habitaba nuestro espíritu antes del nacimiento, ese lugar donde estábamos en plenitud absoluta. Anhelamos el amor porque al sentir que perdimos esa conexión con el todo, tratamos desesperadamente de encontrarla y la buscamos a través de nuestras relaciones con los demás. Sin embargo, aprendemos que los demás no nos brindan el amor, a menos que nosotros cumplamos con algunas condiciones. La condición en el ejemplo del niño, es que deje de sentirse asustado. A él le piden que sea valiente, que no llore y enfrente sus miedos, a ti y a mí nos pudieron haber pedido cualquier otra cosa: que fuéramos más delgados, mejores estudiantes, más ordenados en casa, que nos hiciéramos cargo de nuestros hermanos, que nos dejáramos abusar sexual o emocionalmente, que soportáramos las discusiones de papá y mamá sin reclamar, que consoláramos a mamá después de que papá borracho la maltratara, que fuéramos autosuficientes y aprendiéramos a estar solos mientras papá y mamá trabajaban, etcétera. En esta profunda frustración de tener mucho miedo y dolor por no ser amados, nos piden además que cambiemos, y al no saber cómo hacerlo o al resultarnos todo esto profundamente abrumador, nuestra mente, de una forma recursiva y autónoma, crea nuestro personaje. En el ejemplo del niño es «el amigo imaginario», pero puede ser una voz interior, un comportamiento compensatorio, una máscara..., al final de cuentas como adultos será nuestro ego. Lo que no logramos ver es que, aunque este personaje surge con la intención de ayudarnos, en el camino terminará causándonos más y más daño, porque cada vez nos desconectará más de quienes realmente somos, para llevarnos a creer que somos lo que los demás piensan de nosotros y así, nos conducirá a vivir infelices, llenos de insatisfacción y sintiendo que algo nos quedó faltando, o que nuestras vidas carecen de sentido, y probablemente (si no tomamos consciencia) partiremos de esta encarnación bajo el yugo del arrepentimiento por no haber vivido en plenitud, por no haber gozado de la libertad de ser nosotros, simple y llanamente auténticos, sin fingir, sin aparentar, y sin tener que vivir presos en la cárcel de comportarnos como los demás esperan.

Quisiera que recuerdes mi explicación acerca de que el ego siempre se irá a los extremos. El ego elige un polo debido a que una de las claves de la felicidad y el crecimiento personal es el equilibrio, y el ego quiere ir en contra de ello. Por eso, siempre buscará que estés en «desequilibrio emocional», es decir, que tu balanza siempre esté inclinada hacia un extremo. Puesto que se alimenta del caos y siempre buscará que vivas en conflicto, hará todo lo necesario para que te vayas hacia una polaridad o un extremo. Para ponerlo más claro sigamos con el ejemplo del niño, en este caso, uno de los extremos sería «la cobardía», en este extremo la solución podría ser que la mente cree un amigo imaginario igual de temeroso e inseguro, así, el niño se sentirá respaldado, pues tanto él como su amigo imaginario se harán compañía, escondiéndose y temblando juntos bajo las sábanas. Gracias a esto, no se sentirá tan solo y se convencerá de que él es temeroso e inseguro al igual que su personaje imaginario. O bien, en el otro extremo, sería «la valentía», en ese caso, la solución podría ser el surgimiento de un personaje absolutamente contrario, un amigo imaginario sumamente valiente que le brinde la seguridad y el respaldo que no pudo encontrar en sí mismo. El niño aprenderá a reprimir sus emociones, a tratar de demostrar al mundo lo valiente que es, y cuando sea adulto, se castigará y reprochará cada vez que se sienta débil. Procurará mostrarse fuerte y repudiará a quienes demuestren debilidad porque le recuerdan inconscientemente la faceta frágil que ha reprimido durante toda su vida. En el ejemplo podemos ver cómo se crea la máscara y cómo puede tomar cualquiera de las dos polaridades formando un adulto inseguro e incapaz que esconde su poder interior, o un ser de piedra que reprime su debilidad.

Si eres padre, seguramente te estarás preguntando cuál es la mejor forma de manejar la situación. Déjame decirte que no hay una forma absolutamente perfecta puesto que cada sistema familiar y cada ser humano es un mundo. No obstante, como psicóloga y terapeuta considero que una buena alternativa es que los padres le demuestren al niño que respetan y validan sus emociones, que sus sentimientos son importantes y que está bien sentirse como se siente. Que lo aman incondicionalmente sin importar que sea valiente o temeroso y en especial, que en lugar de decirle cómo debería ser, le enseñen con su propio ejemplo de vida cuáles son los comportamientos que le ayudarán a afrontar la situación de manera amorosa. Sin embargo, (y esto es muy importante) si eres padre quiero decirte que puedes sentirte libre de desistir en tu esfuerzo de ser un padre perfecto, te aseguro que nada de lo que hagas (por mucho que lo intentes) podrá evitar que el ego se configure en tu pequeño, o que se desarrolle una herida emocional, y esto ocurre porque nuestros asuntos emocionales no resueltos no surgen solo como consecuencia de lo que nos ocurre cuando somos niños, sino que surgen de la forma en la que nosotros interpretamos dichos acontecimientos. Es por esto que me atrevo a afirmar que no existen infancias perfectas y que todos de alguna manera tenemos asuntos que sanar. Suelo bromear diciendo que el trabajo de nuestros padres es crearnos alguna heridilla emocional con la cual nuestra alma tenga que entretenerse en la edad adulta. Encarnamos para elevar nuestra consciencia, y de esta manera, nuestros acontecimientos tempranos nos dejan una importante tarea que realizar en la madurez.

Ya has comprendido cómo y por qué surge el ego, ahora puedes diferenciarlo del tradicional «egocentrismo o sentimiento de superioridad» ya que en el camino del crecimiento personal, no asociamos al ego con nada de esto, sino con una falsa percepción de ti mismo, con un personaje que, o bien puede ser sumamenteególatra con un alto sentido de exigencia y superioridad desde el deseo de compensar su carencia e inseguridad, o también, un personaje temeroso, sumiso y complaciente que esté desconectado de todo su poder y su grandeza, pero lo más importante de todo es comprender que NO ERES TU EGO. Como te compartí en los capítulos anteriores, eres la parte eterna y sabia que está más allá del cuerpo y la mente, eres el ser que se expresa a través de una forma de vida, eres la conciencia que articula cuerpo y mente, eres Dios en esencia.

No eres tu mente, ni tampoco eres tus pensamientos, eres el experimentador de los pensamientos. Tu personaje es una creación de tu mente, por lo tanto, ¡tú no eres ello!, y eso es algo para recordar desde ahora y por el resto de tu vida. La desidentificación con el ego es uno de los pasos más importantes para la expansión de la consciencia.

A continuación, voy a compartirte algunos de los personajes más frecuentes que pudo haber adoptado tu ego con el propósito de protegerte del dolor y del sufrimiento. Las descripciones que te presentaré están basadas en diferentes corrientes psicológicas, pero en especial, están basadas en mi experiencia como terapeuta, guía espiritual y conferenciante, ya que esto me ha dado la oportunidad de acompañar a miles de personas alrededor del mundo y comprobar que, sin importar nuestra nacionalidad, las máscaras finalmente terminan siendo muy parecidas.

El que busca la aprobación y el reconocimiento

Esta persona tiene una percepción sumamente desvalorada de sí misma. A lo largo de su vida, las experiencias que ha atravesado le han llevado a interpretar que no vale y que necesita de otros para que reafirmen su importancia. Este personaje se debate diariamente en una batalla interior, debido a que, aunque en algunos aspectos como el económico, laboral o intelectual, puede mostrarse fuerte y seguro, en todo lo relacionado con el aspecto sentimental es absolutamente dependiente. Tiene un miedo profundo a la soledad y cada vez que percibe que no es apreciado por otros, su ego le susurra al oído: *hay algo malo en ti, no eres suficiente, por esto debes hacer todo lo necesario para que otros te valoren y te quieran.* Las personas que han crecido identificándose con este personaje, suelen ser muy buenas en casi todos los aspectos de su vida, y por buenas me refiero a complacientes, amables, amorosas y pacientes, pues su mayor deseo es generar una buena impresión, con el fin de evitar el dolor del abandono.

Vivir bajo el disfraz y la máscara de este personaje es absolutamente agotador. Estas personas procuran siempre poner las necesidades de los demás antes que las propias, y con el paso del tiempo, más se van haciendo dependientes de otros y más se van desconectando de sí mismas. Estas personas siempre estarán disponibles para acompañarte si lo necesitas, para prestarte dinero cuando lo requieras, para darte una mano si solicitas apoyo, pero desafortunadamente, muchas veces accederán a realizar cosas que no desean, y lo harán siendo deshonestas consigo mismas. Actuarán servicialmente, desde el miedo a ser abandonadas, así, evitarán decir que no, expresar lo que realmente sienten o poner límites.

Evitan a toda costa el conflicto o las discusiones, no les gusta la idea de incomodar a otros o molestar ya que la consecuencia podría ser que los juzguen y no los quieran (y eso es a lo que más le temen). Sin embargo, aunque no confronten a los demás de manera directa, indirectamente generarán resistencia y criticarán, lo harán así, disimulada y sutilmente, porque no se atreven a expresar sus verdaderas emociones tal y como las experimentan y sienten, por miedo a que si lo hacen los rechacen. Mientras tanto, en su interior estarán frustradas y cansadas de andar solucionando la vida de todo el mundo sin que nadie las valore por todo lo que hacen.

Sus egos son como el del superhéroe que deja tirado su trabajo, sus pasatiempos y cualquier tema personal cada vez que recibe una petición de ayuda. Las solicitudes de otros son como bálsamos para los egos de las personas que tienen este personaje, pues cada vez que pueden hacer algo por alguien, ven una buena ocasión para demostrar que valen, y sienten que la vida les da una oportunidad para ganar aceptación. Necesitan y desean con ansias una relación de pareja, porque nada mejor que andar rescatando a la persona con la que conviven. La motivarán a estudiar, a postular a un mejor empleo, la cuidarán cuando enferme, la aconsejarán para que sea un buen amigo, hijo o hermano, y verán en sus parejas todo el potencial que ellas no logran ver en sí mismas. Harán lo necesario por convertir a la persona con quien conviven en la mejor versión y se sentirán muy bien al hacerlo, pero en el fondo estarán controlando, manipulando y se enfadarán si aquellos a los que «aman» no hacen caso de sus bien intencionadas recomendaciones. Ah, y si esas parejas no aprecian toda su bondad, su ego verá una gran puerta para que salga triunfante la victimización,

y créeme, el ego no dudará en salir a contarle a los familiares y amigos la mala fortuna que tiene al estar con alguien que no aprecia tantos sacrificios y dedicación. Así podrá demostrar lo bueno que es y se
alimentará de la solidaridad y compasión que reciba de otros, lo cual
interpretará como aprobación y por ende como amor. Recuerda, lo
que el ego de estas personas pretende a través de esos comportamientos es obtener el favoritismo y, por tanto, se sentirá muy orgulloso de
compartir con los demás lo sacrificada que es su vida y lo poco valo-
rados que son sus esfuerzos.

Como te decía, a estas personas les cuesta mucho estar en soledad (emocional) pues esto las confronta con la creencia irracional de
que, si nadie las está aprobando, o está a su lado, es porque realmente
no son suficientemente valiosas. Si te identificas con este personaje,
recuerda siempre que no hay nada de maravilloso en sufrir y sacri-
ficarte por los demás, en primer lugar, porque ningún acto de amor
verdadero es un sacrificio, en segundo lugar, porque si haces algo
buscando el reconocimiento, finalmente no estás ayudando a otro
«estás ayudándote a sentirte mejor», y en tercer lugar, porque estás
relacionándote desde la carencia en lugar de hacerlo desde tu grandeza. Ten presente también que muchas veces en tus interacciones
no estás amando realmente, lo que estás buscando es «comprar»
aprobación y afecto ya que inconscientemente tu ego te invita a dar,
pero siempre esperando recibir. Su dinámica es: *te cuido para que me
quieras, soy especial para que te des cuenta de lo mucho que valgo, hago las
cosas muy bien pero siempre esperando que me reconozcan...* Esto no es más
que una forma de intercambio, no de grandeza, es una trampa en la
que el ego solo consigue relacionarse desde la necesidad y no desde
la plenitud.

En resumen, son personas que esperan recibir en sus interacciones más cercanas compañía y la presencia permanente de alguien que
se quede a su lado (aunque se quede para hacerlos sufrir), ya que asumen que, si alguien desea estar a su lado, es porque los aprueba y los
acepta. Lo que buscan es aprobación porque fue ese sentimiento de

que no eran merecedores de amor y aceptación, el principal causante de la aparición de su ego y el principal alimento mediante el cual este se nutrirá y fortalecerá en la adultez.

El que huye para que no le hagan daño

Este personaje se crea con el fin de protegerse del dolor ocasionado por el rechazo. En el pasado, esta persona debió de sentirse excluida en alguna medida, o tal vez se sintió poco aceptada por ser tal y como era. Las personas con esta máscara procuran pasar desapercibidas, evitan por cualquier medio ser el centro de atención, se sienten intimidadas y les pueden llegar a molestar mucho quienes se muestren muy confiados y seguros de sí mismos. Pueden pensar que este tipo de personas son poco confiables, engreídas o falsas, y esto ocurre porque cuando comparten con personas seguras, se produce en su fuero interno un profundo malestar que los confronta con la percepción desvalorada que tienen de ellos mismos.

Quienes portan esta máscara prefieren las actividades individuales, no se sienten cómodos en grupos grandes y tampoco les entusiasma mucho conocer a gente nueva. Cuando están en una reunión o deben dar su opinión sobre un aspecto trascendental, pensarán mucho antes de hablar porque temerán que los demás puedan rechazarlos si dicen algo incorrecto y tienen mucho miedo a equivocarse. Cuando se trata de compromisos (especialmente sentimentales) tienden a huir con frecuencia, creando excusas para justificar su comportamiento escapista. Encontrarán defectos en sus parejas y los sobredimensionarán, o atraerán personas que tampoco estén dispuestas a comprometerse. Entrarán en triángulos amorosos en los cuales solo pueden recibir amor «parcial», porque de esta manera estarán con un pie en la relación mientras tienen el otro pie afuera, listos para escapar. En cuanto aparezca una señal de rechazo (por pequeña que sea) o simplemente ante la menor muestra de indiferencia decidirán terminar con todo antes de que los dejen. Recuerda, este personaje busca evitar el dolor del rechazo, por eso el ego preferirá siempre alejarse por sí mismo antes de que otros se alejen. Lo que más busca es evitar que los demás le causen daño y por eso la mejor vía que encuentra es la vía del aislamiento, su mente le hace creer que esta es la mejor manera de evitar revivir el dolor que tanto lo marcó en la niñez. La voz del ego dice cosas como: *ni te atrevas a intentarlo, si lo haces te expondrás a que te juzguen y quedarás como un tonto. Permanece al margen y no llames la atención.*

Ten presente que cuando menciono que el origen de este personaje es un rechazo profundo experimentado en la niñez o en el pasado, no me refiero necesariamente a una falta de afecto directa, muchas veces la sobreprotección puede ser interpretada por un niño como un rechazo a sus propias capacidades. Un ejemplo podría ser el del niño al que le acaban de arrebatar un juguete y que no se defiende porque su madre no le da la oportunidad, pues antes de que el niño desarrolle alternativas para hacerse respetar, sale «supermamá» al rescate. Esta situación puede provocar que el pequeño interprete que sus habilidades son menospreciadas y aunque la madre esté actuando con la mejor intención, la mente del pequeño pudo haber identificado esto como «no soy capaz, no puedo, otros tienen que hacerlo por mí». En otras palabras: un sentido rechazo. También pudo ocurrir que sus padres estuvieran presentes físicamente, pero totalmente desconectados emocionalmente (concentrados en sus propios asuntos) y que el niño haya sentido que no se reconocían sus necesidades reales. De esta manera, aunque tuviera techo, alimentación y vestido, la falta de atención a sus sentimientos y emociones pudo haberle hecho sentir excluido.

Como adultas, las personas con esta máscara procurarán encontrar razones para interpretar los comportamientos de los demás como actos de desaprobación y muestras de rechazo. Por ejemplo, una simple mirada sin ningún matiz de negatividad podrá ser interpretada por sus mentes como un desprecio. Serán sumamente sensibles a las miradas, gestos, opiniones y expresiones que otros tengan sobre ellos y de manera inconsciente se cerrarán a interactuar, haciendo así que ocurra el fenómeno de «profecía autocumplida», es decir, terminará manifestándose el rechazo que tanto están evitando. Esto ocurre porque el ego interpreta que los demás lo rechazan y desaprueban, por lo tanto, actuará en consecuencia, sintiéndose descalificado y excluido. Así, aunque en verdad los demás no sientan ningún tipo de desaprobación, el comportamiento renuente, aislado y esquivo de quienes tengan esta máscara hará que tarde o temprano los demás se cansen y, por tanto, propiciará que aquellos con quienes interactúa finalmente terminen excluyéndolo en respuesta a su propio comportamiento evitativo.

En mis consultas y cursos, he podido apreciar otro fenómeno particular que comparten las personas con este personaje, y es que quienes se protegen del rechazo a través del ego, paradójicamente suelen ser personas que con frecuencia rechazan a otros, no titubean a la hora de generar juicios sobre los demás (aparentemente bien intencionados) y de manera inconsciente desaprueban fácilmente a otros interpretando a la ligera cualquier comportamiento y sacando conclusiones anticipadas sobre los demás.

Si formas parte de este grupo, podrás reconocer que tu mayor necesidad es sentirte valioso, reconocido, tenido en cuenta e incluido. Buscas desesperadamente que los demás te confirmen que lo hiciste bien, probablemente dedicarás mucho esfuerzo y energía a maquinar ideas acerca de lo que los demás están opinando sobre ti, sobre tu desempeño o sobre tus participaciones. Es factible que intentes compensar a través de logros externos (académicos, físicos, económicos) tu falta de autoconfianza, aunque tu propósito no será precisamente alardear de estos logros, sino alcanzarlos para no sentirte tan desvalorizado y para minimizar las posibilidades de que te rechacen. Lo que buscarás en tus relaciones (especialmente la de pareja) es que reconozcan tus méritos y tus capacidades y que frecuentemente te feliciten o te motiven. Sobra decir que el peso de que tu valor dependa de la opinión de otros y de estar en constante desconexión con tu poder personal resulta desgastante y agotador.

En resumen, estas personas interpretan el amor como reconocimiento. Su falta de autoestima los llevará a perseguir palabras de motivación, halagos y felicitaciones y a escapar a cualquier precio de una señal externa que les indique que son poco valiosos. Sus egos tratarán de evitar el rechazo por sobre cualquier cosa, por lo que en la adultez asumirán que su mayor reto es demostrar que son capaces y batallarán entre la idea de que sienten que no podrán lograrlo y el anhelo de que alguien les reconozca sus capacidades.

El que se pisotea y permite que otros también lo hagan

Este personaje no sabe poner límites ni darse su lugar, su ego se forma como resultado de experiencias en las que se sintió humillado y avergonzado. Muchas son las situaciones que pueden propiciar la creación de este tipo de ego, por ejemplo, un niño que haya sentido vergüenza por su peso o apariencia, o que se haya sentido muy humillado porque sus padres le reprendían públicamente por haber mojado la cama, un niño a quien sus padres hayan catalogado de sucio o de depravado por explorar sus genitales, o a quien sus padres hayan minimizado al compararlo directa o indirectamente con sus hermanos, tal vez un pequeño que se avergonzara del comportamiento de uno de sus progenitores, todos estos podrían ser ejemplos de personas que, como mecanismo de defensa, pudieron crear fácilmente este tipo de egos. En consulta, también he visto personas con esta máscara fruto de una identificación con uno de sus padres que era humillado. Por ejemplo, he visto mujeres que observaban que papá maltrataba psicológicamente a mamá menospreciándola y sometiéndola psicológica y emocionalmente a través de insultos, infidelidades o burlas. Estas pequeñas niñas, solidariamente se identificaron con el dolor de la madre en un proceso «simbiótico» y así interpretaron los agravios del padre como una ofensa, no solo hacia la madre, sino también hacia ellas mismas. En esta lista podríamos incluir a un adolescente que sufrió *bullying* en el colegio, o un niño que se haya sentido avergonzado porque sus padres no tenían un buen nivel académico, o tal vez por tener menos recursos económicos que los demás niños con quienes se relacionaba. También entrarían en este grupo los hijos de familias donde los padres comparaban jocosamente a todos los hermanos, o donde un hermano en específico se burlaba y lo avergonzaba, en fin, las posibilidades son muchas.

Como adulto, aquel cuyo ego se haya vestido de autosaboteador a través de la vergüenza y la humillación, experimentará una desaprobación recurrente, pero no solo a través de los otros, sino a través de su diálogo interno. Se sentirá tan mal consigo mismo y se desagradará tanto, que hará lo necesario para desaprobarse cada vez más. Inconscientemente descuidará su imagen como una forma de autocastigarse, optará por vestirse con prendas que no le favorezcan o que estén pasadas de moda. Puede tener problemas con su peso o su imagen corporal, se mostrará torpe e inexperto en situaciones cotidianas que lo lleven a sentirse ridículo. En los grupos sociales se mostrará amable, divertido y alegre y podrá tolerar y permitir que otros se burlen de él, incluso hará bromas sobre sí mismo, sobre su apariencia, sobre su estilo de vida y se reirá de estas burlas realizadas por los demás, como si las diera por justificadas y las aprobara. El mensaje que recurrentemente le envía su ego es: *es mejor que se rían contigo y no de ti. Muéstrate sonriente, no permitas que los demás vean que te duele, mófate tú antes que lo hagan los otros*. Estas personas son aquellas que vemos como los «bonachones», que toleran mucho y parecen tener una paciencia incansable, que se exponen a que otros se burlen de ellos y que aparentan ser tan confiados y fuertes que ese tipo de comentarios no les lastiman, aunque en el fondo se sienten devastados. Son fácilmente identificables, los reconocerás porque preferirán burlarse de sí mismos y dar pie a que después, otros se rían. De esta manera, reafirmarán inconscientemente lo que su personaje ha creído toda la vida: «no valgo y por lo tanto debo castigarme». Podrán comportarse como personas torpes, tenderán inconscientemente a mancharse mientras comen, a caerse o a que las cosas no les salgan muy bien.

He atendido a muchas personas con esta máscara en consulta, en una ocasión, uno de mis pacientes me dijo: «Doctora, parece que yo anduviera con mi nube negra personal porque todo me sale mal, así ha sido desde que era pequeño, soy torpe, qué le vamos a hacer». También podrán relacionarse con parejas, jefes o compañeros que sean más duros, críticos o fuertes con ellos, y sumisamente aguantarán y callarán justificando en su torpeza, el comportamiento de quienes los lastiman.

Se castigarán a sí mismos con la alimentación (comiendo en exceso o privándose de alimento). No se darán su lugar en la mayoría de los aspectos de la vida, por ejemplo, podrán aceptar ser la tercera persona en una relación, pero a diferencia del personaje que evita el rechazo y que describí en el punto anterior, lo harán por la humillación que representa el hecho de que no les den su lugar, pues sienten en el fondo que no lo merecen. Harán el trabajo de otros y aceptarán que sean los demás quienes se lleven el crédito, o se sabotearán mediante una constante falta de fuerza de voluntad, por ejemplo, se inscribirán a un gimnasio y dejarán vencer la membresía para recordarse lo fracasados que son, no terminarán un curso que iniciaron o buscarán cualquier excusa para no cumplir con un propósito que ellos mismos se han planteado.

En resumen, alguien con la máscara de la humillación y la inseguridad interpretará el amor como protección. Pensará que si alguien decide permanecer a su lado, pese a su torpeza o a su pequeñez, es porque esta persona tendrá la capacidad de protegerlo del dolor. Los adultos con este tipo de ego estarán dispuestos a soportar incluso que quien permanezca con ellos les abra más la herida de la inseguridad, a cambio de que a nivel exterior puedan experimentar la falsa seguridad de saber que son tolerados y elegidos por alguien. En su relación podrán sentirse humillados o inseguros, pero estar en pareja (pese a estas características) les hará sentir protegidos ante el indolente mundo. Podrán asumir patrones pasivos y tolerar maltratos psicológicos y físicos, puesto que estarán familiarizados con esto desde pequeños y asumirán que es «lo normal». Carecerán de grandes objetivos de vida debido a que eso es para otras personas «no para ellos» y verán a sus parejas o referentes cercanos como la fuente de las respuestas, los protectores. Consultarán con ellos todas sus decisiones importantes para que sean otros (y no ellos mismos) quienes los ayuden a tomar las riendas ya que se sienten indefensos y poco hábiles.

Si es la primera vez que te presentan diferentes tipos de máscaras o egos, sé que puede resultar complejo identificarte o puede que la mente te esté haciendo creer que no encajas en ninguna o tal vez que encajas en todas las descripciones anteriores. Para ello, quiero aclarar que los seres humanos no somos máquinas y que nuestra personalidad no es una ciencia exacta, cada una de nuestras mentes es un mundo de posibilidades que se entretejen según nuestras historias de vida. Por tanto, debes tener la suficiente sabiduría para comprender que no se trata de encajar perfectamente en lo que te describo, sino de leer entre líneas y, en especial, de confiar en tu intuición para sentir (no pensar) hacia qué perfil podría estar orientada la máscara asumida por tu ego. Para facilitarte el proceso de comprensión quiero darte un ejemplo de cómo pueden actuar los tres tipos de egos que he descrito hasta el momento, para esto me gustaría que trabajáramos con el ejemplo de *inscribirnos a un gimnasio* y partiéramos de la hipótesis de que terminamos abortando la iniciativa debido a esa máscara o voz interior a la que ya reconocemos como ego.

En el primer tipo de ego (el que busca la aprobación y la aceptación), la persona probablemente dejará de ir al gimnasio porque no tendrá tiempo, puesto que se sacrifica arduamente por su familia, por sus hijos, por cuidar a sus padres, por su dedicación a su trabajo o a su pareja y en consecuencia, carecerá de tiempo para sí mismo, pero siempre tendrá espacio para andar haciendo cosas por los demás. En caso de que sí vaya, se jactará del gran esfuerzo que tiene que hacer al sacar tiempo entre sus múltiples ocupaciones y se victimizará porque para otros es más fácil; recuerda, este ego lo que busca es que lo acepten y aprueben, y su mejor estrategia es intercambiar bondad y sacrificio a cambio de aprobación (a la cual interpreta como amor).

En el segundo tipo de ego (el que busca reconocimiento y evita el rechazo), la persona probablemente evitará asistir al gimnasio, bombardeándose con pensamientos como: «para qué voy a ir si allá todos tienen mejor cuerpo que yo, me voy a ver ridículo, no sabré hacer los ejercicios, los demás van a pensar que soy un fiasco». En caso de que decida ir, procurará no pedir ayuda a nadie, pasará desapercibido y tratará de que su presencia no sea llamativa. Se incomodará e incluso inconscientemente rechazará y juzgará a aquellos que socializan, se ven más guapos, se muestran seguros y no temen ser el centro de atención porque se sentirá muy incómodo con la seguridad y jovialidad que vea en otros ya que es un reflejo inconsciente de lo que carece.

En el último caso, el ego del que se sabotea y se humilla, seguramente hará que esta persona no vaya al gimnasio para luego recriminarse lo fracasado que es y la poca voluntad que posee. En caso de asistir, durante toda la jornada estará repitiéndose mentalmente lo ridículo que se ve en comparación con los demás y se dirá una y otra vez que es una pérdida de tiempo y que no va a lograr sus objetivos.

Continuemos ahora con las tres últimas grandes categorías de máscaras a través de las cuales se esconde nuestro ego.

El sabelotodo que debe ser perfecto cueste lo que cueste

Una máscara muy difícil de llevar y, como psicóloga y terapeuta, te confieso que es difícil trabajar con este tipo de pacientes. El ego en estas personas se ha formado como una interpretación de que la perfección es el objetivo vital. Buscan ser respetados, esa es su más grande necesidad y se fundamenta en la creencia errada de que quien mejor hace las cosas y quien más conocimientos posee obtendrá mayor aprobación. Estas personas llegan a consulta pensando que te están ahorrando el trabajo, porque creen que prácticamente ya tienen su autodiagnóstico listo y pareciera que el objetivo de su visita es que el terapeuta les confirme lo que ellos ya creen saber. Su actitud prepotente parece demostrar que solo van a terapia para reafirmarse a sí mismos que estaban en lo cierto. En la cotidianidad poseen una percepción de estar batallando contra un mundo que simplemente «no está a su altura», suelen sentir que saben más que sus jefes, que sus compañeros, e incluso llegan a descubrirse instruyendo a sus propios padres y, por supuesto, no son pareja, sino perfectos educadores de aquellos con quienes conviven, pues piensan (con muy buena intención) que su deber es vivir haciendo que aquellos a los que aman se transformen en personas que nunca estén conformes y que siempre quieran llegar al siguiente nivel. En realidad, tienen un gran mérito intelectual y académico, y es cierto que suelen hacer muy bien la mayoría de las cosas, pero también su ego los transforma en personas soberbias y pedantes, esto es consecuencia de que desde muy pequeños su ego ha adoptado la autoexigencia y el perfeccionismo como las claves de su supervivencia. Para ellos, la perfección es la llave que conduce al amor, pues asumen que si son perfectos y hacen todo muy bien será imposible que los demás no los amen.

El ego de este tipo de personalidad, cree que las cosas solo saldrán bien si se hacen a su manera, es impaciente con la falta de agilidad de aquellos que no van a su ritmo. En ocasiones eluden las conversaciones sociales porque simplemente las consideran una pérdida de tiempo, y en definitiva no toleran la mediocridad. Inconscientemente creen que en la medida en que tengan muchos conocimientos y sean muy expertos en lo que hacen, evitarán ser juzgados y lastimados por otros. Para su mente inconsciente, el conocimiento, el éxito y la perfección son una armadura que los hace menos vulnerables a los ataques del desamor y la desaprobación.

La peor ofensa para este tipo de ego es que no se reconozca su mérito o que no se alaben sus capacidades de esfuerzo, disciplina y perseverancia y sus atributos intelectuales. No quieren obtener las cosas con facilidad, pues «eso es para mentes débiles». El mensaje contundente de su ego es: *solo vale la pena aquello que haya requerido de mucho esfuerzo, por eso para que tú seas valioso, compite, esfuérzate y sé perfecto. No te conformes, tenemos que llegar al siguiente nivel, solo así demostrarás tu mérito.*

El problema en estos casos es que siempre habrá un siguiente nivel, porque el grado de ambición de las personas con este tipo de ego es insaciable. Jamás estarán conformes consigo mismas. Si obtienen un buen puesto, en lugar de disfrutar su logro ya estarán pensando en cuál será el siguiente cargo al que van a aspirar; en lugar de disfrutar de la casa que acaban de adquirir, ya estarán pensando en cuál es el próximo reto económico que se plantearán. Disfrutan del poder y lo necesitan para reafirmar que merecen ser amados, y de una manera directa o indirecta, siempre procuran que los otros puedan contemplar lo que ellos han alcanzado. Una clave sencilla para identificar este tipo de egos es que en lugar de pensar en la maravillosa experiencia que disfrutarán las próximas vacaciones, están pensando en cómo tomarán la foto en el lugar icónico que demuestre que estuvieron de viaje al otro lado del mundo, y por supuesto, en cómo van a compartirla. En otras palabras, el viaje no sería tan significativo si no pudieran mostrar ese logro.

Como te planteaba, su dolor consiste en que sienten que no son valiosos porque no son perfectos, por lo tanto, no se perdonarán un error, tratarán de ocultar su fragilidad, sufrirán cuando sientan que no dan la talla y se exigirán incluso a costa de su felicidad. Harán lo necesario para demostrar que sí son dignos de admirar, por eso, el ego no parará de buscar siempre un nuevo reto que sin duda deberá representar mucho esfuerzo. La peor ofensa que puede hacérsele a este personaje del ego es decirle que obtuvo algo por buena suerte. Si alguien le dice esto, por cualquier medio buscará demostrar que no ha sido así, y que los logros que ha alcanzado, los ha conseguido con el sudor de su frente.

Es muy crítico consigo mismo, se reprocha cuando no logra alcanzar los objetivos que se plantea y jamás está conforme. Las relaciones con los demás son muy difíciles para él, rechaza a las personas lentas o poco ágiles, las percibe como «flojas», faltas de voluntad o torpes. Se compara todo el tiempo, es amante del orden, detesta que le digan lo que tiene que hacer y diplomáticamente siempre buscará tener la razón. Es un ego muy agotador porque no se permite ser libre. En el fondo de su corazón anhela vivir fuera de la prisión que él mismo se ha impuesto, pero no sabe cómo salir de ella, por eso critica y rechaza a quienes viven su vida con espontaneidad y originalidad, puesto que esta máscara lo obliga a mantenerse siempre dentro de los estándares sociales y las normas de una personalidad educada, correcta e impecable.

En resumen, para él el amor es admiración, y esta solo se obtiene mediante la perfección. Tendrá que batallar constantemente con el peso de sostener una imagen de superioridad y éxito. En la vida adulta sus relaciones de pareja estarán llenas de frustración, bien porque su pareja no está a su nivel, o bien porque amar representa cambiar al otro para convertirlo en una mejor versión.

Para retomar el ejemplo del gimnasio, este tipo de ego planeará su inscripción meses antes de tomar la decisión, consultará todas las alternativas, elegirá el gimnasio más conveniente según la relación coste-beneficio, definirá (probablemente por escrito) sus objetivos y estos no serán nada sencillos, hará un cronograma detallado de sus días del gimnasio y programará sus horas de entrenamiento en su agenda. Medirá con detalle su progreso, se castigará y reprochará si no cumple el objetivo que se planteó y, por supuesto, se comparará con el estado físico de los otros para elevar así sus estándares. Estudiará las técnicas, recomendaciones físicas, movimientos y procedimientos para que su desempeño sea perfecto.

El que tiene que controlar todo lo que está a su alrededor

Su ego se origina como una forma de defenderse del dolor que ocasiona la incertidumbre. Sus más grandes temores son la posibilidad de que les jueguen una mala pasada, de que abusen de su buen corazón, de que traicionen su confianza o que les claven un puñal por la espalda. Les agobia constantemente sentir que los demás pueden traicionarlos, ser desleales, tener malas intenciones, fallarles o sacar provecho. Por tanto, harán lo necesario para evitar ser víctimas de la traición. No soportan la mentira y harán todo lo que esté en su mano para que «nadie los tome por tontos». Su ego toma poder diciendo cosas como: *no confíes en nadie, si te descuidas y no estás atento, van a querer aprovecharse de ti, es mejor que desconfíes de todo, espera lo peor y mantente preparado, así el golpe será menos doloroso.*

Aprendieron que los demás no son sinceros, que, en la vida, tarde o temprano, las personas terminan traicionando su confianza, que nada es seguro y que es mejor sospechar. El ego en este caso considera que los que viven confiando son unos ingenuos y su inocencia hará que les hagan daño. Inconscientemente creen que teniendo el control sobre todas las personas y circunstancias que los rodean, disminuirán las probabilidades de que les den una puñalada por la espalda. Suelen ser llevados de su parecer, querrán controlar la vida de sus parejas, no solo en su tiempo, sino también en sus elecciones, sus pasatiempos, su alimentación o sus hábitos de vida, se esforzarán porque los demás dependan de su aprobación, por eso serán muy hábiles diseñando diferentes estrategias para mostrar su desaprobación y manipular a su entorno. De este modo, lograrán que al final los demás terminen actuando y tomando decisiones que ellos aprueben. Pedirán que sus seres queridos cambien y se comporten según su parecer y lo harán directa y firmemente o indirectamente a través de manipulación. Por supuesto, creerán que todo esto lo hacen en nombre del amor y se molestarán y frustrarán mucho cuando los demás no aprecien todo su esfuerzo por ayudarlos.

La peor ofensa que puede hacérsele a este tipo de egos es que les digan mentiras o les sean desleales, para ellos esto es simplemente imperdonable. Fundamentan sus relaciones en la búsqueda de la seguridad e invierten una alta cantidad de tiempo y energía en tratar de conservar interacciones confiables. Son detectives por excelencia y ningún detalle se les escapa, el ego permanece con un radar encendido para capturar señales que enciendan las alarmas de la traición. Suelen ser temperamentales porque su ego los invita a mostrarse muy fuertes y valientes, ya que asumen que mostrarse débiles y sumisos hará que los demás piensen que son ingenuos y los hará más vulnerables a que les mientan y los engañen. Insisto: parecen duros y exigentes, pero en el fondo son muy sensibles y están llenos de temores.

Procuran siempre que las cosas se hagan tal y como ellos consideran y son excelentes arreglando los problemas y las vidas de los demás, sin percatarse de que esta es una estrategia de su mente para vivir enfocados en otras personas, en lugar de centrarse en amarse, conocerse y cuidarse a sí mismos. Para ellos amor es igual a lealtad, y en la edad adulta miden la lealtad como la capacidad que tengan los demás para cumplir sus deseos y satisfacer sus exigencias. Evaden atender sus inseguridades tratando de asegurar el control de la vida de los demás.

En el ejemplo del gimnasio, el ego hará que aborten la iniciativa debido a que considerarán incómodo que alguien (por ejemplo, un entrenador) les diga cómo hacer las cosas, ya que odian que los controlen (aunque aman controlar a los demás). El ego de estas personas también se alimenta del miedo, la paranoia y los celos, pueden incluso pensar que el tiempo que invierten en el gimnasio sería una oportunidad para que sus parejas o seres queridos hagan cosas a sus espaldas. Si deciden asistir, probablemente se inscribirán en el mismo gimnasio al que va su pareja porque así podrán tenerla bajo control. Se molestarán fácilmente con todo y con todos y, como te planteaba, debido a que quieren que las cosas se hagan tal y como ellos desean, si se inscriben al gimnasio y su pareja no hace ejercicio, ellos harán lo necesario para que la pareja también se inscriba, y si decide no hacerlo, estarán semanas reprochando el comportamiento de dejadez y falta de compromiso de la persona a la que aman, todo con el fin de manipular y persuadir para que al final, las cosas terminen siendo tal y como ellos desean.

El que no puede valerse por sí mismo

Este personaje elige el difícil camino de hacerse la vida fácil. Duda totalmente de sus capacidades y, por lo tanto, siempre está presto a facilitarse la vida solicitando la intervención de otras personas. Es experto en victimizarse y en mostrarse tan vulnerable que logra despertar la compasión y el sentido de protección en quienes lo rodean. La estrategia de su ego es asociar el cuidado con afecto, por lo tanto, en la medida en la que estas personas no puedan valerse por sí mismas, y otros las cuiden y las provean, ellas interpretarán que son muy amadas.

Suelen ser dramáticos por excelencia, exageran con facilidad sus sentimientos y emociones, y en sus conversaciones les cuesta concretar ideas. Su pensamiento es muy abstracto y tienden a exagerar y generalizar frecuentemente: «siempre me pasa lo mismo», «nunca podré lograrlo», «eso que pasó fue tan terrible», «jamás me podré dar esa vida que sueño». Son presa fácil de las depresiones y las crisis de ansiedad, porque su ego los desconecta ágilmente del presente, llevándolos a recordar los sucesos dolorosos de su historia, a lamentarse por lo que fue y ya no volverá a ser, o a desvelarse pensando en todos los posibles escenarios nefastos que traerá el futuro. La voz del ego gana el partido con frases como: *si te quieren, que te lo demuestren con cuidados y con cariño, quien quiera tenerte debe estar dispuesto a cuidarte... Recuerda que no eres muy capaz, por eso, es mejor que seas honesto y reconozcas que no puedes hacerlo. Siempre será mejor que te asocies con alguien más fuerte y valiente que tú en lugar de pretender llevar a cabo esa iniciativa solo.* El ego en estas personas identificó que, para ser cuidado y amado, hay que estar necesitado. Son las parejas perfectas para el primer tipo de ego («los que buscan ser aprobados») porque estas personas desean ser rescatadas, y los que buscan ser aprobados necesitan a alguien a quién salvar.

Quienes viven bajo el yugo de esta máscara carecen de iniciativa y son como hojas al viento, pocas veces tienen planes por sí mismos, o se atreven a asumir retos solos. También pueden ser los compañeros perfectos para los egos controladores, porque siempre estarán dispuestos a dejarse guiar por otros. Van a donde sus parejas digan, se apuntan a los viajes que otros organizan. Para ellos, el hecho de no decidir y permitir que alguien más lo haga es totalmente liberador. Sin embargo, estas personas en el fondo batallan constantemente con la pregunta de «¿Qué es lo que realmente quiero?». En consulta, suelen ser pacientes que acuden sintiendo que su vida carece de sentido y que no tienen un propósito, pues se dedican rutinariamente a «estar» mientras otros dirigen sus existencias.

En el ejemplo del gimnasio, no se inscribirán a menos que alguien más les diga que lo hagan, o pasarán días preguntando a sus parejas, sus padres o sus amigos, qué opinan de la idea, y después de obtener su validación (solo si la obtienen) podrán comenzar la práctica deportiva. Y en cuanto la cosa se ponga difícil, correrán a pedir apoyo emocional, compañía, mimos o palabras de aliento. Recuerda que en los ejemplos que te doy, procuro exagerar un poco con el fin de que puedas comprender cómo funciona el juego mental del ego. No te lo tomes literalmente, en algunos casos, la manipulación de ese personaje es mucho más sutil y difícil de detectar.

Ahora ya tienes una idea general de algunos de los personajes que puede crear nuestro ego para protegerse del dolor e intentar obtener el amor. Como te prometí, este libro relata mi propio viaje del miedo al amor, mi proceso para pasar de la inseguridad a la plenitud de conectar con mi poder personal, por eso, ahora te voy a hablar desde mi experiencia y voy a compartirte cómo surgió mi ego y por qué se llama Petete.

Pero antes, ha llegado el momento de cerrar por unos minutos para analizar lo que has leído hasta aquí.

Momento de reflexión

Piensa durante algunos minutos en todas las ocasiones en las que te has descubierto diciendo algo totalmente diferente a lo que realmente sentías, todas las veces en las que has hecho cosas que no quieres pero que crees que debes llevar a cabo para evitar el juicio de los demás o para no incomodarlos. Piensa en todas las emociones que están arraigadas en ti pero que evitas exteriorizar a toda costa debido a que algo te dice que no debes mostrarte vulnerable. Cada vez que tu personalidad se orienta a interactuar con otros haciendo algo que no quieres pero que haces porque «debes hacerlo para ser amado» el ego ha tomado el control. Observa que aquello que has considerado «la mejor estrategia para afrontar tu vida» no es más que la suma de información adquirida con base en las interpretaciones de las experiencias que viviste desde que eras un niño, y que estas estuvieron fuertemente influenciadas por tus figuras de referencia, pero analiza esto con consciencia: no eres aquello que has interpretado. Si hubieras nacido en un contexto social totalmente diferente, si tu entorno cultural hubiera sido distinto eso, que «aparentemente» eres, hoy sería absolutamente diferente, te lo aseguro. No eres la identidad que se ha formado a través de tu proceso mental, eres la consciencia que está detrás de los pensamientos y que tiene la potestad de elegir cuándo aceptar las ideas, cuándo replantearlas, cuestionarlas y eliminarlas.

Te lo demostraré con el siguiente ejemplo:

Imagina que, como adulto, piensas que para ti es imposible aprender una segunda lengua, supongamos que se trata del mandarín. Imagina que llevas años intentando aprender mandarín pero que simplemente tu mente te dice que no puedes, que eso es muy difícil para ti. Ahora imagina que no hubieras nacido en tu país de origen sino en China, ¿qué estarías hablando?, ¿cuál sería tu lengua materna? Observa que los bebés son *contenedores* listos para recibir información, y que mucho de eso que llamas limitaciones no son más que el fruto de tus creencias. Hablarías alemán, inglés, francés o incluso serías políglota si desde pequeño te hubieran formado en un entorno adecuado. Eso de «no soy capaz, no es posible para mí» no estaría presente simplemente porque la información con la que creciste habría sido distinta.

Los bebés son como vasijas limpias y vacías dispuestas a llenarse con aquello que su entorno ponga en ellas. Ese contenido que se va depositando con los años es la identidad, pero no lo olvides, tú eres la vasija (no el contenido) y para tu mayor bienestar siempre puedes elegir reemplazar lo que han puesto en tu interior.

Ahora te contaré un poquito de mi historia. Mi ego nació de la falta de autoestima y de la necesidad de sentir que debía rescatar a otros para ser valorada y amada, por esto era necesario que yo fuera una niña buena, muy buena. Desde pequeñita, mi ser sentía mucha empatía y tenía una habilidad innata para conectar con las emociones de otros. Parecía como si en cierta medida, las personas me resultaran libros abiertos (emocionalmente hablando) pues interpretaba fácilmente sus palabras y gestos, y percibía su energía, esto me permitía hacerme una idea de cómo se estaban sintiendo y los dolores o alegrías que estaban experimentando. Sin embargo, lo que era un don o un talento de mi ser, fue empleado por mi ego y terminó convirtiéndose en su herramienta de batalla. Poder sentir el dolor de otros, le daba a mi ego la oportunidad de asumir papeles que no me correspondían, para tratar de aliviar su sufrimiento.

Recuerdo que entre los cuatro y los siete años, me sentía responsable del dolor de mis padres, evitaba decirles que estaba triste y que estaba sufriendo, no quería hacerles saber cómo me sentía, porque ya los veía muy angustiados trabajando y tratando de generar ingresos. No quería sumarles más preocupaciones; por el contrario, buscaba la manera de aliviar su dolor siendo muy buena, guardando mi tristeza y soportando mi soledad. Mis padres eran muy jóvenes, se casaron poco antes de cumplir los veinte años y yo nací justo un año después. Ellos estaban empezando a generar sus recursos económicos, el dinero no faltó nunca, pero debían trabajar muy duro para conseguirlo. Vivían en una ciudad donde no contaban con muchos familiares o amigos que los ayudaran en el difícil proceso de estudiar, trabajar y criar a una niña pequeña. Por esa razón debían dejarme al cuidado de otras personas, les pagaban a vecinos o a «conocidos» para que me permitieran vivir en sus casas de lunes a viernes y para que cuidaran de mí. Mis padres trataban con todo el amor de hacer lo mejor, pero lo que no sabían era que en estos lugares hacían «todo» menos cuidarme, y para mí, esa estadía era un total martirio. Sin embargo, yo callaba. Creía que, tragando mi dolor, podía «ayudarlos» a hacer el proceso mucho más fácil. Así fue como Petete fue formándose.

A eso de los ocho años, por fin dejé de vivir en esos lugares y ya estaba lo suficientemente «grande» como para cuidarme por mí misma. Imagínate esto, una niña de tercero de primaria con llaves de casa. Yo me sentía muy buena y sabía que mis padres hacían lo que podían, mi problema nunca fue que mis padres no me manifestaran su amor, yo me sentía amada por ellos, tuve un padre profundamente cariñoso, amoroso y divertido, y una madre comprensiva, motivadora y buena amiga. El problema es que, siendo pequeña, yo sentía compasión por ellos. ¿Puedes imaginarlo?, en lugar de querer que ellos me cuidaran, era yo quien los veía jóvenes, angustiados, atareados y quería protegerlos. Hay un recuerdo vívido almacenado en mi memoria: estoy allí, con seis años, feliz porque papá y mamá me habían recogido de esas casas donde aparentemente me cuidaban, feliz por poder pasar con ellos un fin de semana, levantándome el sábado temprano, ilusionada para hacerles el desayuno. Recuerdo que cuando papá se despertó y vio el desastre que había armado en la cocina, tiernamente, tomó mis manos entre las suyas y me enseñó cómo se extedía la mantequilla en el pan, porque yo (con la mejor intención) había desperdiciado más de la mitad del tarro... Imagínate la inocencia de una pequeñita tratando de alivianar el cansancio, el esfuerzo y el dolor de sus padres. Pasé gran parte de mi niñez en soledad en casa, hacía mis deberes sola, calentaba mi almuerzo, organizaba mi uniforme y esperaba con ansias a que papá y mamá llegaran de trabajar. Los veía llegar tan cansados que procuraba no darles más dolores de cabeza, así que tenía la casa y mis asuntos en orden.

Poco a poco la situación económica fue mejorando, mi abuela materna ya no viajaba y estaba permanentemente en la ciudad, así que dejé de estar al cuidado de terceros o sola y empecé a compartir con ella mientras me cuidaba amorosamente en las tardes. Mis padres ya tenían trabajos con mejores horarios, y a todo el cambio se sumaron mi tía materna y su esposo (quienes fueron como unos segundos padres). Me cuidaban en sus horas libres y yo me sentía feliz compartiendo con ellos, ya no me sentía tan sola, pero Petete (mi ego) ya estaba formado y era un «pequeño pingüino» sano y fuerte.

¿Por qué representé a mi ego como un animalito? Verás: recuerdo que cuando era niña disfrutaba mucho de los dibujos animados, como pasaba tanto tiempo sola, la televisión era una gran compañía y amaba ver al pato Donald. Me gustaba mucho porque siempre parecía estar de mal humor y expresaba lo que sentía, era un cascarrabias y no se media para hacerles saber a Pluto y Mickey que estaba molesto. Cuando algo no le gustaba, lo expresaba. Todo eso que hacía Donald, era lo que mi niña interior no se permitía. Mi niña era muy buena, pocas veces se molestaba, no daba problemas, era complaciente y siempre sonreía. Recuerdo que me llamaba la atención que en esas escenas en las que el pato Donald se debatía entre lo correcto y lo incorrecto, en su hombro derecho, aparecía un patito bueno vestido de angelito, y en el izquierdo, un patito disfrazado de diablito. Él escuchaba las dos opiniones y al final decidía a cuál de estos personajes hacerle caso. En consulta, alguna vez, uno de mis pacientes personificó al ego como el pato Donald y en realidad fue perfecto, ¡qué maravillosa analogía mostraba ese personaje sobre la forma en la que funciona nuestro diálogo interno!: la voz del ser y la voz del ego debatiéndose sobre cómo actuar para ser más amados, aceptados y queridos por los demás. Cuando era pequeña, me regalaron una cartilla (que era más como una revista infantil), era un librito muy viejo y desgastado que traía las historias de Petete. Petete era un pingüino repolludo y bonachón, muy buen chico, culto y aplicado, parecía agradarles a todos. De adulta, en mi viaje interior de autoconocimiento decidí nombrar a mi ego, Petete, y es así como lo representé: como ese animalito aplicado, obediente, estudioso, complaciente, tierno, bueno, amoroso, esponjoso y en ocasiones perfecto, y que debía andar por la vida agradando a otros para que lo quisieran.

Petete (mi ego) pudo forjarse con unas bases muy sólidas, porque después de haber sido hija única por once años nació mi hermana, ¿y adivina qué hizo mi ego que ya estaba muy bien constituido? Obviamente, mientras papá y mamá trabajaban la niña buena se hizo responsable del bebé que había llegado a casa, así, busqué ganarme la aprobación de mis padres siendo también la niñera y la tutora de mi hermanita menor. Recuerdo que la cuidaba y la defendía por sobre cualquier cosa, incluso hasta el punto de que llegaba del colegio y pese a que había una nana en casa, era yo quien me dedicaba al cuidado de la bebé y solo cuando la bebita ya iba a dormir en la noche, me permitía a mí misma el tiempo para atender mis deberes escolares. Fui yo quien la vio caminar por primera vez y quien la llevó al colegio su primer día de clases, fui su madre sustituta y pese a todo esto, de niña, jamás perdí un año, jamás causé problemas, jamás les expresé a mis padres que realmente me sentía cansada, sola, rara, diferente, insegura, con miedos e infeliz.

Además de buscar aprobación y aceptación (mi herida primaria) mi pingüino egoico forjó una segunda herida: la necesidad de ser reconocida. Por eso andaba por la vida persiguiendo el reconocimiento, y lo busqué durante años en las organizaciones a través de los cargos de liderazgo, mientras que en mis relaciones de pareja buscaba sanar la necesidad de ser aceptada para que no me abandonaran. En el trabajo anhelaba ser alabada por mi éxito profesional y en el amor procuraba ir encontrando «niños» emocionales a los cuales rescatar. Ahora, esas necesidades de mi ego (aprobación y reconocimiento) no han desaparecido totalmente, sería irresponsable si dijera eso. Tendría que ser una persona absolutamente iluminada para decir que el ego ya no forma parte de mi vida, pero lo que sí puedo reconocer es que cada vez se hace menos presente, porque cada vez toma menos protagonismo en mi existencia. Y en medio de este proceso de despertar de consciencia (aclaro, no me siento despierta, siento que estoy despertando, que es muy distinto), la vida que experimento es tan maravillosa que me parece imposible desear volver a la historia en la que permanecía bajo el dominio del ego, aunque agradezco de corazón cada una de esas experiencias porque sin ellas no hubiera podido llegar aquí. Hoy comprendo que eran lo que mi alma había elegido para poder crecer y sanar.

Pero el camino nunca acaba y siempre sigues avanzando: en la sabiduría de la vida y bajo el amparo de tu libre albedrío, tú mismo creas inconscientemente situaciones en las que el ego se pone a prueba. Incluso, después de que di el gran cambio hacia la plenitud, las tentaciones para el ego continúan apareciendo, y eso es lo que hace que mientras tu alma esté portando un cuerpo el proceso de crecimiento personal jamás termine. Por ejemplo, en la actualidad gracias a mi trabajo de acompañar a las personas a empoderarse y abandonar el sufrimiento me he convertido en algo así como una «figura pública» y es algo que entiendo que mi alma había venido a hacer, pero que a su vez me expone a que miles de personas me vean, reconozcan mi labor y me llenen de palabras hermosas. ¡Oh!, qué dulce tentación para Petete, él se relame por probar el néctar de los halagos y de las palabras de reconocimiento que tanto ha estado buscando desde que yo era una niña, pero ya **no lo alimento**.

No puedo hacer que Petete desaparezca (no podemos deshacernos del ego), pero lo que sí puedo hacer es dejar de alimentarlo, y eso le resta el poder que alguna vez tuvo sobre mí. He aprendido con el paso de los años a no depender de las opiniones favorables y a no sufrir por las opiniones desfavorables. Para serte honesta, ya me da igual lo que alguien pueda pensar de mi mensaje o mi trabajo y eso es lo que me otorga la libertad de ser quien soy y de hacer lo que mi alma ha venido a hacer. He comprendido que en la medida en la que dejas que las alabanzas de otro te hagan sentir bien, abres inmediatamente la puerta para que cuando carezcas de ellas, o cuando lleguen las críticas, lleguen también la angustia y el malestar. He comprendido que finalmente, las palabras de reconocimiento o de desagrado poco o nada tienen que ver conmigo, porque en este viaje de la vida no observamos a los demás como realmente son, sino como nosotros somos, y he entendido que lo que opinamos de otros no es más que la proyección de lo que amamos o rechazamos de nosotros mismos. Por eso, ya no persigo el falso ideal del ego de pretender agradar a todo el mundo, comprendo que simplemente es imposible y que habrá quienes vibren en sintonía con lo que hago y quienes simplemente no, y eso es PERFECTO. Así, cada vez que me llegan palabras de amor de halagos entiendo que lo que los demás ven en mí no es más que el reflejo de su propia bondad, belleza y luz interior, y asimismo, cuando las ofensas, el odio y el maltrato aparecen, entiendo que lo que aflora es una pequeña muestra de la batalla interior que alguien puede estar librando consigo mismo.

Recuerda, corazón, no eres tu ego, y cuando aprendes a diferenciarte de él, comienza el camino hacia la consciencia de tu verdadero Yo.

Muy bien, basta ya de hablar de mí, creo que ya te he dado muchos ejemplos (incluyendo el mío) de cómo se conforma el ego, y seguramente, ya tienes una idea de que al principio su objetivo podría considerarse «bien intencionado». Sin embargo, cuando ese ego toma el control de nuestra vida y nos desconecta de nuestra grandeza, aquello que inicialmente parecía surgir de una buena intención termina convirtiéndose en un profundo caos. Ahora ha llegado el momento de que hables con tu «Petete» personal. Este es un ejercicio que realizo con los alumnos de mis cursos en línea y mis talleres presenciales, hoy quiero compartirlo contigo.

Por molesto que parezca, mientras continuemos experimentándonos a través de este proceso al que llamamos vida, el ego seguirá presente, pues forma parte de nuestra condición humana. No obstante, la tarea del autoconocimiento y el crecimiento personal consiste en ser cada vez más conscientes de su presencia, disminuir su control sobre nuestra vida y en especial, aprender a llevar una relación de armonía con él, puesto que no tendría ningún sentido generar un conflicto o batalla interior si lo que queremos es traer paz y tranquilidad a nuestro entorno exterior. Por eso no se trata de rechazar, pelear o repudiar al ego, sino de observarlo y aceptarlo para poder amorosamente transformarlo.

Por tanto, vamos a reconocer a nuestro ego, vamos a agradecerle por su intención de protegernos y querer evitar que suframos daño, vamos a reconocer el trabajo arduo que ha venido realizando, pero haciéndole saber que su labor cada vez será menos necesaria y que, aunque sabes que él ha intentado hacer lo mejor para ti, escucharlo no te ha traído los resultados que esperabas. Vas a explicarle a tu ego que si sigues haciéndole caso probablemente nada cambie y que, pese a sus esfuerzos, has descubierto que las cosas no marchan como tú deseas. Si fuera así, en definitiva, no estarías leyendo este libro y no estarías sintiendo que todavía hay algo que debes aprender y que debes cambiar para poder materializar eso que tanto anhelas. Así que, a partir de ahora, vas a prepararte para darle menos protagonismo a tu ego y, en consecuencia, cada vez serás más consciente de ti mismo y de los resultados que produces en tu vida. Paso a paso verás cómo tu ego ya no será tan necesario como antes.

Integrando el aprendizaje

En este ejercicio, te propongo que imagines que estás preparando a tu ego paulatinamente, para su retiro laboral o ¡su jubilación! Vas a despedirlo y a relegarlo de sus funciones.

Comienza por imaginar a tu ego en tercera persona, puedes verlo como un objeto, un animal, un personaje de película, o una silueta. Algunos de mis pacientes lo han imaginado como un martillo que da golpes en su cabeza, como una hiena con risa burlona, un par lo han visto como «el Joker», otros como un dragón... Da igual, lo importante es que dejes volar tu imaginación.

Luego, vas a bautizarlo, puedes ponerle el nombre que quieras. A partir de ahora, cada vez que seas consciente de que tu ego se está haciendo presente y quiere tomar el control, vas a llamarlo por su nombre y a ponerlo en su sitio con firmeza, recuerda que él no eres tú, por lo tanto, si mentalmente le hablas a tu ego como si te estuvieras hablando a ti mismo, te estarías «identificando» con él, y recuerda que precisamente queremos lograr todo lo contrario. Así que, ¡háblale! Puedes decirle algo como:

Querido (nombre de tu ego) te veo y te reconozco, entiendo que quieres hacerme creer que soy un fracaso y que es mejor que no intente realizar _____ porque puedo salir lastimado o porque los demás me causarán daño, pero ¿sabes?, ahora sé que realmente no soy lo que tú me quieres hacer creer. Sé que puedo lograr mucho más, y esta vez estoy dispuesto a intentar algo diferente, algo totalmente distinto a lo que tú me has propuesto toda la vida. Estoy cansado de llevar esta máscara, el peso de la armadura que has construido para mí se ha vuelto insoportable. Sé que me has ayudado a llegar hasta acá, pero esta vez quiero caminar más liviano. Eso que me has hecho creer toda la vida no es real, esas solo son tus ideas, ahora no necesito esos pensamientos en mi cabeza, quiero intentar otra forma, y si fallo en el proceso y salgo lastimado, sé que aprenderé y que podré superarlo. Quiero intentar algo nuevo por mí y para mí, porque seguir bajo tu protección no me conducirá a donde mi alma desea llegar, si quiero avanzar tengo que arriesgarme. Gracias por tu trabajo, pero ya no es requerido, por favor vete a descansar.

Recuerda, esto no es algo que conseguirás de forma inmediata, se trata de una transición que irás realizando periódicamente y verás paso a paso cómo lograrás relevar a tu ego de sus funciones enfocándote en ser consciente de su presencia y su influencia, día a día. Ahora, manos a la obra. Emplea tus propias palabras y habla con tu ego desde el corazón.

Carta a mi ego

Querido:

_____
_____
_____
_____
_____
_____
_____
_____
_____
_____
_____
_____
_____
_____
_____

Por tanto, cada vez serás menos requerido, ahora yo estoy a cargo. Gracias por tus servicios. Con amor,

Firma: _____ Ciudad: _____ Fecha: _____

Capítulo 4

Hitler y la Madre Teresa juegan para el mismo bando

El Espíritu no es bueno ni malo,
corre donde el corazón salvaje conduce.
Sócrates

J uzgar, ¡oh! cuánto nos gusta juzgar, este acto aparentemente tan natural, tan simple, tan automático y común, es parte intrínseca de nuestro pequeño yo (la identidad mental) y se ha convertido generación tras generación en un lastre que nada tiene que ver con la grandeza de nuestra alma. Es curioso como cada vez que juzgamos, nuestro nivel de inconsciencia es tan alto que somos incapaces de reconocer que al juzgar nos ponemos en la misma escala vibracional de aquel al que juzgamos. Te invito, mi corazón, a que vayas por ejemplo a ese momento en el que has tachado a alguien de egoísta, y te preguntes qué estaba experimentando tu cuerpo y cómo vibraba tu campo energético en el momento en el que señalabas con desdén ese comportamiento. ¿Acaso en cada célula de tu cuerpo no se experimentaba el egoísmo? ¿Acaso no estabas siendo egoísta al creerte con el poder moral de castigar con tu juicio a alguien? ¿Acaso no estabas eligiendo el egoísmo en lugar de la comprensión y la compasión? ¿Acaso al «invocar» mentalmente esa característica para rechazarla en otra persona, no te estabas poniendo tú en una escala de egoísmo similar o incluso peor? Despierta corazón, el único que se alimenta cuando juzgas es tu ego. Esa falsa construcción mental se vanagloria de señalar a otros, y en el proceso, mientras eres manejado por esa máscara que ha tomado el control, sin saberlo llevas a tu ser a experimentar exactamente lo mismo que estás señalando, porque no existe separación, el otro y tú sois uno. No hay un «tú» y tampoco hay un «otro» desligado, todos formamos parte de un mismo sistema de amor. ¡Compréndelo!, cada ser que habita el universo y tú compartís la misma esencia, provenís de la misma fuente, sois células que conforman a un único ser.

Cuando te detienes a culpar, rechazar, someter, juzgar a otra persona te estás rechazando a ti mismo porque no estás separado del otro, sus actos no son distantes de los tuyos. ¿O acaso a mayor o menor escala esos actos no los has realizado tú también en algún momento de tu historia en esta vida (o en otras)? Por eso la aceptación incondicional de todo lo que ocurre y el respeto por el libre albedrío que nos caracteriza a las almas en procesos de evolución es fundamental para conducir nuestro ser a estados elevados de consciencia. Querida alma que lees estas líneas, si la fuente creadora te dio la libertad de elegir bajo qué parámetros densos o ligeros querías construir tus experiencias para que así pudieras expresar tu potencial (en esta vida o en varias), con el propósito de reconocer que eres la esencia misma de la creación manifestada en un alma y en un cuerpo, y si dicha esencia creadora no te condena, ni te juzga, ni te señala por ello, ¿quién eres tú para emitir un juicio sobre las elecciones de los demás? Incluso, ¿quién eres tú para juzgarte y castigarte por ese error que cometiste mientras aprendías y recordabas lo que en verdad eres?

Aunque llevo años entrenándome en el arte de volver a la esencia, y aunque dicho arte consiste solo en desprendernos de las capas densas de identificación con todo aquello que no somos, y aunque cada vez voy logrando observar más y juzgar menos, a veces, mi mente y mi ego, con sus programaciones y sistemas de creencias, siguen tomando el control. Y seguramente lo seguirán haciendo conmigo y contigo mientras estemos encarnados. Ese es el juego, y el llamado a la consciencia consiste en que en este juego elijamos sufrir menos y divertirnos más. No se trata de luchar contra el ego, sino de gozar del proceso de estar atentos y de descubrir aquellos momentos en los que él toma el control, para decirle amorosamente: «ya te vi, vuelve a tu sitio».

Voy a compartirte una anécdota de uno de esos momentos en los que me descubrí desatenta y en el cual el ego hizo de las suyas mientras mi alma observaba y aprendía.

En una ocasión, durante un viaje, me encontraba en un restaurante tipo bufé, los alimentos estaban servidos en grandes samovares (recipientes metálicos en los que la comida permanece caliente) y como es habitual en estos lugares, aunque hay algunas personas tras las mesas sirviendo algunos de los platos especiales o preparando platos sobre pedido, en general la metodología consiste en que cada comensal debe tomar su plato, aproximarse a los mostradores y servirse lo que guste. Yo estaba sola y decidí sentarme en una mesa junto a la ventana, donde tenía una visión global del paisaje y también del interior del restaurante. Mientras comía, observé cómo por la entrada del recinto, se acercaba con paso lento pero firme un caballero de mediana edad, estaba bien vestido y se dirigió de manera directa a la *hostess* (la chica que daba la bienvenida y asignaba las mesas). Comenzó a hablar con ella. Por mi ubicación, no escuchaba lo que le decía, pero parecía estar molesto; sus gestos faciales y los movimientos que realizaba con sus brazos enfatizaban sus palabras, y yo percibí que estaba exigiendo algo.

El caballero se sentó cerca de la entrada y minutos después, la jovencita comenzó a atenderlo en la mesa, iba y venía preguntándole cosas y luego pasaba por los mostradores, sirviéndole personalmente.

Le mostraba los platos y él solo asentía. La joven anfitriona hizo eso varias veces hasta que el señor pareció estar satisfecho. Dejó los platos en la mesa del caballero y se despidió de él con una gran sonrisa.

Mientras observaba esto, yo pensaba varias cosas. En primer lugar, me preguntaba por qué razón ella había decidido atenderlo personalmente en vez de asignar la tarea a un camarero, eso me hizo pensar: «guau, este hombre debe de ser alguien muy importante». Y al mismo tiempo me decía a mí misma: «mmm... pero por muy importante que sea, qué desconsiderado es, podría levantarse y servirse él mismo».

Recuerdo que terminé mi comida y salí del restaurante despidiéndome de la joven anfitriona con un sentimiento de aparente compasión, le brindé una mirada y una sonrisa de complicidad y solidaridad con la que, sin decir palabra, quise hacerle saber que yo admiraba su trabajo y que entendía lo difícil que debía de ser lidiar con clientes tan arrogantes. Ella solo me miró y se sonrió, ni siquiera se dio por enterada de lo que pasaba por mi mente. Yo salí sintiéndome una mujer muy amable y cariñosa que valoraba el trabajo de los demás y, sobre todo, mejor persona que ese caballero arrogante (mi ego estaba engrandecido).

Afuera del restaurante, había una mujer afroamericana hermosamente vestida de blanco. Debido a que quién en aquel momento era mi esposo y yo habíamos quedado de encontrarnos allí, decidí esperarlo sentándome al lado de esa hermosa mujer, conversamos un poco durante mi espera y ahí fue cuando la vida en su infinito amor me dio una gran enseñanza. ¡Oh qué gran lección la que me esperaba esa tarde! Esa preciosa mujer era una enfermera, me comentó que estaba esperando al hombre al que cuidaba y a quien acompaña desde que él había sufrido un accidente cerebrovascular. Me dijo además que se sentía muy orgullosa, pues, aunque no estaba totalmente recuperado y sus movimientos aún eran muy limitados y toscos, por primera vez durante el viaje, su paciente había decidido ir a comer solo y ella lo estaba esperando afuera.

¿Puedes imaginarte cómo me sentí? Bastaron unos segundos para pasar de un estado egoico de falsa superioridad, a sentirme la persona más infame de este planeta (también el ego haciendo de las suyas a través de la culpa). La enseñanza de esta historia se resume en que sin conocer a ese ser humano, mi pequeño yo había emitido juicios terribles sobre la clase de persona que era. Lo había etiquetado y considerado un individuo desagradable y arrogante, y bastaron solo unos segundos, un instante, para que mis sentimientos sobre él se transformaran por completo en un profundo cariño, respeto y admiración. Qué gran lección me llevé ese día. Hoy mi alma sin culpa agradece esa experiencia y ya no me juzgo por lo ocurrido, puesto que gracias a que sucedió pude aprender la importancia de entender que no hay verdad absoluta, que no hay que etiquetar, que siempre habrá otra parte de la historia que nosotros desconozcamos, que no hay una verdad, porque cada quien vive su verdad desde su interpretación, y por eso es tan importante mantener siempre una actitud inocente y libre de señalamientos. Pude aprender que en esta vida solo hay que apreciar, aceptar, reconocer y observar desde el amor, sin juicios de valor y con consciencia.

Con qué ligereza opinamos y qué fácil es atribuirnos la superioridad moral para categorizar personas, situaciones o acontecimientos con nuestro criterio egoico personal. Escribiendo estas líneas, trato de explicarme a mí misma cómo es que sentimos tanto deseo de emitir juicios de valor sobre otros, y me pregunto: ¿por qué lo necesitamos tanto? Y no es que lo deseemos, o prefiramos hacerlo, creo realmente que juzgamos a los demás porque es una necesidad vital de nuestro ego.

Emitir juicios es indispensable para esa falsa identidad que se siente apartada del mundo y que requiere compararse con otros para poder encontrar el valor del que carece de manera intrínseca. Por tanto, el juicio es uno de sus alimentos favoritos. Debido a que cree firmemente que el otro y tú sois entes separados, el ego se fundamenta en la comparación para diferenciarse y para generar caos. El ego desconoce que, en esencia, los demás y nosotros ¡somos lo mismo! Somos como dos gotas de agua que poseen exactamente la misma composición en su base: dos átomos de hidrógeno y uno de oxígeno, y aunque probablemente una gota sea más gordita que otra, o tal vez una sea dulce y otra un poco más salada, a fin de cuentas, en nuestra naturaleza primaria somos AGUA. La gota no puede desligarse del océano, y el océano no puede ser océano si no lo conforman millones de gotas. En el momento en el que intentas separarte del resto, desaparece el concepto mismo del que formas parte y, por tanto, si hubiese separación no existirías. El agua que destruye viviendas cuando se desborda de su cauce es la misma que da vida, nutre los campos e hidrata tu cuerpo. ¿Cómo puedes decir que el agua es buena o mala? ¿Cómo podemos tomar un hecho neutro y llenarlo de nuestras apreciaciones?

Esto es algo que el ego no acepta pero que estoy segura de que tu ser sí comprende. Nuestro ego se cree diferente a los demás, piensa que todo lo que lo rodea es una amenaza, que todo lo externo a él puede lastimarlo y se mueve en una escala de comparaciones, tratando de compensar la baja percepción que tiene de sí mismo, y desconociendo que el mayor daño es el que él se autoinfringe a través de ese doloroso concepto de creerse separado de los demás.

Partiendo de cuán poco favorable o poco sana sea tu propia percepción, compararte con otros será una herramienta fundamental para tu mente que necesita compensar su carencia de autovaloración. De este modo, y como ya lo mencionamos al inicio de este libro, en la medida en que otro sea menos bueno, menos ético, menos inteligente, menos exitoso, menos bonito, menos agradable o generoso que tú, más podrá tu ego elevar su nivel de «calificación personal». Pero recuerda que el ego al mismo tiempo se alimenta del caos, por lo tanto, cuando todo marche en calma para ti y te sientas aparentemente tranquilo porque estás rodeado de personas más banales que tú, él no dudará en compararte con otros que sean **mejores** para que desaparezca la calma y te sientas pequeño y despreciado. Así, finalmente gracias al malestar, el ego podrá seguir tomando protagonismo decidiendo de modo automático cómo debes comportarte ante tanta incomodidad e injusticias de la vida o cómo debes «machacarte» culparte y autoexigirte ejerciendo presión sobre ti mismo y forzándote a ser igual de bueno que los que te superan.

En resumen, jamás el ego estará conforme, ¡jamás! Su apetito es insaciable. Para él nada será suficiente, no serán suficientes los otros a los que juzgará sin piedad y no serás suficiente tú mismo y por ello te criticará constantemente. Y si en este momento estás pensando que la autocrítica o la sed de más retos y objetivos son necesarios para la autosuperación, déjame decirte que no es correcto y que esto solo es otra idea mental que has comprado como cierta, porque así como es posible «avanzar o superarse» desde el ego, siempre será posible elegir la vía del aprendizaje y el crecimiento desde el amor, y esta vía carece de presión, de sufrimiento, de competencia y de comparación, y se basa solo en la cooperación, la generosidad, el compromiso, la entrega y el disfrute. Tu elección siempre será potestad de tu libre albedrío.

Observa el juego del ego, siempre movido en extremos tal y como te explicaba en el capítulo anterior. El primer extremo consiste en hacerte creer que tienes que ser mejor que los demás y llevarles ventaja. El ego aparece para hacerte sentir superior a través de la comparación y los juicios y ahí no hay amor, no hay bondad, no hay compasión, no hay tolerancia. Aunque aparentemente (para el ego) sea gratificante disfrutar de la vanagloria de ser mejor que otro, ese falso éxito o sentimiento de bienestar dura muy poco, pues es ilusorio.

Un alma jamás podrá sostener de manera permanente la falsa plenitud cuando el bienestar del que disfruta proviene de rebajar a otra persona y ponerla en un nivel inferior. Es imposible que la paz, la armonía y el bienestar se manifiesten cuando tú te desconectas del entorno o cuando tu bienestar es fruto del sufrimiento de alguien más. Basta con que observes a personajes públicos que han acumulado riqueza o fama a costa del maltrato, la opresión, el menosprecio o el dolor de otras personas, sé que en el fondo de tu corazón al observar la vida de esos egos altamente alimentados, no percibes más que vidas vacías, relaciones sostenidas por el interés y la conveniencia, falsas sonrisas y muy poco amor. Incluso, mucha de esa fortuna acumulada egoicamente no se disfruta, puesto que estas personas carecen de libertad de tiempo o de relaciones sinceras con las cuales nutrirse. Muchos terminan sus vidas acumulando grandes sumas en sus bancos y grandes espacios vacíos en sus corazones, y en todos los casos su cierre de ciclo vital es lúgubre y carente.

El otro extremo es cuando tu ego te hace creer que eres un perdedor, que eres un bueno para nada, que deberías ser como «fulanito», que eres un fracasado, que no deberías cometer tantos errores y mucho más de lo que seguramente ya conoces. Es curioso cómo una de las características más importantes de ese falso yo es su habilidad para camuflarse y para ser dinámico dependiendo del contexto, el momento de la vida y el área en la que tengamos puntos más débiles. Por esta razón, no es de extrañar que en algunas ocasiones o en algunos aspectos nos mostremos seguros, nos sintamos fuertes, nos comparemos con otros, seamos más firmes e indiferentes y en otro momento de repente nos descubramos sintiéndonos frágiles y torpes. Todo esto fruto del ego, recuerda: donde empiece a vislumbrarse la paz, ahí encontrará la mente la dulce tentación de intervenir para sacarnos de nuestra plenitud.

Con el paso de los años he aprendido que cada vez que estoy juzgando a otra persona por la forma en la que habla, se viste, por sus preferencias o por las decisiones que toma, estoy ante la oportunidad perfecta de tomar consciencia y aceptarme a mí misma cada vez más. La fórmula es muy simple: aquellos que no juzgan, han llegado a un nivel de autocomprensión y aceptación más allá del ego, han dejado de juzgarse a sí mismos y han aprendido a aceptarse en la totalidad de su existencia, por lo tanto, en la misma proporción son capaces de observar y contemplar la naturaleza perfecta de las demás manifestaciones de la presencia divina, sin necesidad de atribuir construcciones mentales que resten realidad a lo que simplemente es hermoso y perfecto tal y como es.

Al leer estas líneas, tu ego posiblemente esté pensando que es necesario analizar la vida y los acontecimientos en términos duales de bueno o malo, correcto o incorrecto, bonito o feo. Calificativos que nos permitan elegir la senda del bien o del mal, protegernos de lo que nos pueda lastimar y ser personas de «bien». Pero realmente, ¿qué son las personas de bien? No olvides que a Jesús lo crucificaron los sabios y nobles hombres de aquel tiempo que se consideraban a sí mismos «personas de bien». Tampoco olvides que en nombre del amor se han cometido terribles crímenes a lo largo de la historia. Las cruzadas eran batallas de la religión católica en nombre de Dios, y también en nombre del amor a Alá se han cometido atentados atroces y han muerto miles de personas. En nombre del amor a una raza, a una ideología o a una creencia se han coartado los derechos de millones de hombres y mujeres en la historia, incluso en nombre del amor, las instituciones educativas y políticas nos han «formateado» mentalmente creando una perfecta mano de obra que no cuestiona el sistema y que está dispuesta a vivir su vida como esclavos autogestionados y enmacipados que se jactan de disfrutar un aparente estado de libertad.

Así, mi corazón, llegamos al punto central de este capítulo: hoy quiero que te permitas abrirte a la posibilidad de que bueno y malo son en esencia lo mismo. Si no estás familiarizado con esta idea, probablemente este es el momento en el que estarás pensando: «Maria, estás loca, eso es imposible», y tal vez rechaces esta idea porque por tu mente pasarán el asesino, el violador, el ladrón, las masacres o los atentados, y dirás que estoy equivocada y que sí existe la maldad y que es todo lo contrario a la bondad. Por eso quiero explicarte desde dónde se fundamenta el concepto de que nada en este universo está separado, y quiero amorosamente invitarte a que te abras a la posibilidad de interiorizar una nueva visión de la realidad donde tanto el bien como el mal no son más que parte de la misma fuerza creadora.

Lo bueno y lo malo son dos caras de la misma moneda, como la temperatura que simplemente es temperatura con dos polaridades.

Cuando hay ausencia de calor entonces la temperatura se transforma en frío, pero sigue siendo temperatura y cuando hay ausencia de frío, la temperatura se transforma en calor, pero no deja de ser en esencia una unidad térmica. Parece un juego de palabras, pero es en realidad muy simple, el frío es el calor manifestado en su mínima expresión, y el calor es el frío expresado en su mínima potencia, pero ambos polos son lo mismo: temperatura.

Otro ejemplo con el que podemos comprender que todo tiene dos caras, pero que estamos hablando de la misma moneda, es la oscuridad. La oscuridad es la manifestación de poca luz y la claridad es la luz altamente expresada, pero al fin y al cabo en esencia, luz y oscuridad son la misma cosa: información captada por nuestros fotorreceptores oculares (conos y bastones) que luego es enviada mediante el nervio óptico a nuestro lóbulo occipital para dar la interpretación de claro u oscuro según la presencia de fotones en el entorno. Claro u oscuro son lo mismo expresado en dos opuestos: según la cantidad de partículas de luz en el entorno, tu cerebro interpretará luz u oscuridad.

De esta manera, si empleamos el mismo razonamiento, podríamos decir que el egoísmo y la generosidad son en esencia manifestaciones de una misma consciencia que puede expresarse en dos lateralidades, el egoísmo es la mínima expresión de la generosidad, y la generosidad la menor expresión del egoísmo. Lo curioso de esto es que nuestro ego, que es experto en crear divisiones y tomar partido, hace que analicemos todo de manera dual y que observemos todo a través del filtro de la separación y la individualidad. Vemos el egoísmo y la generosidad como si ambos atributos estuviesen separados y como si fueran excluyentes; nuestra mente nos dice: «o eres generoso o eres egoísta, pero no puedes ser ambos». Nada más lejos de la realidad.

Observemos un caso hipotético: piensa en la madre que está dispuesta a dar su vida para salvar a su hijo, algo que consideramos un acto de total entrega y de absoluta generosidad. Ahora piensa en la misma mujer, ya no ofreciendo su propia vida sino quitándole la vida a otra persona para salvar la de su hijo. Probablemente tu mente piense: «Si está matando a alguien que amenaza la vida de su pequeño, este es un acto justificado», pero imaginemos que no es así, imaginemos que esta mujer mata para obtener alimento para su hijo, ¿cómo suena ahora? ¿Te parece demasiado drástico? Entonces, imagina que en un momento de crisis y hambruna roba a otra familia comida para que su hijo pueda sobrevivir. Sigue sonando justificable, ¿no? Pero y si ese último trozo de pan que esta mujer ha robado para su hijo representara que otros niños se hayan quedado sin alimento y al borde de la muerte, ¿cómo suena ahora? Sigamos ajustando el escenario, ¿y si la mujer no tiene hijos, sino que roba por su propia supervivencia dejando a otros niños sin alimentos?, ¿cómo suena? Y si la mujer tuviera un trozo de comida y alguien le pidiera compartirlo y ella decidiera no hacerlo para garantizar su propia supervivencia, ¿sería egoísta?... Observa cómo un acto de «amor» se transforma en un acto de «egoísmo» según el contexto, pero el contexto ¿de acuerdo con qué? Pues, claro está, con aquello con lo que te has programado durante años para determinar lo que está «socialmente aceptado» y lo que no.

Según la Real Academia egoísmo es: ... *atender desmedidamente al propio interés, sin cuidarse del de los demás.* Entonces, negar a otros algo que tú posees actuando en beneficio propio ¿no es acaso egoísmo? ¿Dónde comienza y termina la línea entre lo que es bueno y lo que es malo? ¿Dónde se dirime el juicio de aquello que es moral y aquello que no lo es?

¿Ves cómo funciona nuestro procesamiento mental? Este es solo un ejemplo, pero nos muestra que la mente puede juzgar un mismo acto de muchas maneras según los «matices». Lo curioso es que existen tantas posibilidades de interpretar una situación, como humanos en el planeta, por esta razón considerar algo como «bueno o malo» es absolutamente subjetivo y dependerá de nuestros juicios morales que al final nunca han sido nuestros, simplemente los heredamos, aprendimos y aceptamos como verdades absolutas. Si todavía es difícil asimilar esto permíteme darte otro ejemplo: es injusto asesinar a un ser humano, pero en nuestra sociedad sí es válido asesinar a un animal para que sirva de alimento, y si tu mente te hace creer que está bien asesinar para alimentarse, ¿qué es lo que hace que sea aceptable asesinar y comerse a la gallina y no al perro que hoy tienes como mascota? La respuesta es simple: el condicionamiento social. Vamos más allá, supongamos que no te alimentes de animales y estés en contra de su muerte para el consumo humano, ¿qué pasa con ese mosquito molesto que con su zumbido no te deja dormir en la noche, o con esa mosca que revolotea mientras tomas tu merienda? ¿Por qué admiras a la mariposa, cuidas su crisálida y te pones feliz cuando se te acerca un insecto tan bello, mientras probablemente tomes la escoba o el veneno para deshacerte de la cucaracha que acabas de descubrir en tu cocina? ¿Cuál es la diferencia entre la mariposa y el mosquito? Si lo piensas bien, ni el mosquito ni la cucaracha ni la araña representan una amenaza real para tu vida, sin embargo, ¿qué haces con ellos?, ¿qué sientes por ellos?

Observa, observa, observa... ¿Acaso nos han condicionado a que nuestra moral dependa de los criterios de la belleza? ¿Acaso lo que tú consideras como belleza es una verdad absoluta? ¿Por qué podemos admirar y disfrutar de la libélula o la luciérnaga y no tenemos la misma capacidad de observar con neutralidad, respeto y amor al gusano o a la mosca? Comprende, mi corazón, vivimos en un mundo de ilusión donde jugamos a ser Dios, pero no desde nuestra grandeza real, jugamos a creernos Dios desde el juicio y la separación, jugamos a sentirnos Dios, pero desde la absoluta inconsciencia.

El universo no se equivoca, ninguna de sus creaciones es buena o mala, ninguna es más relevante que otra, y ninguno de los actos de los seres que conformamos este universo son juzgados por una consciencia divina. Cada una de las acciones que realizamos, y que la mente puede catalogar como buenas o malas, son expresiones necesarias para que cada creatura experimente, expanda y eleve su consciencia. ¿Acaso crees que para la gran matriz el panda importa más que cualquier otro animal por ser esponjoso y tierno? ¿O que el koala por estar en extinción es más valioso que la rata a la que el ser humano considera invasiva y molesta? Preguntémonos realmente, quién ha invadido el territorio del otro, quién agota los recursos, quién cree que el planeta le pertenece, ¿el humano o las «plagas»? Quién osa decir que la Tierra es su espacio y que tiene el poder de decidir sobre ella y de emplear los recursos como le plazca porque considera que todo lo que está en ella es su pertenencia, en lugar de darse cuenta de que es UNO con el planeta, que el planeta es un ser vivo con consciencia y que la Tierra es la «propietaria» de los humanos porque es ella el ser que los contiene, sin ella el humano no existiría. ¿Quiénes son tan insensatamente inconscientes como para no reconocer que la Tierra no es propiedad del humano, que el humano FORMA PARTE del planeta, y que eso es muy distinto?

Para la gran consciencia universal cada una de las creaturas que existen en este (y en otros planetas) tanto en la tercera dimensión como en otros planos más sutiles son lo mismo: son la divinidad. No existen favoritos, ni superiores, ni preferidos, ninguna vida es más bella o más valiosa o más relevante. Despierta corazón, y comprende que muchos de los criterios morales de tu vida solo se fundamentan en aquello que tu mente define como «aprobable, correcto, tolerable, común, normal». Pero ¿de dónde surge ese criterio? Juzgas con ligereza y con premura todos los errores que en algún momento de esta encarnación has cometido (y ni hablar de los que habremos podido cometer en otras vidas y por fortuna no recordamos).

Gran enseñanza nos dejó un poderoso maestro: «Quien esté libre de pecado que tire la primera piedra». ¿Qué te da el derecho de juzgar? Puedo apostar lo que quieras a que, como mínimo, en esta vida has mentido: has dicho que estás bien sin estarlo, has fingido hacer algo con gusto cuando en el fondo no quieres, has dicho cosas que no son ciertas, «aparentemente» tratando de no herir los sentimientos de alguien, cuando en el fondo lo único que buscabas era tu propio bienestar al no sentirte culpable… No existen mentiras piadosas, tampoco importa si la intención era «buena», recuerda: ni bueno ni malo. En resumidas cuentas, has hecho eso que rechazas y juzgas, has mentido; sin embargo, cuando descubres que un político (que no es más que el reflejo de la inconsciencia colectiva de aquellos que lo eligen) miente, tu reacción inmediata es el juicio y la condena para ese político corrupto. Sé que tu mente te hace creer que el bien o el mal dependen del impacto que generas en el entorno, y en parte concuerdo contigo, el impacto es relevante, pero no para juzgar, sino para comprender. Sin embargo, no es eso lo que estamos debatiendo acá, no estamos analizando que hay un «bien más bueno» y un «mal más malo» lo que quiero que desarrollemos juntos es la idea de que bien y mal no están separados. Vamos a seguir profundizando en ello.

Así funciona el ego, bueno o malo son solo el resultado de las decisiones tomadas desde nuestra grandeza o desde nuestro pequeño yo. Todos tenemos las dos características en nuestro interior, solo que según las circunstancias fluctuamos entre ambas polaridades, aunque a fin de cuentas, las dos caras de la moneda siempre han sido la misma cosa, expresándose desde dos frentes distintos.

Momento de reflexión

Del odio al amor hay solo un paso.
Quiero que pienses en esa persona a la que alguna vez amaste profundamente, si estás enamorado en este momento es perfecto, enfócate en esa persona especial. Ahora, recuerda ese comportamiento particular que tiene esa persona a la que amas y que tanto te saca de tus casillas. Recuerda esa actitud, esa frase, esa expresión que hace que puedas pasar en un segundo de sentir un amor profundo a ¡querer ahorcarla! (Jajajaja). Sé que sabes a qué me refiero, siempre está en nosotros la capacidad de fluctuar entre amor, admiración profunda, deseos de besar y abrazar hasta el cansancio a ese ser tan especial, y las ganas de querer lanzarlo por la ventana cuando hace *eso* que tanto nos molesta.

¿Cómo es posible que nuestras emociones puedan ser tan volátiles? Piensa en otros escenarios, después de una fuerte decepción o un dolor profundo, ¿cómo es que podemos terminar sintiendo tanto odio y rencor por alguien a quien alguna vez adoramos y por quien hubiéramos podido dar la vida? La razón es una, el sentimiento es en esencia la misma energía que, a través de un detonante, fluctúa ágilmente entre sus dos polaridades: exceso de algo o carencia de algo, pero al fin y al cabo la misma energía primaria.

Cierra el libro, busca una taza de tu bebida caliente favorita y reflexiona sobre lo que has leído hasta ahora, recuerda: los más grandes aprendizajes en tu vida no son el resultado de lo que lees o escuchas, sino de la emoción que dicha información te produce.

¿A quién o qué sueles juzgar con más frecuencia? ¿Conoces toda la historia o solo tienes una parte de la verdad? ¿Qué tiene que ver ese juicio contigo mismo? ¿Tu ego se siente amenazado por esa circunstancia o persona? ¿Cuál es el beneficio que obtiene tu ego a través del juicio que realizas?

Reflexiona: ¿cómo te sientes ahora?

No cabe duda de que la fuente que nos creó es una gran energía amorosa, bondadosa, hermosa y abundante, en esencia. ¿Cómo puedo estar segura de ello? Observa la creación, observa las montañas, las aves, los árboles, los peces, ¿en qué manifestación de la naturaleza percibes carencia?

Lamentablemente parece que la carencia solo está presente en la construcción egoica de la mente de los hombres. Los científicos nos dicen que el *Big Bang* es la explosión de energía que dio comienzo al universo y que funcionó como punto inicial para la formación de la materia, el espacio y el tiempo. Al comienzo, una explosión de energía propició las condiciones necesarias para que este planeta pudiera generar vida. Esta roca con oxígeno y agua comenzó a generar formas vivas, plantas, animales acuáticos, mamíferos... hasta evolucionar en el hermoso planeta que habitamos hoy. ¿No es eso acaso expandir la consciencia? ¿Poner orden en el caos de una explosión universal de energía y construir la vida tal y como la conocemos no es una expresión tangible de una inteligencia divina? Para la mirada atenta, no hay mayor revelación de la divinidad de la consciencia que dirige este sistema, no existe mayor expresión de que solo una gran consciencia creadora pudo comprender la importancia de generar la dualidad. De manera que una gran explosión de energía se transforma en este ente vivo y abundante al que llamamos Madre Tierra lleno de contrastes y de matices.

La evolución de un ser al que llamamos Gaia (o planeta Tierra) no hubiera sido posible de no ser por las oposiciones, ya que son los antagónicos los que han dado paso a la vida tal y como la conocemos hoy: el agua y la tierra que son opuestos dieron pie a la generación de la «vida» en este planeta, el masculino y femenino se complementan para crear un nuevo ser en la unión óvulo-espermatozoide. El día y la noche hacen posible que mientras unos animales duermen otros se alimenten. Gracias a que hay animales herbívoros y otros que son carnívoros, unos pueden consumir a los otros, equilibrando así su población en el planeta. La luna que hace crecer la marea hace posible que en ciertos momentos la fauna marina florezca. Las aves e insectos aéreos ayudan a los seres terrestres puesto que migran y propagan las semillas de árboles y flores en un ciclo perfecto de repoblación vegetal y animal. Observa pues: positivo y negativo, terrestre y acuático, nocturno y diurno, femenino y masculino, derecha e izquierda, luz y sombra... En definitiva, es la dualidad la que da origen a la evolución. Cada ser que habita este planeta forma parte de una sinfonía abundante, perfecta y armónica que solo pudo haber sido concebida por un artista profundamente abundante y amoroso.

En mi proceso de despertar espiritual, uno de los más grandes hallazgos no fue comprender la naturaleza dual de la experiencia a la que llamamos vida, sino entender que la dualidad es finalmente la unidad misma, expresándose en dos polaridades. La comprensión de este concepto ha sido una de las revelaciones más liberadoras para mí, me ayudó a entender que nada es «bueno O malo», sino «bueno Y malo» y que ambos son la expresión de la misma energía, pero encaminada en propósitos particulares.

Entender esto, me llevó a comprender que la vida se disfruta en consciencia cuando encuentras el justo medio sin vivir en ningún extremo. Cuando aprendes que el paisaje se disfruta mejor al transitar por el camino del medio con la libertad de elegir adentrarte en alguna de las dos sendas, según el momento en el que te encuentres y según corresponda para el mayor desarrollo de tu consciencia.

Todo extremo siempre será radicalismo, pensar en blanco o negro es lo que ha llevado a los hombres a entablar batallas incesantes por la gloria ficticia de tener la razón. Actuar bajo la premisa de que solo una de las dos posiciones es correcta es tan irracional como pensar que día y noche no forman parte de una misma naturaleza. ¿Cómo podría existir el día si no tuviéramos la oportunidad de compararlo con la belleza y majestuosidad de la noche? Viviríamos en una constante de luz perpetua y no podríamos disfrutar de la hermosura de los ciclos diurnos y nocturnos, ni del romanticismo misterioso que trae la noche y la alegría y la chispa que llegan con el sol del día. Decir que renuncias al día porque solo te agrada la noche es elegir un extremo y dejar de aprovechar las maravillas que trae el otro. Elegir un bando es ser excluyente y abstenerte de disfrutar en totalidad de la experiencia universal que estás manifestando a través de tu encarnación en este plano terrenal. Renunciar a la muerte es renunciar a la vida en un cuerpo, pues la una no existe sin la otra.

Las emociones que parecen opuestas en el fondo son la misma energía expresándose en dos magnitudes que te hacen vibrar bajo o alto, pero que al fin y al cabo son necesarias, y rechazar alguna de ellas de manera radical es desconocer una parte inherente de tu existencia. Eres bondad y compasión, pero la misma energía comprensiva y amorosa puede fluctuar en proporción directa a malicia e intolerancia, que serían sus opuestos y que también forman parte de ti. Como ya habrás podido apreciar, no se trata de dos cosas separadas, las dos son la misma energía y tú eliges cuál de ellas deseas manifestar para tu mayor bienestar.

Qué diferente es esto y cuán liberador es comprender que no se trata de sentirte culpable, de rechazar tus sentimientos o comportamientos, ni de tener que vivir dándote golpes de pecho, confesándote y pagando penitencias por sentir alguna vez envidia, rechazo, egoísmo, rabia o gula. Qué diferente se vive la vida cuando comprendes que (como en el ejemplo de la madre) en algunos momentos, un poco de egoísmo es necesario para tu bienestar físico o emocional, que la rabia a veces es necesaria para tomar el valor de enfrentarte a quien te lastima y hacerte respetar, que la gula en ocasiones ayuda a reconfortarte y a darte un premio después de un trabajo duro, que la envidia al ser transformada puede ser el primer paso para desarrollar admiración y convertirse en un motivador para que tú también obtengas o logres eso que ya han alcanzado otros. Qué liberador es saber que, en resumidas cuentas, no es necesario andar batallando con eso que nos han hecho creer que no es digno de las personas «buenas» y que nos diferencia de las personas «malas», porque todos en esencia somos lo mismo, como las gotas de agua dulces o saladas, pero que en esencia son H_2O.

Gracias a esto, hoy puedo disfrutar de una vida más libre, honesta y plena, y por esta razón, al escribirte estas líneas, no puedo evitar sentirme sumamente emocionada. Espero que la integración de este concepto te emocione tanto como a mí la primera vez que mis ojos y mi corazón se dispusieron a observarlo.

Aproximadamente tres mil quinientos años antes de Cristo, en Egipto se exaltaba la sabiduría de un dios representado con cabeza de ave al que se le atribuyó el nombre de Thot. Para los egipcios, Thot era el arquetipo de una deidad que representaba la sabiduría, poseía y dominaba la palabra y era reconocido como el mensajero de los dioses, con la capacidad de transmitir el conocimiento a través de saberes tan relevantes como la geometría, la astronomía, la escritura y la música. Posteriormente, la historia nos muestra que la representación de esta figura se traslada a Grecia y Roma donde se le reconoce como un filósofo erudito o como un dios respectivamente, con amplios conocimientos y dominio de secretos ancestrales (entre ellos la alquimia), al que los griegos y romanos consideraban como el poseedor de la sabiduría divina y custodio de los secretos del equilibrio y el funcionamiento del universo. En Grecia se le conoció como Hermes Trismegisto, (el que es tres veces grande), en Roma como el dios Mercurio. Se dice que este arquetipo era admirado por su conocimiento y que descubrió y plantó las bases de la aritmética, el álgebra, la geometría, la astronomía, el dibujo, el alfabeto, el comercio y la escritura en cada una de estas culturas. Sea cual sea su nombre, las enseñanzas de este maestro traspasaron la región del Nilo y se difundieron por todos los países del medio y lejano Oriente y el Mediterráneo. Su mensaje espiritual influyó en los siete sabios de Grecia, en las doctrinas de Pitágoras, en la filosofía de Platón y de Sócrates, en el judaísmo, en el cristianismo, en el budismo, en el yoga, solo por citar las corrientes más importantes del pensamiento humano. Desde Egipto pasando por China, Grecia y Roma, las enseñanzas de esta representación dieron fruto de manera extraordinaria, filtrando su sabiduría a la religión, la magia, la alquimia, la literatura y las ciencias.

En Grecia, a este arquetipo conocido como Hermes se le atribuye el haber creado los principios herméticos. Estos siete principios rigen el funcionamiento del universo y se convierten en los pilares de la física tradicional, rama de la ciencia que posteriormente dio pie a lo que hoy conocemos como física cuántica. Pero ¿qué tiene que ver esto con lo que estamos abordando en este capítulo? Sencillo, uno de los siete principios herméticos que provienen de esta figura arquetípica sabia y ancestral, cuyos orígenes datan de más de tres mil años antes de la era moderna, es «el principio de la polaridad», y lo que este arquetipo nos plantea y establece dentro de las leyes que rigen el funcionamiento del universo en la ley de la polaridad es que: «Todo es dual; todo tiene dos polos; todo, tiene su par de opuestos; los semejantes y los antagónicos son lo mismo; los opuestos son idénticos en naturaleza, pero diferentes en grado; los extremos se tocan; todas las verdades son semiverdades; todas las paradojas pueden reconciliarse».* Entonces, si todo tiene opuesto y si todo tiene dos caras, eso significa que, en tu interior, en el mío y en el de todos los seres humanos, existen dos polaridades y, como ya lo he explicado ampliamente, corazón, por más que a tu ego le moleste reconocerlo, en ti coexisten luz y sombra.

La sombra es un concepto que los psicoanalistas nos explicaron con mucha claridad. Sigmund Freud nos llevó a adentrarnos en las profundidades del inconsciente y, posteriormente, su discípulo Carl Gustav Jung profundizó en su teoría, introduciendo el concepto arquetípico de la sombra. Lo que Jung plantea como «sombra» es ese atributo instintivo que no reconocemos o que nos esforzamos por reprimir. Jung nos dice que todos los seres humanos tenemos una parte de nuestra personalidad que nos habita de manera oculta, un aspecto que rechazamos y que, por tanto, reside en la parte más profunda de nuestra inconsciencia. Este aspecto es el resultado de todos los conceptos que socialmente hemos aprendido a rechazar de nosotros mismos, debido a que no son «adecuados, buenos, aceptables, justos o nobles». Sin embargo, que los reprimamos no implica que no estén presentes, que los intentes ocultar no implica que desaparezcan.

Un gran error de la mente humana es creer que aquello que reprimes desaparecerá, cuando en realidad, mientras más luchas contra algo, más poder le otorgas. Eso que Jung llamó «sombra» es un pequeño monstruo encarcelado en el sótano de tu inconsciente, que jamás morirá ni desaparecerá, simplemente porque no te has permitido escucharlo y no has recibido el regalo que ha venido a brindarte. Ese monstruo *solo se irá cuando aceptes su regalo;* ese ser que no te agrada en realidad es un gran amigo y trae consigo una gran lección para tu vida, y está empeñado (como todo en el universo) en cumplir con el papel que le ha sido otorgado. Mientras más lo mantengas encerrado,

* *El Kybalión – Los tres iniciados,* capítulo 2, «El principio de polaridad».

más seguirá creciendo. No se marcha, por las leyes universales no puede marcharse hasta que no haya cumplido con su objetivo, y su objetivo es acompañarte a elevar tu consciencia. De esta manera, lo que pudo haber sido una lección amorosa y manejable terminará convirtiéndose en una lección dolorosa y abrumadora. Cuando ese aspecto de ti termine por crecer tanto que ninguna barrera logre contenerlo, cuando escape de la prisión en la que tú lo has recluido, su poder será tan avasallador que terminará por destrozarte. No puedes escapar del aprendizaje, recuerda que para aprender has nacido, por tanto, piensa qué ocurriría si en lugar de reprimir la rabia, el miedo, el rencor, la envidia..., te permitieras abrazarlas y preguntarles: ¿qué me vienes a mostrar?

Imagina que en lugar de mandar esa emoción al sótano y ocultarla bajo llave, la invitaras a tomar una taza de café. Probablemente no te guste lo que te venga a mostrar, probablemente la confrontación sea incómoda, tal vez te sientas afectado por un par de días, pero solo al escuchar, ver y reconocer lo que esa parte tuya viene a enseñarte, ella sentirá que ha cumplido con su misión y podrá marcharse para no regresar. Entiende, mi corazón, solo podrás trascender y transformar aquello que decides reconocer, por el contrario, jamás podrás transformar aquello que te empeñas en ocultar. Un claro ejemplo de esto es todo el daño ocasionado en la humanidad a causa de lo que se pretende reprimir. Cuánto dolor han generado las instituciones más coercitivas y castradoras, basta con que pensemos en la cantidad de abusos y crímenes cometidos por aquellos que pertenecen a instituciones que reprimen algo tan hermoso y tan natural como es la sexualidad. Cuánto dolor se ha causado en hombres y mujeres que siguen los «convencionalismos sociales» formando hogares heterosexuales cuando en verdad presentan otra orientación sexual que callan y de la que se avergüenzan. Cuán alta es la tasa de suicidios y de depresiones en aquellas sociedades que reprimen la libertad de expresión y que castigan a quienes no persiguen los mismos estándares de éxito social. Cuántos cánceres, padecimientos degenerativos y afecciones físicas progresivas nos proporcionamos a nosotros mismos solo porque la energía reprimida de esas sombras, que en realidad no eran más que maestros, no fue atendida, observada o expresada en su debido momento. Finalmente, el monstruo siempre termina liberándose en forma de enfermedad causando estragos para mostrarnos una lección que, si lo hubiéramos elegido, hubiera podido ser enormemente más amorosa, transitoria y aportante.

Cuando dejas de batallar con la idea de que solo cosas nobles pueden provenir de ti, comienzas en realidad a aceptar tu humanidad, y entonces entenderás que la rabia, el egoísmo, los celos, la envidia... son grandes maestros que se hacen presentes para que, al observarlos, puedas reconocer que solo provienen de tu pequeño yo y de la necesidad que ese ego tiene de sentirse amenazado y separado de todo. Cuando dejas de rechazar algo, te permites apreciar qué es lo que eso viene a enseñarte. Cuando rechazas y reprimes, por ejemplo, un aspecto sombrío de ti, te pierdes la oportunidad de emplear ese aspecto para desidentificarte de aquello que no eres y recordar que siempre puedes elegir la vía del amor.

Esta es la belleza oculta detrás de la dualidad, esta es la herramienta que nos brinda el universo para poder experimentar y experimentarnos. Obsérvalo desde esta perspectiva: para poder apreciar la belleza de la luz, tuviste que haber vivido la profundidad de la oscuridad; para poder saber que es la comodidad de la calidez tuviste que haber experimentado la inclemencia del frío; para poder gozar del placer del sabor dulce, tuviste en algún momento que haber probado un trago amargo. Gracias a que hay dos caras de la moneda podemos ser experimentados y experimentar. ¡Esto es absolutamente maravilloso! Gracias a que, en ti, en mí y en todos también existe la semilla del egoísmo, podemos apreciar y valorar la belleza del compartir y el dar desinteresadamente. Gracias a que, en nosotros, también existe la arrogancia, podemos reconocer, apreciar y valorar la humildad. Gracias a que todos tenemos dentro la semilla de la mentira, podemos elegir y decidir vivir en la verdad. Tu sombra es la herramienta que te impulsa y te conduce a reconocer la luz. Acéptalo, esa incomodidad de la tiniebla interior es la que te incita a buscar la luz de la verdad; eso que «no te gustaba» o que querías transformar es lo que te ha conducido a leer este libro, o a buscar más información, o a trabajar en ti o a realizar ese seminario, iniciar esa terapia o generar ese cambio. Bendita oscuridad que nos motivas e impulsas a recordar que somos luz.

Mediante el despertar de la consciencia tu sombra puede conducirte a reconocer y potenciar tu luz. En lugar de pasarte la vida reprimiéndola y rechazándola, hoy puedes optar por reconocerla y apreciarla, no para potenciarla, sino para emplearla como una herramienta que te permita comparar y elegir desde qué polaridad obtienes mayor plenitud y, así, a través del libre albedrío, decidir andar por el justo medio, comprendiendo cuándo fluctuar entre tus dos polos, buscando siempre el mayor bienestar para ti y para los demás. El reconocer que en ti reside el poder de elegir conscientemente en qué polaridad deseas vibrar y que no tienes que rechazar ninguna de las dos es algo TOTALMENTE LIBERADOR.

Comprenderás ahora que la bondad y la maldad son en esencia la misma energía en expresión desde dos polaridades opuestas pero complementarias. El título de este capítulo habla de dos personajes icónicos que marcaron la historia: Teresa de Calcuta y Adolfo Hitler, ahora quiero que reflexiones y que establezcas cuál de ellos realizó sus actos desde el amor. Si respondes que Teresa de Calcuta, te diré que indiscutiblemente sí, pero si respondes que Hitler, te diré que también. En conclusión, los dos realizaron sus actos en nombre del amor, solo que cada uno lo hizo desde dos polaridades totalmente diferentes.

Uno de estos personajes se enfocó en cuidar y acompañar a los enfermos y desvalidos con obras de generosa entrega defendiendo a toda costa sus ideales, y el otro, dedicó su vida en nombre del amor a su raza, su nación y el amor a sí mismo, y se enfocó en protegerse de aquello que interpretó como una amenaza (los judíos) y por supuesto, también defendió a toda costa sus ideales. Cuidado con este ejemplo y, por favor, no malinterpretes mis palabras, no te pido que evalúes o categorices las acciones como buenas o nefastas según el impacto que estos dos seres generaron en la humanidad, lo que estamos analizando es la motivación y la energía primaria que funcionó como motor para que ambos cumplieran su cometido.

Probablemente es aquí donde podemos observar de manera consciente que uno actuaba mayormente desde el amor: la Madre Teresa daba todo sin medida; y el otro mayormente desde el miedo: Hitler temía que su raza perdiera el poder y atacó. Entonces ¿no es acaso el miedo la mínima expresión del amor; y el amor la mínima expresión del miedo? Y, en resumidas cuentas, si la energía es la misma en dos polaridades, ¿no podemos decir que en los actos malvados del uno había un poco de amor por su patria o su raza, y atrevernos a asumir que en los actos del otro había tal vez un poco de temor a Dios o miedo de no ser lo suficientemente útil para la obra de su creador o de que el mundo se llenara de más dolor? A final de cuentas, en ambos la misma materia prima: energía en movimiento.

Sé que estoy tocando fibras sensibles, y es justo en estos momentos cuando el ego comienza a resistirse, por favor, toma mis palabras con cautela. No entraremos aquí a calificar moralmente los actos de uno u otro, sin duda, cualquier acto (aunque sea en nombre del amor) que atente contra la integridad, libertad y bienestar de otro ser humano irá en contra de la expansión de la consciencia de unidad que es finalmente el propósito de esta experiencia de vida, y sin duda alguna, el holocausto ha sido una de las manifestaciones más crueles «del amor en la mínima expresión» y una de las más memorables personificaciones del miedo. Sin embargo, esos actos crueles tenían una raíz básica de amor por un ideal, desafortunadamente promovidos desde el extremo de la separación, mientras que los actos de Teresa se posaban en el extremo de la inclusión y la igualdad. No obstante, no podemos olvidar que, a pesar de encontrarse en dos polos opuestos, Teresa y Hitler eran energía y consciencia divina expresándose, mediante el libre albedrío, desde dos ángulos completamente distintos, pero siempre, parte de la misma esencia.

Los actos de Teresa promovieron el amor e inspiraron la compasión, pero tampoco podemos desconocer que los actos realizados desde la polaridad de la división, la separación y el miedo que fueron efectuados por Hitler fueron la explosión desmedida de una sombra con un gran poder de destrucción, y que, tal y como lo planteé previamente, bendita sombra que nos incitas a buscar la luz. Al final, el monstruo traía consigo una lección: la segunda guerra mundial llevó a varias naciones a unirse en pro del amor (Naciones Unidas), marcó un hito en la defensa de los derechos civiles, propició el estado de «descolonización» de grandes potencias, impulsó el uso de las comunicaciones, generó consciencia mundial de igualdad (lo que movilizó al planeta hacia una nueva escala vibracional), preparó a la humanidad desarrollando la idea colectiva de que un acto tan atroz debía ser evitado, y —gústenos o no— propició el despertar de la consciencia de unidad a nivel mundial. Aun así, parece que no fue suficiente, porque pequeñas muestras de segmentación han seguido generándose en la historia, solo que a menor escala. Muchas veces basta con que pasemos la página del diario o hagamos «la vista gorda» para pretender olvidarnos de los genocidios, las guerras santas, los conflictos territoriales y otras manifestaciones de separación que han seguido presentándose siglo tras siglo. La humanidad vuelve a encerrar a la sombra en el sótano, solo porque no queremos aprender la lección amorosamente. No obstante, si así ha de ser, llegará el momento en el que esas sombras volverán a protagonizar nuestra historia como monstruos despiadados para que los humanos no olviden que su único propósito al estar encarnados es recordar que siempre han sido y serán luz.

En cada suceso se da la polaridad, cada crisis conlleva una oportunidad, en cada circunstancia radican las dos caras, porque los extremos se tocan y «los opuestos son idénticos en naturaleza». El holocausto ha sido uno de los hitos más nefastos y, a su vez, uno de los hechos que más han contribuido a que la humanidad despierte la compasión y desarrolle también una profunda consciencia de amor e igualdad más allá de razas o credos. Lo que quiero que veamos juntos es que el miedo no está separado del amor, el miedo es la energía en ausencia de amor o, en otras palabras, el amor mismo en su polaridad opuesta. Dicho de otro modo, el miedo es amor en su menor escala, y a su vez, el amor es en esencia ausencia de miedo o el miedo en la mínima expresión. Miedo y amor no son competencia, no están separados, no son dos cosas, son la misma energía en dos polos, y eso, corazón, es la consciencia de unidad.

La percepción que tienes de la vida cambiará en la medida en la que te permitas observar que todo lo que existe es en esencia la misma cosa, que no estás desconectado de nada y que todos nos estamos experimentando en un universo dual. La maravilla de esto radica en que la consciencia creadora, la Fuente, ha decidido concebir este plano, este mundo al que llamo «el plano de las formas» como un lugar en el que es posible la comparación, y gracias a esta, tu consciencia y la mía, haciendo uso del libre albedrío, pueden elegir en cuál de las dos polaridades estar. Podemos decidir vivir en el miedo o el amor, cualquiera de los dos caminos es válido y será importante para aprender y crecer de acuerdo con nuestro proceso y nivel evolutivo, y nadie nos puede quitar ese derecho cuando elegimos hacer uso de él, así de respetuosa es la creación, por eso no juzga ni condena.

Dios no es otra cosa que la inteligencia divina que ha creado millones de formas y lo ha hecho para expresarse a sí misma través de ellas. Por eso no suelo decir que Dios habita en tu corazón, Dios no habita en ti porque tú eres ÉL. En realidad, Dios ES todo lo que existe. Somos Dios tú y yo y los casi ocho mil millones de habitantes del planeta, pero también las rocas, las plantas y las nubes que te rodean son Dios, por supuesto, con diferentes niveles de consciencia. Los seres humanos somos también una pequeña expresión consciente de la Fuente, y por ello poseemos el mismo poder de manifestar y transformar la energía y la materia. En nosotros reside en menor escala la misma capacidad de crear que tiene la energía que nos creó, y la inteligencia universal que nos ha permitido esta experiencia nos ha concedido la misma capacidad de decisión, libertad y autonomía que ella posee. Eso que llamamos libre albedrío no es más que la potestad implícita de una deidad para quien no existen límites, más allá de los que desee imponerse a sí misma.

He enfocado todo este capítulo en llevarte a replantear que el juicio solo te resta poder porque engrandece al ego y te rebaja y ata en escala vibracional a aquello que estás juzgando. También me he centrado en la importancia de apreciar tu completitud, tanto en aquello de lo que te sientes complacido como en aquello que no resulta de tu agrado, para que, en lugar de rechazarlo, lo aceptes, le restes poder y realmente puedas aprovecharlo al máximo. También he procurado llevarte a entender que eres dual (luz y sombra) y que mientras mayor sea tu capacidad de mantenerte en el centro, eligiendo con sabiduría cuándo actuar desde la sombra y cuándo desde la luz, más pleno y consciente serás.

Finalmente, como el objetivo de este libro es acompañarte a dejar de sufrir y sembrar en ti la semilla de la sabiduría de reconocer que en tu interior yace el potencial de manifestar todo lo que deseas, quiero terminar este apartado recordándote que no hay una vía mejor que otra. Tanto la vía del miedo como la vía del amor conducirán a tu mayor expansión de consciencia. No puedes evitar crecer, eso es una ley universal, lo que puedes hacer es elegir qué vía de crecimiento implementar.

Recuerda, el dolor te ha hecho más grande, pero no es la única vía, siempre puedes elegir la vía del amor. Al fin y al cabo, Hitler y la Madre Teresa jugaron para el mismo bando: la expansión de la consciencia, y en tu historia, tanto el dolor como el amor también han jugado para el mismo bando: tu crecimiento personal.

Ahora, ¿qué decides elegir para el resto de tus experiencias durante esta encarnación: la vía del amor o la vía del victimismo y el dolor?

Gozas, como todos los seres humanos, de la capacidad de elegir vivir desde el miedo o desde el amor, ¿cuál de esas dos polaridades es la que predomina en tu vida?

Integrando el aprendizaje

Piensa en una decisión que no hayas podido tomar o que te haya costado mucho concretar. Luego, en la primera columna de la siguiente tabla, escribe con sinceridad los pensamientos asociados que están influenciando la toma de tu decisión y que te hacen dudar. Después señala si son pensamientos que están en la polaridad del miedo o del amor.

Ejemplo:
Deseo terminar mi relación de pareja porque ya no me siento feliz, pero no logro tomar la decisión. Los pensamientos asociados a mi decisión y/o que me hacen dudar sobre ella son:

- No encontraré a nadie más (miedo).
- Si termino esta relación, podré dedicar más tiempo a conocerme a mí mismo (amor).
- Tal vez me equivoque y pierda a una gran persona (miedo).
- Me va a doler mucho cuando me sienta solo (miedo).
- He invertido tanto tiempo en esto, terminar sería un fracaso (miedo).
- No me siento bien y merezco estar tranquilo (amor).
- No estoy dispuesto a que me sigan mintiendo y traicionando (amor).
- Lastimaré a la otra persona si termino la relación y eso me hará sentir culpable (miedo).
- Me preocupa la opinión y juicios de los demás, no quiero que piensen que es otro fracaso (miedo).
- No voy a perder todo el tiempo que he invertido, he luchado mucho por esto, voy a insistir en salvar esta relación cueste lo que me cueste (miedo).
- Si persevero, lograré que el otro cambie y que vea todo lo que yo he hecho por la relación (miedo).

- Yo valgo, y donde no puedo ser auténtico, no vale la pena quedarme (amor).

Ahora, teniendo en mente el ejemplo anterior, realiza tu ejercicio sobre una decisión que esté rondando por tu mente y que hayas pospuesto. Escribe todos los pensamientos asociados, luego, cuéntalos y descubre si frente a esta situación estás vibrando en miedo o en amor.

La decisión que me cuesta tomar es:		
Los pensamientos o dudas que están afectando mi decisión son:	Miedo	Amor

Puedes hacer este ejercicio con cualquier aspecto de tu vida, te ayudará a clarificar en cuál de las dos polaridades vibras. Otra forma en la que puedes obtener una perspectiva más objetiva de la polaridad que más está influenciando tu vida es analizar si ante un evento significativo como una situación laboral, una inversión económica, una discusión con alguien que amas, o simplemente ante un planteamiento futuro, tu enfoque principal es de riesgo o amenaza (qué puedes perder, qué puede salir mal, quién quiere hacerte daño, etcétera) o de certeza y confianza (qué puedes ganar, esto es una gran oportunidad, si las cosas no resultan como esperas también aprenderás, si otros han podido, tú también podrás, etcétera).

Una vez realizado el ejercicio quiero que recuerdes que no hay ninguna vía adecuada o incorrecta, lo que es claro es que este universo se mueve por principios de causa y efecto, y, por tanto, si has sembrado la semilla del miedo, cualquier decisión que hayas tomado con dicha base traerá como consecuencia la esencia desde la cual se originó: MIEDO. Es ingenuo pretender que si siembras una semilla de naranjo la cosecha sea un manzano, ¿no crees? Si sembraste desde el miedo, miedo cosecharás. Si tus decisiones se tomaron desde el victimismo, la carencia y el desempoderamiento, más de lo mismo recibirás en consecuencia. En cualquier caso, terminarás aprendiendo y creciendo, eso es algo inevitable, pero el fruto que recibas puede ser totalmente diferente al que anhelas. Por eso, muchas veces en la vida creces, pero creces a costa de vivir todo lo contrario a lo que deseas. Así que he aquí la importancia de elegir que tus decisiones y actos surjan desde aquello que contribuya a la expansión del amor.

¿Comprendes?

Capítulo 5

Sé como el agua

La suprema bondad es como el agua.
El agua todo lo favorece y a nada combate.
Lao-Tse

Tu esencia es como el agua, si la pones en un recipiente, ella tomará su forma, si la dejas fluir, seguirá su curso. El agua puede ser etérea como el vapor y sólida como el hielo, es tan sutil que en ella puedes flotar y descansar, pero tan poderosa, que su fuerza puede derribar obstáculos y abrir caminos. Tu esencia verdadera es como agua, en su estado original es pura, pero tan moldeable que, aunque en su base permanezca clara, amorosamente será susceptible de enturbiarse si haciendo uso del libre albedrío tú decides llenarla de escombros y lodo. El agua, pese a ser pura, no rechazará tu elección, simplemente se contaminará de aquello con lo que decidas impregnarla, y sin chistar se adaptará a lo que resulte ser tu voluntad.

El agua, como tu alma, puede ser una sola fracción o al unirse con otras puede conformar un océano. Tu esencia se expresa en individualidad y al mismo tiempo forma parte de la totalidad. Para que haya lluvia, deben caer miles de gotas, y aparentemente cada una de ellas al precipitarse sobre la tierra posee un comportamiento individual, aunque en el fondo estará compuesta de la misma esencia que las demás gotas y formará parte de un todo al que reconocemos como lluvia. Una gota al caer podrá alimentar el cardo, la maleza y las espinas, otra podrá alimentar las rosas y las margaritas, algunas harán crecer la hiedra y otras nutrirán las flores de los jardines, pero jamás dejarán de ser en esencia la misma cosa, tal y como ocurre con tu alma y la de millones de almas que comparten contigo la presencia en el planeta Tierra. Y no te confundas, aquellas gotas que nutren los preciosos jardines no hacen un trabajo más digno que aquellas que alimentan los pantanos. Recuerda, corazón, que las flores bellas no te parecerían tan hermosas si no existieran malas hierbas con las cuales pudieras compararlas.

Tu esencia, como el agua, forma parte de todo, habita en tu cuerpo, en los animales, en las plantas. Está presente, aunque no la veas, silenciosa y poderosa en todos los seres que se expresan como formas de vida en el universo. Has de recordar que en la tercera dimensión, en el plano de las formas en el que nos encontramos, no hay vida sin agua, que ella es la esencia misma de todas las cosas que se expresan mediante una consciencia a través de un cuerpo vegetal, animal o humano. Así como en el agua, yace en ti el poder de ser sublime, etéreo, adaptable, dócil o fuerte e intempestivo.

Tu esencia divina es como el agua que da vida a todo lo que toca *sin excepción*, y asimismo, la divinidad en ti posee la propiedad de dar vida a todo lo que decides impregnar con tu poder personal. Consciente de ello o no, le otorgas tu poder a todo aquello a lo que le prestas tu atención. Por tanto, recuerda corazón que cielo o infierno, empoderamiento o victimismo, calma o caos, salud o enfermedad, bienestar o malestar, lo que sea que estás experimentando, de acuerdo con las normas universales de la «causa y efecto» y el «libre albedrío», siempre será tu propia creación.

Ser como el agua implica dejar que la vida fluya y que todo tome el rumbo que deba tomar, adaptándote armónicamente con el ritmo de los acontecimientos sin desconocer tu incidencia en ellos. Si observas un río, verás que su caudal fluye serenamente en algunas partes, mientras que en otras parecerá inclemente y agitado. En algunos lugares podrás apreciarlo profundo y oscuro, y en otros claro y somero. El río es río porque a través de él circula el agua, no podría ser un río si su caudal se estancase. Tanto río como agua son absolutamente neutros y cumplen con su papel, se dirigen hacia su destino porque para ello han sido creados y ese es su propósito. Cuando por no aceptar el curso del río el hombre interviene en su cauce, cuando crea barreras y obstáculos, o simplemente cuando se presentan obstrucciones naturales, el agua buscará otra alternativa para continuar con su recorrido. Será más difícil, podrá incluso llegar a desbordarse, causará estragos a su alrededor, pero observa, corazón, que su intención primaria jamás fue causar daño, que en esencia el agua no era mala ni quería afectar a las aldeas aledañas; está destinada a comportarse como río y como tal pese a los obstáculos de su camino, hará lo que deba hacer para cumplir con su propósito.

De la misma manera, en tu camino encontrarás obstáculos y muchos de ellos los habrás creado tú mismo, pero no olvides que en una o en muchas vidas, tu alma seguirá conduciéndote al destino que tú mismo has pactado para la mayor expansión de tu consciencia. En la analogía del río quiero mostrarte que sin importar que se trate del Amazonas o el Nilo, los obstáculos son inevitables y forman parte del camino mismo, entonces ¿cuál es el sentido de luchar y de tratar de controlar lo que es inevitable? ¿Cuáles serían tus resultados hoy si en lugar de haber invertido tanta energía intentando controlar, cambiar o rechazar aquello que «obstruía tu paso» hubieras tomado la misma energía para enfocarla en retomar de la manera más amorosa tu sendero y continuar con tu camino?

Una de las cosas que más nos resta poder de manifestación es que nos desgastamos en la inconformidad y la frustración ante situaciones que son inevitables, que están fuera de nuestro alcance y que ya ocurrieron. ¿Acaso no es absurdo el planteamiento humano? Si está lloviendo y no quieres salir a causa de la lluvia, por mucho que te lamentes y que patalees no conseguirás que deje de llover, ya está lloviendo, ¿qué piensas hacer con eso? Cuánta energía inviertes en quejarte, molestarte, hablar con tu pareja y manifestarle lo mucho que te incomoda que llueva, ponerte de mal genio, contestarles mal a tus hijos porque a causa de la lluvia ya te encuentras irritable... Si pudieras cuantificar el nivel energético invertido en batallar con lo que es inevitable, encontrarías que sin duda el consumo es muy alto, y si comparamos esto versus el esfuerzo de aceptar lo que está ocurriendo y tomar un abrigo o un paraguas, observaríamos que menos esfuerzo podría producir resultados más positivos. Lo curioso de todo esto es que el nivel de inconsciencia humana es tal alto que luego nos preguntamos por qué nos sentimos sin energía y tan agotados.

Hoy quiero invitarte, mi corazón, a que te preguntes por qué batallar contra lo que te desagrada, si finalmente el camino siempre tendrá altibajos. Observa que si fueses como el río resistirte a las condiciones del camino no las modificaría, observa que eres tú quien debe adaptarse a lo que se presente y observa además que mientras más te resistes a lo que se presenta más estragos generas a tu alrededor, más perturbas tu caudal y más retardas tu proceso evolutivo.

Sigamos jugando a que eres un río. Imagina que este no solo tiene un destino y debe desembocar en el mar, sino que también tiene como misión transportar lanchas y barcas. En cualquier momento, algunas de esas embarcaciones llegarán a su destino y los tripulantes desembarcarán y abandonarán el recorrido, justo ahí terminará su relación con el río, pero no por esto el río dejará de fluir. El flujo no se detendrá porque algunas personas hayan dejado de estar en contacto con él, el río seguirá siendo lo que es, continuará su camino y se abrirá paso hasta el océano. En su viaje, tal vez nuevos protagonistas, nuevas embarcaciones se unan a él y compartan parte del camino, sin embargo, sin importar quién se sume o no, él seguirá avanzando porque simplemente es lo que es, conoce su destino y no se condiciona, fluye.

Tú eres como el río, estás aquí para fluir, para, a través del despertar de la consciencia, desembocar en el océano infinito de amor del que provienes. En tu viaje hasta el mar, atravesarás pasos difíciles y encontrarás obstáculos y en otras ocasiones fluirás tranquilo. Habrá cascadas, caídas vertiginosas, y en otros momentos transitarás entre valles llenos de flores. Da igual, tú podrás seguir avanzando si recuerdas que el fin es mucho más grande que el proceso mismo. Sin embargo, se nos olvida que hay un mar de posibilidades esperando por nosotros y nos apegamos a esa barquita que emprendió viaje en algún momento, no queremos desprendernos de sus tripulantes y deseamos que sean esas personas las que nos acompañen hasta el fin de nuestro periplo. ¿Eres consciente de lo egoístas que somos al no querer que alguien se aparte de nosotros? Para el tripulante de esa barca que en algún momento emprendió camino por nuestro río, hay miles de experiencias, terrenos nuevos por conocer, otros ríos que navegar y muchos valles que visitar. Sin embargo, nosotros no queremos desprendernos, queremos que ese barco y sus tripulantes permanezcan en nuestro sendero, nuestro ego se hace presente y se ofende ante la simple idea de que alguien ya no quiera permanecer a nuestro lado. Ese dolor proviene del sentimiento latente de insuficiencia que nos amenaza, haciéndonos creer que nos dejarán por alguien mejor, o que hay algo malo en nosotros o que fuimos utilizados. El ego se pregunta ¿cómo es posible que vayan a dejarnos, después de que dimos tanto y servimos a esa persona durante tantos años? ¡Ay, el ego!, el ego, el ego... que no entiende que esta experiencia consiste en aprender y disfrutar, que no comprende que nada nos pertenece y que tampoco pertenecemos a nadie, que somos agua y que cuando intentamos agarrarla en nuestras manos, simplemente se escapa porque su naturaleza es fluir. El agua es agua, cumple con su propósito, nutre a quien quiera beber de ella, transporta a quien la requiera para avanzar y no se apega ni evita que parta alguien que simplemente ya ha llegado a su destino. Sin embargo, nos olvidamos de todo ello, nos desconectamos de nuestra esencia y nos complicamos la existencia amargándonos con nuestros ap-*egos*.

En mi vida he aprendido a dejar partir. Ahora puedo decirte con tranquilidad que ya no me interesa poseer a nadie, y no permito que nadie quiera hacerme de su propiedad. Como terapeuta, acompaño a mis pacientes a analizar sus situaciones desde otra perspectiva, pero jamás busco influir en sus decisiones. Tengo claro que no soy nadie para decirle a alguien qué hacer con su vida, y procuro ser respetuosa con las de mis amigos y seres queridos. Me esfuerzo por no dar mi opinión a menos que me sea solicitada y lo hago porque respeto lo que cada quien desee hacer con su vida desde su proceso evolutivo y su nivel de consciencia, pero en especial, porque tampoco permito que nadie venga a decirme qué hacer con la mía. Ya no me invade el miedo paralizante a que alguien que hoy está presente en mi vida se marche y, ¡oh, por Dios! Puedo decirte que esa es la libertad más maravillosa que he podido experimentar. No temo a la muerte de mis seres queridos, ni tampoco temo tener una pareja y que esta se marche, menos aún que me deje de hablar un amigo. Y no se trata de que no necesite a nadie, claro que no, por supuesto que, en el evento de una partida, experimentaré tristeza y nostalgia, por supuesto que si se trata de alguien especial preferiría, y léelo bien «preferiría», que esa persona estuviera. Me intereso por hacer aquello que esté a mi alcance para que mi contribución a nuestra relación haga que su permanencia sea grata, siempre desde el amor y la libertad y jamás renunciando a una parte esencial de mí misma para tratar de conservar a alguien, pero ya no «necesito» que alguien esté a mi lado para garantizar mi bienestar. Y si, pese a haber hecho lo que me correspondía desde el amor, la partida es inminente, seguramente experimentaré la melancolía y la tristeza, pero jamás sufrimiento. Dolor por supuesto, pero angustia, te aseguro que ya no. Sin embargo, esto no siempre fue así.

Al comienzo de este libro, te compartía que padecí de mucha inseguridad y eso me llevó a someterme a situaciones dolorosas y relaciones tormentosas a cambio de recibir unas migajitas de cariño. Fue necesario dejar partir a varias parejas sentimentales como entrenamiento para aprender el verdadero amor, aquel que surge desde el desapego y luego, con este aprendizaje interiorizado, ser capaz de dejar partir con profundo cariño, gratitud y amor a quien fue mi compañero de vida por trece años. Pero ahora no quiero hablarte de mis parejas, porque quiero mostrarte que el principio de seguir el ritmo de la vida y ser como el agua aplica para cualquier aspecto de nuestra realidad y para cualquier tipo de relación. Cuando somos como el agua, nos vemos en la necesidad de dejar fluir muchas otras cosas: trabajos, lugares, experiencias... Todo fluye, nada permanece estático.

Observa tu ciudad, ¿es acaso la misma de hace cinco o diez años? Recuerda tus últimas vacaciones, ¿acaso no tuviste que dejar partir ese grato momento de descanso y ese lugar hermoso en el que te encontrabas disfrutando? Tu juventud, tu salud, el lugar donde creciste, todo es transitorio, pero el ego no quiere soltar, quiere aferrarse aguerridamente a eso que le resulta familiar y conocido. Teme, tiembla y se estremece ante la posibilidad de algo nuevo porque está lleno de expectativas, y le produce una enorme frustración considerar que esos deseos y apegos no sean cubiertos.

Esperar que las cosas resulten a tu manera, es privarte de la dicha que trae consigo la incertidumbre. En algún momento de mi vida, antes de un viaje, me preocupaba mucho por los hoteles en los que me iba a hospedar. Para mí es muy importante la comodidad, más que los lujos, para mi descanso es fundamental la limpieza y que resulten acogedores. Por esta razón, antes de elegir un hotel, e incluso, después de haber confirmado mi reserva, pasaba horas y horas mirando fotos del sitio, analizando las críticas y comentarios de otros huéspedes en las páginas de reservas en línea e imaginándome cómo sería mi estadía. Sin saberlo, lo que hacía era llenar mi mente de expectativas, estaba tan familiarizada con el hotel antes del viaje que cuando llegaba, a pesar de que nunca había estado allí, ya nada me sorprendía. Una vez, en Tailandia, me descubrí a mí misma dirigiéndome de manera automática hacia la habitación que habíamos reservado, incluso más ágilmente que el chico que llevaba nuestras maletas, porque ya había hecho un recorrido virtual del hotel previamente. Sin embargo, cuando en estos viajes, las fotos no se correspondían con la realidad (en más del cincuenta por ciento de los casos) y cuando mis deseos y mis expectativas no eran totalmente cubiertos, mi permanencia en esos sitios se convertía en todo, menos placentera. Daba igual si el lugar era agradable y bonito, simplemente no era lo que yo me imaginaba, no era lo que yo esperaba, no era lo que yo quería y, por tanto, mi ego no estaba satisfecho. Podía llegar a arruinarme unas vacaciones hermosas simplemente porque tenía una idea de cómo debían ser, y la realidad no correspondía con el esquema mental planteado por mi ego. Hasta ese punto llegaba mi nivel de inconsciencia.

Nos amargamos la vida por apegarnos a todo, no solo a lo conocido y a lo que ya forma parte de ella, nos apegamos también a lo que ni siquiera se ha manifestado. Estás apegado a la idea de que el matrimonio tiene que ser para siempre y por ese apego sufres al contemplar la posibilidad de una ruptura; estás apegado al concepto de que el éxito es para quienes alcanzan ciertos logros profesionales y, sin saberlo, estás dictando una sentencia de frustración ante la posibilidad de que tú no puedas obtenerlos; estás apegado al concepto ideal de vida que sueñas para tus hijos, sin abrirte a la posibilidad de que tal vez no decidan estudiar una carrera profesional, que su orientación sexual no sea la que prefieres, o que simplemente, en su edad adulta se alejen totalmente de ti y no retribuyan con dedicación todos los cuidados y esfuerzos que tú realizaste por ellos. Estás apegado a cualquier cosa que tu mente te haya planteado como la vida de tus sueños y, probablemente sin darte cuenta, ese apego ya se ha convertido en un requisito para tu felicidad.

Te contaré una historia que ejemplifica la libertad que se obtiene cuando ya no temes dejar partir a nada ni nadie, y cuando tomas consciencia de que nada te pertenece y tú no le perteneces a nadie. Una de las relaciones que más me ha costado soltar es la que tenía con mi mejor amiga, a quien conocía desde los ocho años. Permanecimos inseparables durante casi toda la vida, ella estuvo en mi niñez, mi adolescencia y mi adultez. Nuestra amistad perduró desde el colegio hasta nuestro paso por la universidad, también con ella compartí mi graduación y las penurias y logros de mis primeros trabajos. Estuvo presente en mi matrimonio, fue mi mayor confidente y, más que amiga, para mí ella era una hermana. Siempre estábamos allí, la una para la otra, aunque cada vez nos veíamos con menos frecuencia debido a nuestras ocupaciones. Todo iba bien entre nosotras, sin embargo, cuando inicié mi camino de despertar espiritual, sentí que nos alejábamos poco a poco. Hace algunos años ella encontró su propio sendero, muy centrado en la religión, los dogmas y el servicio comunitario a través de la iglesia y los preceptos morales del credo que profesa, lo cual, en cierta medida, le ayudó a superar algunas crisis personales.

Como ya sabrás, mi perspectiva difiere en gran parte de la visión de lo bueno y lo malo, o del castigo divino si no se siguen los credos de un grupo religioso, pero lo respeto enormemente. Con el paso de los meses me di cuenta de que conservar nuestra amistad ya no estaba siendo algo tan fluido como lo fue en el pasado, que las conversaciones eran forzadas, los contactos eran más por rutina o por un compromiso, y que realmente ya no estábamos vibrando en la misma sintonía. Nuestras conversaciones se centraban más en recordar lo que fue y lo que alguna vez nos unió que en lo que nos unía en el presente, puesto que ya no teníamos muchas cosas en común. Nos llamábamos en fechas especiales y acordábamos vernos, pero siempre terminaban predominando las excusas y los encuentros se hicieron más y más distantes. Ahora reconozco que en la última fase de la relación era yo quien insistía más en que nos viéramos, porque me negaba a perder a mi mejor amiga y me aferraba a ella. Cuando lográbamos concretar una cita se notaba la tensión, ya no había risas y complicidad como en los años anteriores, tampoco teníamos muchas cosas de que hablar, porque en el fondo sentía que ambas temíamos tocar fibras que resultaran sensibles de acuerdo con las nuevas vidas que estábamos creando, y que nos llevaran a confirmar que, en el presente, teníamos cada vez menos cosas en común. Todo ello me llevó a plantearme con amor que ambas habíamos crecido, habíamos cambiado y que nuestro estado del ser ya no era compatible, y aunque me dolió pude reconocer que, definitivamente, conservar esa amistad estaba representando un gran esfuerzo para ambas.

Requerí de mucha consciencia para comprender que lo que me ataba a ella era el recuerdo y la lealtad por todos los años compartidos, pero que mi nuevo yo y su nuevo yo ya no eran compatibles, y aunque había un cariño y respeto profundos, desde la libertad y desde el amor pleno, lo más conveniente y sensato era quedarnos con el recuerdo de la gran amistad que tuvimos y dejarnos ir para poder ser en libertad, siguiendo cada una caminos diferentes.

Dejar partir a la amiga y hermana de vida con la que había compartido casi treinta años no fue fácil, pero era necesario entender que ella ya no era la misma y yo tampoco. Sería egoísta forzarnos a ser quienes siempre fuimos, porque eso significaría que habríamos dejado de crecer, que no estamos evolucionando, que no estamos aprendiendo, que no estamos viviendo. Nuestros antiguos estados del ser se acompañaron mutuamente durante el tiempo que fue perfecto y necesario, ahora, nuestros nuevos estados del ser simplemente bailan a ritmos diferentes y eso también es perfecto, eso es fluir con la vida, eso es ser como el agua.

Hemos hablado del río y de cómo nos enseña a fluir, ahora quisiera que hablemos del mar y de su capacidad para recordarnos que vivir en consciencia es aceptar la transitoriedad o la impermanencia. Desde el inicio de los tiempos nos hemos sentido atraídos por el océano, bien sea porque es mágico contemplarlo tan imponente sin aparente final, o porque nos inspira ver su matrimonio diario con la luna y el sol a través de su fusión en el horizonte. Sea cual sea el motivo, el mar despierta en la mayoría de nosotros un profundo respeto y admiración. Sin embargo, el mar no sería mar si no pudiera expresarse en su naturaleza dinámica y cambiante, el mar es mar porque se manifiesta a través de las preciosas e imprevisibles olas.

Cuando el viento genera fricción sobre la superficie del océano, algunas gotas de agua son arrastradas sobre otras, así, la energía que contenga la corriente de aire irá paulatinamente determinando el tamaño del oleaje. El origen de la ola parece ser algo sencillo, una pequeña ondulación llamada «ola capilar» va tomando fuerza hasta convertirse en la ola de gran altura compuesta por cresta y valle, y a estas olas a mayor escala las llamamos «olas gravitatorias». ¿Qué tiene que ver esto contigo y conmigo y con la capacidad de manifestar la vida que soñamos? Sencillo, tienen mucho en común, veamos de qué se trata. El primer factor que debemos analizar es el movimiento y este indispensablemente está ligado a cambios. El mar no sería mar si fuera predecible, es su naturaleza imprevisible e incierta la que le otorga tanta magia y encanto. La impermanencia representa movimiento, el movimiento cambio y el cambio representa evolución y vida, aquello que carece de movilidad carece de desarrollo y por tanto si no se mueve, no vive. Algo interesante es que muchas veces en tu cotidianidad te debates en dos estados, uno de ellos es: «no quiero moverme, estoy bien aquí, no quiero que las cosas cambien, me resisto al cambio», y el otro estado es «quiero moverme, no quiero que las cosas sean de esta manera, quiero que esto cambie, me resisto a lo que está pasando». Lo interesante de esto es que el mar carece de la tozudez de permanecer estático, y de la caprichosa idea de querer moverse; el mar está en el presente y fluye con la impermanencia porque danza armónicamente de acuerdo con lo que establezca su compañero el viento. Es el viento el que en su interacción con el mar marca la ruta y el mar simplemente responde amorosamente fluyendo. No obstante, no te engañes, el viento tampoco es autónomo, el viento se mueve de acuerdo con el sol, son los rayos del sol los que calientan la atmósfera de manera aleatoria determinando el comportamiento de las corrientes del viento. Pero el sol tampoco es autónomo, está atado a movimientos de translación que realiza en torno a la galaxia, y la galaxia, a su vez, se mueve de acuerdo con el eje de su filamento central, y asimismo, el universo que nos contiene se expande y se contrae en una danza armónica en la que es el todo y la nada. Por tanto, él, el universo, también está en constante movimiento.

Despierta corazón, despierta. No puedes resistirte a moverte, tampoco puedes apresurar o determinar los movimientos, lo que sí puedes elegir es determinar **con qué actitud deseas moverte.** Somos un sistema, estamos interconectados, ¿por qué sufres por los movimientos que son inherentes a esta existencia? ¿Por qué te resistes a los cambios, si para cambiar has nacido? ¿Por qué te angustias tratando de apresurar las cosas, si existe toda la eternidad para que puedas llevar a cabo eso a lo que estás predestinado? No porque le pongas más empeño o más ganas, la semilla que has sembrado en la mañana dará fruto en la tarde. Comprende que en la vida existe la ley del ritmo y esta establece que todo tiene su tiempo, todo depende de procesos y todo se dará a su debido momento, tu única responsabilidad es hacer lo que te corresponde y fluir con el resto del sistema, y si sufres por la espera, el problema no es del universo, el problema solo lo tienes tú y lo origina tu ego.

El mar nos enseña en su vaivén constante que para que existan valles (fases serenas y lisas) es necesario que haya crestas (fases de gran altura), y que el equilibrio perfecto y la armonía de estos dos movimientos es lo que permite que el comportamiento de la marea sea favorable y constante. Verás, las olas pueden tener dos efectos totalmente diferentes: el «efecto destructivo» que será el fruto de periodos prolongados de grandes olas que arrasarán con las costas y que generarán erosiones que pueden destrozar el litoral, y el «efecto constructivo», fruto de las olas constantes, con movimientos rítmicos, con oleaje mesurado cuyo resultado es mover paulatinamente el sedimento marino generando esos espacios que tanto disfrutamos y a los que llamamos playas.

Este capítulo nos invita a ser como el agua, en esta analogía quiero que te centres en el mar y que observes que, tal y como ocurre con las olas, tu capacidad de moverte armónicamente entre los cambios de tu estado del ser y tu proceso evolutivo puede tener un efecto constructivo, o bien, la fuerza invertida en apresurar los cambios, en alterar el ritmo de los acontecimientos, en presionar para que las cosas fluyan de la manera en la que tú esperas, en intentar controlarlo todo, o simplemente resistirte al viento, puede generar el efecto contrario,

creando resultados destructivos. Lo que es inevitable es que te mue-
vas, que la vida se mueva o que las personas se muevan.

Considera a la vida como al viento, ¿quién puede controlarlo? Si
quieres controlar el viento tendrás que esforzarte más porque tendrás
que controlar a la atmósfera, y a su vez al sol y al planeta y a la galaxia
respectivamente, qué absurdo sería esto. Acepta con amor que en
esta encarnación jamás podrás controlar que tu vida esté expuesta a
momentos de «crestas o valles», que disfrutarás del verano y no por
ello podrás negarte a vivir el invierno, y que lo que sí podrás hacer
es valorar y apreciar cada uno de estos escenarios reconociendo que,
sea de tu agrado o sea de tu desagrado, ya son, y están aquí para mostrarte algo. Solo tú podrás apreciar la lección que lo que sea que te
esté ocurriendo trae para tu más alta evolución, y lo más importante,
que lo que sea que te esté pasando (favorable o desfavorable) tarde o
temprano terminará y que aceptarlo desde un comienzo te permitirá disfrutar de la experiencia al máximo, sin apego, tomando de ella
lo mejor y recordando que ya vendrá una nueva experiencia y que al
igual que todas las anteriores también terminará, que será imperma-
nente, tan incierta y variable como transitoria es tu existencia en este
plano terrenal. Que maravilloso es vivir con la consciencia de que esta
identidad tarde o temprano fallecerá, es grandioso darte cuenta de
que no tiene sentido aferrarte a algo que va a caducar. ¿Por qué sufrir
y temer y no querer observar lo que simplemente es una ley natural?
Recuerda lo que te explicaba en el capítulo anterior, la naturaleza de
esta experiencia a la que llamamos vida es dual, por tanto, eso que
conocemos como vida lleva implícita su polaridad y la conocemos
como muerte. Esto significa que todo lo que se inicia tiene un final
y, por tanto, si rechazas una de sus partes, estarías renunciando a su
totalidad. No puedes rechazar la muerte porque estarías rechazando
la vida, ya que vida y muerte son las dos polaridades de una misma
cosa: la encarnación a través de la cual tu alma (que es eterna) decide
incorporarse en el plano de las formas para expresarse, expandirse
y aprender. Y, hablando de eso a lo que tu mente llama muerte, no

olvides que incluso la más grande de las olas después de recorrer varios kilómetros termina *muriendo* al desvanecerse en la playa, entonces ¿qué sentido tiene aferrarse?

Momento de reflexión

Te invito a que te detengas ahora, a que cierres por unos minutos este libro y te preguntes:

¿Qué cosas, hábitos, personas, situaciones... debes soltar porque simplemente ya no encajan con la versión que quieres construir de ti y tu nueva visión de vida?

¿Cuáles son esas situaciones o condiciones que en lugar de potenciar tu evolución te están provocando un gran desgaste energético solo porque quieres aferrarte a ellas?

Ahora, analiza cuál es el apego que te impide soltar y pregúntate: ¿qué es lo que esperas ganar?, ¿qué tratas de obtener al no fluir con los sucesos?

Medita: ¿realmente estás obteniendo eso que esperas? ¿O, por el contrario, aferrarte en lugar de darte lo que anhelas está haciendo que vivas diariamente en culpa, angustia y miedo?

Ve profundo, indaga, analízate y observa la forma en la que tu ego está tomando el control. Descubre cómo estás evitando ser como el agua.

Si este libro se llama *También es posible para ti*, y si el propósito de este texto es conducirte paso a paso a la consciencia de que puedes materializar la vida que sueñas, podría considerarse contradictorio que ahora te esté diciendo que seas como el agua y que fluyas dejándote llevar y que no te aferres a tus deseos, ¿no es así? Muy bien, si te estás preguntando esto, ¡acabas de identificar fácilmente la manipulación dual de tu ego! Recuerda el capítulo anterior, para el ego, simplemente «es o no es»; es imposible que él pueda concebir que el concepto de desear algo y desapegarte de ello puedan coexistir, es improbable para él que tú puedas soñar algo y al mismo tiempo no depender de ello, pero eso es precisamente lo que deseo mostrarte.

Como cocreador de tu realidad, tienes la libertad y, en especial, el poder de elegir qué tipo de vida experimentar. Puedes establecer la calidad de relaciones que deseas mantener con otros, vislumbrar y decidir cómo esperas que sean tus resultados económicos y la libertad financiera de la que deseas disfrutar e, incluso, articular las condiciones de salud con las que esperas que te acompañe tu cuerpo, pero, contemplar estas posibilidades con la certeza de que tienes el poder para manifestarlas, difiere mucho de la idea de depender emocionalmente de su realización para obtener tu realización personal.

Que puedas planear y soñar la forma en la que deseas que se manifieste tu vida no significa que todo tenga que salir exactamente como tú lo has deseado. Consciencia es reconocer que formas parte de un plan mayor, y que tu felicidad no depende de que la sinfonía o música de tu realidad se reproduzca exactamente como tú la escribiste o planeaste, sino de tu capacidad de disfrutar de ella más allá de qué tan perfecta o no suene. En la orquesta de la experiencia a la que llamamos vida, un instrumento puede desafinarse, un músico puede improvisar, alguien puede interrumpir tu presentación temporalmente, puede que el resultado difiera de lo que habías previsto, pero ¿eso implica, que por el hecho de que no sea exactamente igual a como lo soñabas, debas renunciar a tu derecho a ser feliz?

Ser como el agua no solo significa fluir con los acontecimientos, también significa tener la capacidad de expandirse y de entregarse a todo y a todos, más allá de cualquier condicionamiento. Alcanzar la vida que sueñas será mucho más fácil cuando aprendas que puedes desapegarte de tu deseo sin tener que renunciar a él, y cuando comprendas que en la medida en que te permitas ser quien eres, sin condicionarte por los acontecimientos, a través de la coherencia entre lo que piensas, sientes y haces, estarás activando el potencial auténtico e infinito que te permitirá crear y materializar lo que deseas.

La lluvia se entrega sin medida sobre todos, abastece al egoísta y al generoso, al sacerdote y a la prostituta, al rico y al pobre. ¿Has apreciado alguna vez una fuente de agua que voluntariamente diga: «no mereces beber de mí, así que no calmaré tu sed»? El agua se entrega a todo y a todos, sin reserva. Uno de los principios espirituales de la materialización es la comprensión de que el universo propiciará todo lo que tú desees, siempre y cuando cumplas con algunos requisitos:

- Lo que estás deseando debe contribuir a tu mayor bienestar y al bienestar de todos los implicados.
- Tu felicidad no debe depender de ello, por tanto, puedes desearlo con todo el corazón, pero no necesitarlo para ser feliz (desapego).
- Debe existir en ti la certeza de que eso que deseas es posible.
- Debes sentir que lo mereces.
- Tu deseo debe surgir del amor y no del miedo (debe proceder de una vibración elevada).
- Debes dirigir de manera congruente tus acciones hacia el alcance de ese objetivo.
- Y lo más importante: debes permanecer en un estado del ser (pensamiento, emoción y acción) coherente con aquello que deseas materializar.

Si deseas materializar prosperidad, debes sentirte abundante, apreciar y agradecer la infinita abundancia que te rodea y sentirte parte de ella. Si deseas materializar relaciones sanas, debes sentirte amado, apreciado y reconocido por tu valor y por lo que tienes para aportar a otros. Si deseas materializar un empleo satisfactorio, debes estar convencido de tus dones y talentos, y de tus capacidades para contribuir al mundo. Pero ¿qué tan real es esto? ¿Cuántas veces tu autopercepción depende del entorno? Puedes ser mezquino y avaro con algunas personas y generoso y amoroso con otras, puedes fluctuar entre el rechazo y el juicio con aquellos que te han lastimado y ser amoroso y comprensivo con tus amigos o tus hijos, y puedes sentirte sumamente competente cuando alguien reconoce tu talento y un completo desastre cuando alguien no aprueba lo que has realizado. Reconócelo, tus estados emocionales fluctúan constantemente, eres como una hoja al viento cuyo proceso emocional depende de factores externos, eres selectivo, no eres como el agua, el agua se da a todos por igual, tus emociones no son como el agua, no son amorosas siempre, son selectivas, y hasta que no cambies eso, difícilmente podrás materializar lo que sueñas.

Mientras estés fluctuando selectivamente en tu estado del ser, estarás enviando al universo señales equívocas sobre lo que deseas atraer y materializar. Recuerda, el universo no habla español, ni lee tus decretos de autosuperación, ni tampoco observa las fotografías que plasmas en tus mapas de sueños. El universo responde a tu frecuencia vibracional y si esta, en lugar de fluir amorosamente de igual manera hacia ti mismo y hacia todos los que te rodean, está fluctuando entre carencia y abundancia (según sean tus resultados, o dependiendo de quién sea la persona que te encuentres en el camino), tu mensaje sobre lo que deseas en la vida será intermitente y estarás autosaboteando tu proceso de creación. Nos han programado para creer que «para sentirnos abundantes, primero tenemos que contar con grandes sumas de dinero» cuando es más simple de lo que creemos: **tenemos que sentirnos abundantes (con o sin dinero) para que esta vibración permanente, constante y coherente sea la que propicie los escenarios que harán que en nuestra realidad se**

manifieste la prosperidad. Y así aplica para todo: quieres amor, debes ser amor, quieres paz, no puedes esperar a que tu jefe que te hace perder la paciencia desaparezca, tienes que encontrar la paz aun en presencia de tu jefe, y ahí es cuando tu vida comenzará a cambiar y a resonar de acuerdo con el campo vibracional en el que te encuentres. Debes ser coherente como el agua.

Ser tú mismo y mantener tu paz y tu coherencia por encima de lo que esté ocurriendo afuera no implica permitir que te lastimen, el concepto de poner la otra mejilla se ha tergiversado por las interpretaciones religiosas. Cuando hablo de que seas tú mismo, me refiero a que si recibes mezquindad y abuso, en lugar de responder con juicio y mezquindad vistiendo la máscara de tu ego como mecanismo de defensa, sigas siendo puro y amoroso como el agua. Eso no significa dejar que te lastimen, significa alejarte de quien te lastima sin albergar sentimientos de rencor o juicio. Comprender y ser tolerante con el proceso evolutivo de los demás no significa que te tengas que dejar maltratar, significa contar con la suficiente sensatez como para alejarte de lo que no te hace bien, sin llenarte del veneno del resentimiento. Comprende que el único que perjudica su proceso de manifestación al dejarse afectar por lo que pasa en el entorno eres tú.

Si alguien te traiciona y tú a causa de esa traición bajas todo tu campo vibracional dudando de la justicia divina, desconfiando de la vida, juzgando a quien te ha traicionado, lamentándote por lo ocurrido, rechazando lo que ha pasado y sintiendo que es injusto, ESTARÁS OBSTRUYENDO TU POTENCIAL DE MANIFESTACIÓN. Quien te traicionó seguirá con su vida, tal vez ni siquiera será consciente del daño que te ocasionó, pero tú que decides resistirte y lamentarte estarás haciendo que el suceso sea mucho más grave de lo que realmente es. Obsérvalo de esta manera, si eres un río y alguien obstruye tu paso con unos troncos, no hay más que hacer, no es el escenario ideal, será incómodo, pero con un poco de esfuerzo podrás seguir tu camino. En cambio, si te empeñas en pelear contra los troncos, juzgarlos, lamentarte, resistirte y todo lo que representa cortar el fluir del ciclo, estarás haciendo que lo que era un simple obstáculo se convierta en una presa en donde tu agua se estancará y donde la podredumbre te invadirá, y el responsable de dicha podredumbre no será el otro, no será el tronco, habrás sido tú. Ser como el agua consiste en no cambiar quien eres y disfrutar de tu vida comprendiendo que no tienes que quedarte aguantando al lado de quien está abusando. Por supuesto, puedes protegerte y alejarte, pero sin tener que renunciar a tu esencia pura, amorosa y abundante, porque es precisamente esa esencia, la que está permanentemente, a través de la alta vibración, atrayendo abundancia y amor a tu vida.

Ante alguien que te lastime, tú seguirás vibrando alto y a través de tu ejemplo, le enseñarás a tu hermano (si él decide verlo) que hay otra forma de vivir. Te apartarás de aquel lugar donde no te sientes pleno, pero no cambiarás tus sentimientos, ni tus emociones por unas menos positivas, tampoco serás selectivo diciendo «tú no mereces mi amor», por el contrario, seguirás como el agua dándolo, y lo darás a través de la comprensión, la ausencia de juicio y la falta de rencor. Y, así, en calma y serenidad, como un manantial que fluye incesante, encontrarás un nuevo camino y comprobarás que en él la abundancia infinita que proviene de la fuente de todo lo creado estará esperando por ti.

Ya has visto que todos somos uno en esencia y aquello que proyectes al otro, finalmente te lo harás a ti mismo. En otras palabras, cuando intentas defenderte llenándote de rencor y rabia te estás lastimando a ti, no al otro, esos sentimientos de baja vibración no los experimenta el abusador, esos solo los sientes tú.

Integrando el aprendizaje

....

Practicando el desapego.

Piensa en uno de los sueños más grandes de tu corazón, algo que realmente desees profundamente, escríbelo a continuación:

_____

_____

_____

_____

_____

Ahora quiero que pienses que por más que te esfuerces estás destinado a que ese sueño no llegará a materializarse. Si ese fuera el resultado, ¿te sentirías desdichado y serías un ser frustrado? ¿O harías uso de tu poder para elegir ser como el agua adaptándote y encontrando otras alternativas de expansión?

Reflexiona: ¿cómo más podrías ser feliz, enfocándote en cosas que estén presentes en tu realidad aquí y ahora? Escribe 5 alternativas con las que podrías disfrutar plenamente de la vida en caso de que eso que tanto anhelas nunca llegara a concretarse.

1) _____

2) _____

3) _____

4) _____

5) _____

Ahora piensa en un suceso de tu pasado que no haya salido como esperabas, recuerda cómo te sentiste al comienzo y luego identifica cómo pese a que las cosas no salieron según tus planes, ese giro inesperado trajo a tu vida un gran aprendizaje.

Escribe las ganancias, lecciones o ventajas de que las cosas no resultaran según tus deseos:

_____

_____

_____

_____

_____

Analiza: ¿hubiera resultado todo menos tormentoso, más beneficioso y sencillo, si en lugar de lamentarte y resistirte a los acontecimientos, simplemente hubieras fluido? Al fin y al cabo, terminaste creciendo y aprendiendo ¿no? Cuando las cosas no salieron como esperabas, lo sufriste muchísimo, aunque el resultado finalmente fue para tu mayor bienestar. Medita en esto: ¿valió la pena tanto drama, resistencia y sufrimiento? Escribe tus reflexiones:

_____

_____

_____

_____

_____

Capítulo 6

Quieras o no, existen las leyes de tránsito

La música del alma puede ser
escuchada por el universo.
Lao-Tse

L a vida se rige por una serie de normas espirituales que se aplican de manera constante y sin distinción, estas afectan tu realidad sin importar que estés al tanto de ellas o no. Piénsalo de esta manera: ¿sería posible que en un universo con tanta perfección pudiera ejecutarse un funcionamiento de absoluta sincronía sin que hubiera leyes implícitas que lo rigieran? Sin duda alguna, la ciencia se ha empeñado en explicar muchas de estas leyes desde la física, hoy hablamos con propiedad de las leyes de la inercia, la gravedad, causa y efecto. También entendemos la mecánica básica de las leyes de la astronomía y, por ejemplo, estamos seguros de que los planetas giran alrededor del sol (Leyes de Kepler), pero, pocas veces nos detenemos a pensar que, así como hay leyes para el funcionamiento del plano físico tal y como lo conocemos en este universo, también existen las leyes espirituales, y aunque no seas consciente de ellas, estas se encuentran implícitas en tu realidad y afectan la realización de tus sueños.

Imaginemos que viajas a un país extranjero cuyas costumbres y normas civiles desconoces. En el aeropuerto decides alquilar un automóvil porque te han dicho que es la manera más cómoda y económica de visitar la zona y conocer todos los atractivos turísticos. Sales del lugar, feliz en tu coche, y te dispones a iniciar el viaje. En medio de tu recorrido, ves unas luces rojas y azules que se encienden, se trata de una sirena y entiendes que, sin duda alguna, te están haciendo una señal de advertencia y que la autoridad desea que te detengas. Ante esta situación tú te haces a un costado, te detienes y le preguntas al oficial qué ocurre; este te dice que debe imponerte una sanción porque en una esquina no cediste el paso al peatón. Tú argumentas que acabas de alquilar el auto, que eres extranjero y que en tu país solo debes detenerte cuando el semáforo está en rojo, que no te percataste de la presencia del peatón y que lamentas mucho el incidente, pero esta explicación no es suficiente. El agente te impone una multa que deberás pagar a través de la agencia que te alquiló el vehículo; un escenario bastante razonable, ¿no es así?

Ante el hipotético ejemplo que acabo de describir, plantéate por favor el siguiente interrogante: ¿el hecho de que no conozcas las normas te exime de cumplirlas? ¡Claro que no! Lo que quiero que veas hoy es que todo en el universo se rige por leyes. También a nivel espiritual existen principios que están trabajando más allá de que tú seas consciente o no de su existencia, y si hay una razón por la cual en este momento no obtienes los resultados deseados, a pesar de que estás seguro de hacer todo lo necesario, probablemente es porque, sin saberlo, estás infringiendo uno (o varios) de esos principios. En otras palabras, si no has logrado obtener todo lo que anhelas, es muy factible que, inconscientemente, estés yendo en contra de alguna de las leyes de la manifestación.

Por favor ten presente que, como he mencionado en capítulos anteriores, existen leyes espirituales básicas (las siete leyes a las que me referí en el capítulo cuatro, planteadas tres mil años antes de cristo y dentro de las cuales se encuentra la ley de la polaridad), pero no voy a hablarte de esas leyes en este libro, ya que lo que te trajo a esta lectura y lo que decidí compartirte en esta obra es que *eso que sueñas y que otros han logrado*, **también es posible para ti.** Por esa razón lo que sí haré es mencionarte aquellas reglas o leyes de la manifestación que, desde mi experiencia, considero que son indispensables cuando de crear, plasmar y materializar se trata. Voy a mencionar algunas de ellas sin ningún orden específico, te invito desde ya a que las incorpores en tu vida con total escepticismo, pero con la mente y el corazón lo suficientemente abiertos como para que puedas comprobar su efectividad y te permitas sorprenderte por los resultados. Recuerda: la diferencia entre la prepotencia y el escepticismo consiste en que el arrogante descarta cualquier idea o concepto que simplemente no le agrade, sin siquiera haberse permitido experimentarlo, y lo hace basándose en sus juicios y sus creencias.

Ten cuidado, que tu arrogancia no bloquee la posibilidad maravillosa de abrirte a una nueva forma de experimentar la vida, finalmente ¿qué puedes perder por ensayar algo nuevo? Lo peor que puede ocurrir es que confirmes que tenías razón y que nada de esto es cierto, y lo mejor que puede ocurrir es que te abras a la posibilidad de un mundo que estaba más allá de lo que tu mente te permitía concebir. Ganarás en cualquiera de los dos casos. No obstante, cuidado, porque cuando te permites poner en práctica algo «solo para demostrarte que tú tenías la razón» terminarás por impregnar cualquier acción de tu energía vital y tu poder de manifestación y, como ya te he explicado antes, estarás permeando de tu vibración los acontecimientos inclinando la balanza para que las cosas salgan de la manera en la que tú deseabas, porque tanto si crees que sí, como si crees que no, estarás en lo correcto. Sin lugar a duda, todo lo que experimentas en tu realidad tiene que ver contigo y es en gran medida tu propia creación.

Mi invitación es a que pongas en práctica lo que te compartiré en este capítulo de una manera neutra y que permanezcas abierto a las posibilidades de dejarte sorprender, solo eso.

Primera ley para manifestar: no es lo que quieres, sino lo que sientes

Todos tenemos el deseo profundo de lograr lo que deseamos, y es precisamente ese sentimiento de insatisfacción el que impide que alcancemos lo que soñamos, y el que provoca que nos frustremos, que nos sintamos como fracasados y estemos convencidos de que carecemos de lo necesario para lograr nuestros objetivos. Yo también me he encontrado muchas veces ante ese sentimiento aplastante que surge cuando no obtengo lo que quiero, sin embargo, si en esas ocasiones me hubieran dado lápiz y papel para detallar claramente qué era lo que deseaba, probablemente me hubiera quedado sin saber qué responder, porque, en mi mente, mucho de lo que anhelaba era más abstracto que concreto.

Esto lo compruebo diariamente con mis pacientes en la consulta privada. Muchas veces llegan con quejas y exclamaciones de insatisfacción por su vida, pero cuando como terapeuta los confronto sobre qué es lo que realmente desean y les pido que sean sumamente específicos, a la mayoría le ocurre lo mismo: mente totalmente en blanco. Pareciera que resulta muy fácil describir lo mal que nos sentimos, las emociones de incomodidad y todo lo que no nos agrada de nuestra familia, nuestro trabajo, nuestro jefe y, por supuesto, nuestra pareja, pero, que no resulta tan fácil reconocer qué es lo que hay que cambiar en nuestro interior. Quejarnos es algo realmente sencillo, pero confrontarnos con lo que deseamos, eso sí que nos cuesta.

Ten cuidado con esto, por favor, ten en mente que es relativamente simple decir cosas como: quiero sentirme feliz, quiero sentirme pleno, quiero estar tranquilo... Pero, al final, se trata de conceptos abstractos. ¿Qué significa para ti la felicidad? ¿Qué condiciones te harían sentir pleno? ¿Cómo consideras que es vivir en tranquilidad? ¿Cuáles son los cambios que deberían generarse (y que dependen solamente de ti) para que puedas alcanzar esos estados? Esas son las cosas que debes tener claras para poder manifestar lo que deseas, porque si no sabes qué es lo que quieres, no tiene mucho sentido que sigas invirtiendo tiempo y energía en quejarte, ¿no crees?

Saber qué es lo que deseas es fundamental para que puedas alcanzar tus propósitos, y esta es una de las más relevantes leyes de la manifestación. El universo quiere que alcances el éxito, y está dispuesto a apoyar tus iniciativas siempre y cuando estas surjan desde el amor.

Imagina que la Fuente, Dios o la Gran Matriz divina es un gran inversor, y que requiere de emprendedores con grandes iniciativas dispuestos a ceder sus ideas para que estas formen parte de su gran empresa. Imagina a Dios como un inversionista preparado para poner todos los recursos necesarios al servicio de aquellos que estén dispuestos a hacer crecer sus arcas o su fortuna. Ten en mente que, en esta metáfora, al hablar de fortuna, me refiero al nivel de consciencia de amor y evolución universal, puesto que este es el objetivo final de la creación.

Pues bien, sigamos con el ejemplo, el universo quiere que prosperes, que te expandas y que te eleves, porque si tú lo haces, lo hará también él como tu inversor y, a su vez, lo harán también quienes se vean beneficiados con tus iniciativas. Teniendo esto en mente, tú quieres al inversor de tu lado y estás dispuesto a convencerlo de que apoye tu emprendimiento, puesto que él es el único que puede darte los recursos para apalancar tu proyecto, pero, cuando llega el momento de presentar tu propuesta, y justo en el instante en el que tienes la total atención del inversor puesta en ti, lo que ocurre es que en lugar de hacer tu exposición con confianza y certeza, comienzas suplicando, llorando y quejándote de lo injusta que ha sido la vida, de lo mucho que necesitas este apoyo y lo víctima que te sientes. Además, no logras explicar claramente desde dónde surge tu motivación, te debates entre la ambivalencia del miedo y el amor, tampoco tienes muy claro qué es lo que deseas y cuál es el objetivo real de tu anhelo, no aclaras qué esperas lograr con ello, cómo te beneficiarás a través de esta iniciativa, cómo se beneficiarán otras personas de ella y qué es lo que necesitas para llevarla a cabo, y lo que es peor, no te sientes merecedor de ese gran logro, por tanto el resultado es que al plantear lo que requieres te asaltan las dudas y te muestras totalmente derrotista.

En este escenario, si tú fueras el inversor y alguien llegara de este modo a pedirte que apoyes sus iniciativas, ¿qué harías? ¿Qué crees que te diría el inversor? ¿Estaría dispuesto a apoyar tu propuesta? Probablemente lo que te dirá este ser supremo es: «Corazón, si no tienes claro qué es lo que quieres, si no crees en ti, si no sientes que lo mereces ¿cómo puedo apoyarte?».

Momento de reflexión

Cierra por unos instantes el libro y analiza cuál ha sido tu estado predominante cuando se trata de pensar en tus metas y anhelos. Te daré algunas opciones para que enfoques tu reflexión:

¿Has considerado que no requieres ayuda de nada ni de nadie para llevarlo a cabo? ¿Piensas realmente que podrás hacerlo tú solo y que no necesitas el «visto bueno de la vida»? Si este es tu caso, ten presente que ningún gran propósito ni ningún gran imperio se levantaron por sí mismos. Las más grandes mentes y los más poderosos emprendedores han requerido del «viento en popa» y de la colaboración de manos aliadas para llevar a cabo sus grandes propósitos.

¿Consideras que tú no puedes y que no se trata de que necesites que la vida esté a tu favor, sino que necesitas que otros se encarguen de tu idea porque simplemente lo que tú quieres es que otros lo hagan por ti o que otros cambien para que tú estés bien? Si es así probablemente estés empleando la máscara del ego que evade responsabilidad a través del desempoderamiento.

¿Has establecido esos objetivos pensando solo en tu bienestar, centrándote solo en lo que quieres recibir y no en lo que te corresponde dar? Si es así, cuidado, el propósito de tener un deseo de corazón siempre será en primera instancia nuestra más alta evolución, pero un deseo impulsado por el amor SIEMPRE (sin excepción) implicará que ese amor se expanda. Por tanto, toda iniciativa que surja desde el ser (no desde el ego) se esforzará para que ese bienestar se extienda hacia otras personas o seres, de manera directa o indirecta.

¿Consideras que has pedido a la vida de manera precisa, que has sido totalmente claro con lo que anhelas, que sabes que tienes que poner de tu parte y también contar con otras personas para apoyarte, y además has planteado tu objetivo pensando en tu bienestar y en el de otros, pero aun así no funciona? Sencillo, si has hecho todo lo anterior y no se ha manifestado entonces simplemente una parte de tu mente inconsciente no cree que eso que sueñas es posible, o si lo considera posible, no considera que tú lo merezcas.

Reflexiona, corazón, recuerda: solo podrás transformar aquello que estés dispuesto a ver.

Muy bien, después de reflexionar ha llegado el momento de que te regales la oportunidad de establecer tus sueños y deseos de manera eficaz.

Define claramente qué es lo que deseas manifestar. Cuando digo claramente no me refiero a los detalles descriptivos como color, talla o peso, me refiero a las características generales: qué tipo de relación esperas tener, cómo sería ese trabajo ideal, cuál es la vida que quieres llevar, de qué manera te gustaría ganar tus ingresos, en qué consiste la libertad financiera que esperas lograr, para qué deseas obtenerla. Define también con un alto nivel de consciencia, si se trata de una iniciativa que surge desde el amor y desde la parte más pura y sagrada de tu ser o es una artimaña de tu ego, publicitada como un oasis en el desierto de tu vida, un espejismo que solo logra distraerte y desviarte de lo que es realmente importante, y recuerda:

Para aquel que está dispuesto a confiar en su potencial y decidido a hacer lo necesario para lograrlo, todo sueño es posible y toda meta es alcanzable.

Mi más grande anhelo en este momento de mi historia es:

_____

_____

_____

_____

_____

_____

No nos enseñaron a soñar, nos enseñaron a limitar nuestros deseos bajo el yugo inquisidor que establece que la ambición es avaricia y egoísmo, lavaron nuestras mentes castrando nuestras iniciativas y proyectaron en nosotros, desde que éramos pequeños, las frustraciones aprendidas que cortan alas. El sistema y las instituciones llenaron nuestro inconsciente de mentiras para tejer cadenas de conformismo a través de una vida repetitiva. Nos hicieron creer que había límites, que estaba mal desear algo diferente o algo superior a lo que habían alcanzado los demás, que lo capaces o incapaces que podemos ser dependerá de la evaluación que sobre nosotros realicen otros, pero jamás nos dijeron que los límites solo están en nuestra mente y que, para quien está dispuesto a intentarlo y confiar en su potencial, la vida es un terreno en el que todo se puede sembrar y cosechar.

Esta ley te brinda la oportunidad de incorporar varios de los conceptos que ya hemos abordado a lo largo del libro, ya tienes claro que el universo es dual y ya reconoces la importancia de permanecer en el camino del medio. Ya sabes que muchos deseos pueden ser generados por tu ego y que, en lugar de surgir desde el amor, pueden tener su origen en el miedo. Procura también estar atento y monitorear que tu deseo no sea tan específico que te lleve a apegarte a él. Si estableces que solo serás feliz cuando consigas la casa que quieres y esta tiene que ser de fachada blanca con techo rojo, con puerta de madera de roble, de tres pisos, siete habitaciones, estar decorada al estilo «bohochic» y debe contar además con un jardín en el que haya un rosal con treinta y cinco rosas de color blanco y un banco rústico color amarillo páli- do... probablemente estés saboteando tu proceso. Como podrás ver, difiero mucho de las técnicas «de moda» que te dicen que lo pongas todo en un cartoncito de color amarillo, que pegues imágenes y que las veas sobre tu refrigerador todos los días, porque mientras más de- talles tengan las imágenes y más te apegues a ellas, más posibilidades tendrás de manifestarlo.

Este es un momento perfecto para que recuerdes que el universo responde a tu energía, así que pregúntate lo siguiente: ¿importan más los detalles de la casa que sueñas, o **cómo deseas sentirte** viviendo en ella? Si el universo no te brinda la casa con los detalles que has es- tablecido, pero te brinda una realidad distinta **que te haga sentir justo como esperabas sentirte**, ¿habrás obtenido lo que querías a nivel de alma? ¿O estarás frustrado porque tu ego caprichoso no ob- tuvo el jardín con el banco amarillo pálido?

Para aquel que está despierto, sin duda, sería absolutamente ma- ravilloso sentirse como se quiere sentir, y poco o nada importaría la casa. Si el sentimiento de plenitud era el fin y la casa el medio para lograrlo, al final, sin importar los detalles lo que es relevante es que hayas alcanzado tu objetivo, y tu objetivo desde la consciencia y la evo- lución personal no es TENER sino SENTIRTE Y SER. Sin embargo, para aquel que sigue bajo la manipulación y el control del ego, no tener su casa importará más que el sentimiento de plenitud que está obtenien- do a través de otros medios, y su ego se empeñará como buen niño caprichoso en armar una pataleta.

Si eres partidario de las técnicas de *coaching* y estás leyendo este libro, probablemente te vaya a molestar un poco lo que voy a decir a continuación, pero lo diré de todos modos: no soy amiga de ninguna técnica de programación neurolingüística ni de *coaching* que te diga que si repites una cantidad de veces la misma frase o haces todos los años un mapa de sueños con la foto del automóvil que deseas, lo vas a conseguir. También te estarás preguntando por qué te digo que los detalles en tu visualización o en el establecimiento de tu meta no importan tanto. Sé que muchas técnicas de manifestación invitan a que pienses en la raza y el color que tendrá la mascota que quieres, en los números exactos que quieres ver en tu cuenta bancaria y hasta en las letras de la placa de tu coche nuevo. Está bien si deseas hacerlo, pero quiero que sepas que no es necesario. Si piensas en lo que sueñas de manera tan específica que, al hacerlo, en lugar de subir tu vibración, terminas bajándola por pensar «esto tan maravilloso ¿realmente está a mi alcance?», permitirás la entrada de la duda y ahí ya saboteaste tu proceso. También ten en mente que pensar mucho en los detalles puede hacerte apegarte a ellos. Insisto, está bien si quieres imaginarlo de esta manera o siguiendo estas técnicas, pero mi gran invitación, corazón, es a que en el momento de establecer tus objetivos incluyas detalles *solo si te ayudan a sentirte motivado, feliz y si los ves realmente como una certeza en tu vida*, de lo contrario, si la foto de la modelo, con treinta kilos menos que tú y una piel perfecta, en lugar de hacerte vibrar alto te hace sentir desesperanzado, el universo recibirá tu mensaje: DESESPERANZA Y FRUSTRACIÓN. Esa será la semilla que habrás plantado y, por tanto, solo ese será el fruto que podrás cosechar. ¡Ah!, y lo más importante, si has de incluir detalles, incluye detalles SOLO si estás dispuesto a desapegarte de ellos y a comprender que no los necesitas para ser feliz.

Las visualizaciones, mapas de sueños, frases de afirmación o mantras pueden ser técnicas que te ayuden a enfocar tu intención y tu energía, pero como ya vimos en un capítulo anterior, al universo o al campo cuántico (si así queremos llamarlo) poco o nada le importan los detalles. A la Fuente le da igual. Recuerda: la Consciencia

Universal no habla ni español, ni francés, ni mandarín. Lo que la inteligencia suprema recibirá, será TU VIBRACIÓN. Cuando estés enfocándote en eso que deseas atraer, lo que resonará con la energía universal donde residen todas las posibilidades es la forma en la que tú te sientes al tener ese pensamiento o al visualizar eso que deseas.

Por ello, en esta primera ley quiero poner énfasis en la importancia de que cuando pienses en eso que deseas atraer o manifestar, tu sentimiento sea de bienestar. Porque si estás soñando con tu relación ideal y en el momento en el que comienzas a producir esa idea lo que aparecen son pensamientos de «eso es imposible», «cómo yo podré sentirme alguna vez así», «que afortunados son los que ya lo tienen», «llevo tanto tiempo solo», «a esta edad quién se fijará en mí», «y si vuelven a lastimarme»... la vibración que estás enviando al enfocarte en tu deseo es totalmente contraria a lo que esperas manifestar. Sin embargo, te aseguro que tu mensaje será recibido y, como eres Dios expresándose y creando tu propia realidad, lo que sientas y la forma en la que vibras ahora determinarán lo que manifestarás en el futuro... «al que tiene se le dará y al que no tiene, hasta lo poco que tiene se le quitará», ¿recuerdas?

El riesgo de desconocer esta ley es que aplica SIEMPRE, no hay excepciones. Si estás pensando en que deseas un trabajo nuevo pero al visualizarte en él, vibras en el temor porque debido a tu crítica situación económica recuerdas la enorme necesidad que tienes de obtenerlo y vienen a tu mente las cuentas por pagar y, además, la angustia comienza a florecer porque piensas que aún te falta un año para graduarte y probablemente el mercado ya está saturado de profesionales y que hay poca oferta laboral..., no dudes un segundo que la ley APLICA y eso en lo que vibraste es lo que recibirás. El resultado no será la materialización de aquello que deseas obtener (el trabajo) sino la confirmación de que aquello que sentiste es cierto: no eres suficiente y por tanto no habrá empleo para ti.

Recuerda esto, la ley siempre aplica. El universo siempre dirá que sí a aquello en lo que tú te enfoques. La Fuente no hará un filtro y dirá algo así como «Esta persona quiere esto _____, pero se está sintiendo de manera totalmente opuesta, vamos a darle lo que aparentemente quiere a pesar de que **se siente y vibra diferente** a lo que espera obtener». NO, NO, ¡NO! El universo dirá: *tus deseos son órdenes, estás vibrando en miedo y angustia, pues ten un poco más de eso en lo que te estás enfocando. ¿Me sigues?*

Seguramente este es el momento en el que te estás preguntando cómo hacer que esta ley juegue a tu favor, la respuesta es muy simple: en lugar de esperar a que se materialice algo externo para lograr sentirte como deseas, comienza a sentirte como si ya lo hubieras alcanzado aquí y ahora. Solo así transformarás tu vibración y solo así en el futuro obtendrás más de lo que estás generando aquí y ahora. Una cosa maravillosa que he descubierto y que aplica dentro de lo que para mí son las leyes universales de la manifestación es que: NO TIENES QUE ESPERAR A OBTENER LO QUE DESEAS PARA SENTIRTE COMO DESEAS, y eso, corazón, puede transformar tu realidad. Te lo aseguro. Durante una época de mi vida no tenía muy claro qué era lo que quería, pero sí cómo me quería sentir, así que diariamente pasaba algunos minutos en la mañana y en la noche imaginándome que me sentía libre, abundante, que vivía en total autonomía, sin que nadie estuviera controlando mis acciones o diciéndome qué cosas debía o no debía hacer, también me imaginaba que la energía de gratitud de las personas a las que yo acompañaba llegaba a mí manifestada en dinero y que este venía a mí fluyendo y multiplicándose permanentemente y sin esfuerzo. Imaginaba que era libre de administrar mi tiempo, sin horarios y sin reglas, pero en especial, me imaginaba cómo se sentiría poder experimentar el gozo de brindar lo mejor de mí a otros seres humanos, en total entrega y amor. Los detalles no eran relevantes, de hecho, no los tenía muy claros, lo que sí tenía clarísimo era cómo me quería sentir. Y adivina qué ha pasado en mi vida, «mi jefe» (la gran consciencia divina) se ha encargado de los detalles y yo me siento desde hace algunos años TAL Y COMO SOÑÉ. Incluso puedo decir que la vida me ha sorprendido porque, probablemente, a mí jamás se me hubieran pasado por la mente los detalles tan maravillosos y de una forma tan perfecta como estaban en el plan de la consciencia universal que ha hecho posible esta realidad para mí. Lo único que hice fue enfocarme en cómo me quería sentir, dedicar mis días a sentirme así (sin importar lo que estuviera pasando afuera), soltar el control, confiar, creer que lo merecía y dar lo mejor de mí día a día. No es tan difícil, ¿no crees?

Así que está bien que seas específico, no renuncies a ello, pero procura que, en lugar de enfocarte tanto en los detalles, tu atención se centre en cómo quieres sentirte. Aplica el desapego y ábrete a que la vida te sorprenda. Puede que tu sueño termine materializándose tal y como lo pensaste, o puede que la vida tenga un plan mucho mejor para ti, diferente, pero que concuerde a la perfección con la forma en la que esperabas sentirte. Por último, ten la certeza de que la vida se encargará del resto, siempre y cuando, tu iniciativa provenga del amor y contribuya al mayor desarrollo de tu alma.

Segunda ley para manifestar: un gran deseo siempre conduce a la acción

El universo no es perezoso. Absolutamente todos los que conformamos este plano de las formas tenemos una tarea que cumplir. La abeja tiene un propósito al polinizar la flor, el león controla la población de gacelas, los murciélagos controlan las plagas y equilibran el ecosistema, y hasta las bacterias son necesarias para tu organismo y el mío. Como ves, todos realizan su trabajo y a cambio de ello, la vida se equilibra y provee lo necesario para la coexistencia de todos los seres que habitamos este sistema. Cariño, eres Dios en esencia, pero hasta Dios hace su trabajo como inteligencia divina, articulando lo necesario y sincronizando majestuosamente una danza en la que todos nos complementamos, así que no andes por ahí esperando a que la vida te traiga en bandeja de plata eso que sueñas, levanta tu trasero del sillón porque esa es tu responsabilidad.

Recuerda que tú y yo formamos parte de un proceso colectivo, y no estoy hablando de tu país o de tu género o de tu familia, lo que llamas país es el resultado de un constructo creado por el hombre. Desde «arriba» no se ve ninguna línea divisoria que haya sido creada por la consciencia divina para decir que esto es México y esto Estados Unidos o que esto es Corea del Norte y esto Corea del Sur. Las fronteras son nuestra creación y las diferencias entre hombres y mujeres también, así como esa identificación con el hecho de que estos son tus hijos o tus padres... «Madre ahí está tu hijo, hijo ahí está tu madre», nos enseñaba Jesús. Claro que está bien sentir lealtad por una zona en la que creciste y por las personas que te han cuidado y provisto desde que eras pequeño, pero recuerda que en principio esa persona que pasa por la calle y a quien no conoces lleva tu misma esencia y que en otras condiciones también pudo haber sido tu hermano o hasta tu padre, y que todos —esa persona, tu vecino, tu expareja y por supuesto tú— tenemos un papel que cumplir en el sistema y nadie podrá hacerlo por nosotros.

Deja ya de estar lamentándote por las oportunidades que dejaste pasar o que nunca tuviste, basta ya de andar llorando por el pasado tortuoso que te tocó experimentar o por la traición y el daño que te causaron otros. ¿Fue duro? Sí. ¿Fue doloroso? También, pero qué estás ganando con regodearte en ello. Te reto a que me digas cómo el hecho de vivir quejándote porque no tienes un propósito o porque has sufrido hará que se transforme tu realidad. Tu propósito de vida no va a llegar a tocar a la puerta de tu casa y decirte «*Hey*, aquí estoy, esto es lo que has venido a hacer en esta encarnación». Deja de esperar a «tener claro tu propósito» para empezar a actuar, y en lugar de ello EMPIEZA A ACTUAR para que así puedas sobre la marcha confirmar tu propósito.

En consulta recibo una y otra vez el mismo argumento: «No conozco mi propósito de vida y por lo tanto me siento estancado», y en efecto, estas personas se pasan la vida sin hacer nada realmente bueno por ellas y por los demás, y se protegen en la victimización y la justificación. ¿Quieres encontrar tu propósito? Sal a buscarlo, experimenta, prueba nuevas cosas, inspírate en otros, piensa en cómo sería el mundo un lugar mejor desde tu perspectiva y encuentra una forma de contribuir a ello. Las personas creen que el propósito de vida es como una tabla de salvación, que llegará a hacer que ganen dinero sencillamente y que dará sentido a su existencia. Nada más lejos de la realidad, muchos de los que estamos en propósito, hacemos dinero fácilmente, pero no por el propósito, sino porque amamos lo que hacemos, y muchos de los que amamos lo que hacemos lo disfrutamos tanto que trabajamos más, sin tanto sacrificio, pero, al fin y al cabo, con una entrega ardua y total. Viene a mi mente ahora una frase de Enric Corbera: «Ama lo que haces, y lo que haces te amará cien veces más».

Corazón, procura que encontrar tu propósito no sea una excusa para que no logres tus sueños y para que no pongas tus dones y tus talentos al servicio de los demás. Tampoco andes por ahí creyendo que eres tan especial como para no tener nada de especial, en esta existencia, la vida no se equivoca y si estás aquí es porque, al igual que todos, tienes algo que aportar. No permitas que tu ego te haga creer lo contrario. Todos en este sistema somos maestros y alumnos, todos venimos a aprender algo que podemos conocer a través de los demás y, asimismo, otros vienen a nutrirse de aquello que nosotros podemos brindarles. No menosprecies tus capacidades porque estarás reduciendo los regalos divinos de tu existencia a los criterios limitados de la valoración de tu ego. Levántate de la cama y haz tu trabajo. Corazón, no olvides lo que yo llamo la fórmula de la perdición: cama + mucho tiempo libre = 3E (empobreces, embruteces, y te estancas) y si quieres sumar una cuarta E: engordas (jajajaja).

Ten en mente que formas parte de un plan mayor, sea lo que sea que desees manifestar, procura que tu plan cumpla con los siguientes principios:

1. **Que el deseo de obtenerlo surja de un profundo y genuino impulso de amor.**
2. **Que eso que quieres contribuya a tu mayor crecimiento, libertad y bienestar.** Por ejemplo, si tu deseo es volver con tu

ex que no te ama, es un maltratador psicológico y con quien no vas a crecer, olvídalo, tal vez vuelvas con él porque te empeñes en hacerlo y, como eres Dios, tus deseos son órdenes. La Fuente apoyará esa iniciativa, solo porque haces uso de tu libre albedrío y porque detrás de esa realidad, de manera inconsciente estarás creándote tú mismo un escenario donde probablemente salgas lastimado, y donde la Fuente potencie la experiencia, porque ha sido tu elección como única alternativa, para que aprendas a dejar de depender de quien no te valora.

3. **Que tu iniciativa se centre en el bien colectivo.** En este punto, probablemente te estés preguntando cómo es que entonces prosperan las iniciativas basadas en el odio y la división o la explotación de otros. Pues prosperan por la misma razón que acabo de exponer en el punto anterior, porque somos Dios y si eso estamos creando pues eso es lo que obtendremos. Sin embargo, la diferencia no está en los resultados que se obtienen, sino en cómo te sientes cuando los alcanzas. Las iniciativas que surgen del miedo y del ego terminan propiciando sentimientos directamente proporcionales a las emociones de vibraciones bajas con las que fueron creados. Lo que estés deseando debe beneficiarte a ti, y también a los demás. Quieres emprender, entonces pregúntate: ¿Cómo con esto puedo hacer cosas buenas por mí y por otros? Quieres libertad financiera, ¿para qué la deseas? Si tu respuesta es para viajar por el mundo y tener artículos de lujo... Hmmmm, respuesta incorrecta. Por supuesto que podrás hacer eso, pero cuál es el verdadero sentido profundo, ¿cómo con una economía próspera puedes generar valor a otros? ¿Cómo te convertirás en inspiración para los demás? ¿Cómo empoderarás a otras personas? Esas son las preguntas que salen del corazón y no del ego.

Una vez realizado este filtro, toma acción y ten presente que para actuar no existe un momento perfecto, esto solo es otra ilusión de tu mente. Nunca estarás lo suficientemente preparado porque siempre habrá algo que aprender. Si esperas a estar listo para atreverte, jamás vas a dar el salto, simplemente porque la destreza se desarrolla sobre la marcha. Se adquiere experiencia a través de la práctica y es la práctica con su ensayo y error lo que te faculta a desarrollar la maestría. No existe nadie que se haya vuelto experto en algo sin haber sido antes un estudiante, un practicante, un aprendiz y, aun así, el gran maestro sabe que siempre está aprendiendo de sí mismo y de los demás.

Actúa y no esperes a alcanzar eso que tu mente te hace creer que es la perfección. No existe eso llamado perfección, porque siempre habrá alguien que lo haga mejor que tú o existirá la posibilidad de superarte a ti mismo. Eso que llamas miedo al fracaso no es más que la excusa de tu ego para mantenerte en el lugar en el que te encuentras y evitar así que él pierda el control sobre ti. Despierta corazón, tu alma jamás sufre con eso que tu mente reconoce como fracaso, ese error es algo que tu ser celebra porque es la puerta de entrada al crecimiento. Tu alma valora y atesora en igual proporción tus aciertos o tus desaciertos porque ambos te conducen a la más alta evolución. En lugar de sufrir, goza el proceso, agradece no saberlo todo y no estar preparado, porque eso es lo que hace que este viaje de la vida sea tan emocionante. Acepta que no lo sabrás todo y que tampoco necesitas saberlo, siempre hay algo nuevo que descubrir, siempre habrá algo que practicar. Por qué temerle tanto al fracaso o a fallar si para aprender es que has nacido. Lo importante es que aprendas a amar el paso a paso y te centres más en el camino, en lugar de dejarte cegar por un objetivo que a final de cuentas no te garantiza que te vayas a sentir como tu mente te hace creer que ocurrirá.

Nadie puede garantizarte que al alcanzar la meta vayas a experimentar esa panacea que añoras. Todos buscamos un momento cúspide, pero recuerda que para el ego no hay nada que sea suficiente, su sed no se sacia, por ello, corazón, goza el proceso. Cada pequeño acto que realices cotidianamente y cada pequeño paso que te conduzca al alcance del objetivo tiene que ser un motivo de celebración. Haz que tu vida sea una fiesta constante, nadie puede quitarte ese derecho: leíste una página más que ayer, te levantaste diez minutos antes de lo habitual, comiste más verdura en la cena, fuiste más paciente y amoroso con tus hijos, evitaste hacer una crítica y juzgar a los demás, compartiste una palabra de aliento desde el corazón: ¡eureka! ESTÁS CRECIENDO, estás sanando, estás vibrando alto, estás siendo consciente de que cada acción es un regalo y de que no hay meta. No hay condiciones para ser feliz, simplemente porque ya mismo aquí y ahora puedes celebrar la fiesta de la vida desde la consciencia de que cuanto más feliz, pleno y agradecido estés contigo mismo en el presente, más de eso que experimentas hoy llegará a ti de manera multiplicada, permanente y sin esfuerzo en el futuro.

Tercera ley para manifestar: desapégate del resultado y libera el tiempo

El tiempo como creación mental es una de las armas de combate más poderosas del ego. Seguramente has sentido cómo cuando disfrutas algo y estas conectado con un momento o situación desde el corazón, el tiempo es irrelevante, cómo no te preocupas por mirar el reloj o por la cantidad de horas que has invertido. Estás vivo, estás consciente, estás disfrutando el momento y nada más importa, no hay preocupación por lo que venga a continuación. Eso es libertad.

La manifestación es la capacidad que tienes de crear y para crear requieres ser libre. Cuando te presionas estás yendo en contra de tu poder creativo y de tu capacidad de manifestar y de actuar desde la consciencia y grandeza de tu ser. Piensa en el mejor neurocirujano, capaz de hacer los procedimientos más complejos en el sistema nervioso de un paciente, un profesional que pone su talento al servicio de otros en libertad y en gozo, hasta aquí todo suena muy bien, pero ¿qué ocurriría si el paciente que está en la mesa de operaciones fuera su esposa, su madre o su hijo? Automáticamente, su capacidad de acción quedaría limitada por la expectativa del resultado. Algo así te ocurre a ti cuando coartas tu poder creativo con el peso de la idea de que lo necesitas para ser feliz. Cuanto más dependas de ello más lo alejarás de tu realidad, porque en principio, la razón por la cual tu alma está viviendo esta experiencia es para recordar su grandeza y retomar su poder, y nada te desempodera más que depender de algo para ser feliz.

No porque desees que amanezca más pronto, el sol va a acelerar su ciclo, solo porque a tu ego se le ocurrió que eso es lo que necesita para estar satisfecho. Comprende, corazón, que todo en la vida se mueve bajo tiempos y procesos y que a la única parte de ti a la que le preocupa cuánto tiempo falta para que algo se manifieste es a tu mente: una semana, un mes o un año son irrelevantes para tu alma. Corazón, tu alma es eterna, recuérdalo, y ¿qué es un año, una década o una vida para la eternidad?

Cuanto menos te preocupes por «cuándo ocurrirá» y más te centres en «cómo puedo disfrutar lo que SÍ ESTÁ OCURRIENDO aquí y ahora», más liberarás tu potencial de elevación vibracional y más facultarás la creación de condiciones para la manifestación de tu deseo. Quiero cerrar este capítulo con una de mis frases favoritas: «Solo la paciencia infinita, produce resultados inmediatos» (*Un curso de milagros*).

Integrando el aprendizaje

Plantea un objetivo, un sueño o una meta en el que desees aplicar los principios y leyes de manifestación explicados en este capítulo:

_____

_____

_____

Ahora, pasa esa meta por los 5 filtros del alma y del amor. Responde las siguientes preguntas:

1. ¿Mi principal motivación para alcanzar esta meta es interna?

2. ¿A través del alcance de este objetivo, contribuiré al crecimiento y evolución de mi alma? Descubre si tu objetivo está influenciado por el ego en lugar del Ser, pregúntate:

   - ¿Cómo podría beneficiarse mi ego si cumplo este propósito?
   - ¿Qué tan relevantes o importantes son esas ganancias para mi crecimiento personal?
   - ¿Alcanzar esa meta realmente traerá a mi vida una mejora significativa?
   - ¿Contribuirá al bienestar de otras personas?

3. ¿Estoy dispuesto a hacer todo lo necesario para alcanzar este objetivo y también estoy dispuesto a hacer renuncias y a dejar de hacer ciertas cosas que van en contra del objetivo?

4. ¿Me entusiasma más el proceso de llevar a cabo la meta, que el resultado en sí? ¿Podré disfrutar tanto de la experiencia del paso a paso como del momento en el que alcance ese objetivo?

5. ¿Creo que eso que deseo es posible de alcanzar y que yo lo merezco?

Capítulo 7

¿Y si pudieras elegir el regalo?

El responsable de tus enfados eres tú, pues,
aunque el otro haya provocado el conflicto,
el apego y no el conflicto es lo que te hace sufrir.
Anthony de Mello

Tu casa ¡es tu castillo!, tu casa es tu recinto, el lugar donde se toman las más grandes decisiones, el lugar donde debes sentirte cómodo y seguro, por ello es tu responsabilidad convertirlo en una fortaleza. Para alcanzar lo que sueñas es vital que seas cuidadoso con tus recursos más valiosos, y en este plano existencial tu principal insumo es: tu energía. Cuando te digo que cuides tu casa y que la conviertas en una fortaleza, no solo me refiero al lugar en el que habitas. Tu vivienda física es sin duda una de tus casas, pero, además de ese lugar donde tu cuerpo duerme todas las noches, en esta experiencia de vida tienes varias moradas: tu cuerpo es la casa en la que mora tu alma, tu relación de pareja es la casa en la que habitan parte de los deseos y anhelos de tu corazón, tu trabajo es también uno de los domicilios donde permaneces la mayor parte del tiempo. Tu familia y tus amigos cercanos son también tu vivienda, porque cuando estás con ellos te sientes «en tu hogar», y además de todo lo anterior, tu mente es la morada de tus pensamientos y ellos (como habrás podido ver hasta ahora) determinan la forma en la que se manifiesta tu experiencia vital.

Para entrar de lleno en el tema de este capítulo, quiero que comencemos con las metáforas que, como bien sabes, son mi recurso favorito para exponer ideas y una gran herramienta para que nuestro inconsciente acepte e incorpore nuevos conceptos. Imagina que estás en la Edad Media, que recorres un gran poblado y que transitas por el camino principal que conduce hacia un imponente castillo medieval, quieres llegar a él, pero algo se interpone en tu paso. ¿Qué es lo primero que encuentras entre el sendero y el acceso al castillo?

¡Así es, un imponente portón y en él a los guardias! Y la razón por la cual ningún castillo tiene libre acceso es simple: toda gran fortaleza contiene en su interior un tesoro, y este debe ser protegido. No se trata de ser excluyentes o presuntuosos, pero una gran morada debe reservarse el derecho a elegir a quién admitir y a quién no. Pues bien, no existe mucha diferencia entre el castillo de nuestra metáfora y tu morada mental y emocional.

Tu vida contiene un tesoro incomparable y se trata de la energía que tiene el poder de transformarse en pensamientos, emociones, elecciones y acciones capaces de manifestar cambios en la realidad y de impactar el entorno llegando incluso a hacer que por vibración se articulen oportunidades, se presenten situaciones y se propicien encuentros que podrían catalogarse como coincidencias, pero que en el fondo no son más que sincronicidades vibratorias generadas por correspondencia energética. Por esto, es tu responsabilidad que tu morada o fortaleza vibracional cuente con un mecanismo de protección y vigilancia, una guardia especial que bloquee el paso a aquellos visitantes que se acerquen con malas intenciones. Debes restringir el acceso de todo aquello que intente penetrar en tu reino y que no acuda en son de paz, y lo más importante, debes hacerlo con total autonomía, con entereza y sin ningún tipo de culpa o remordimiento, porque valorar tu tesoro implica que te sientas libre de protegerlo de aquello que pueda disminuir su valor o ponerlo en riesgo. Así de simple.

En este apartado dedicaremos unas líneas a hablar de las relaciones interpersonales y de su papel en la materialización de la vida que sueñas. Hablaremos de tu familia, tus amigos y tu pareja, y nos adentraremos en ese delicado terreno relacionado con esquemas mentales que te hacen sentir que debes permanecer en vínculos que no son sanos, simplemente porque ese es tu deber, incluso, cuestionaremos la idea de que tienes que ser leal y cercano a tu familia, solo porque eso es lo que «se debe hacer» y no porque sea lo que de verdad deseas o algo que contribuya a tu más alta evolución.

Hemos sido entrenados para sentir que estamos en deuda con aquellos que en algún momento nos brindaron cariño, cuidado o favores. Hemos sido instruidos con una gran obligación moral asociada a ser fieles a nuestro clan familiar y lo más importante: estamos programados para honrar a nuestro padre y a nuestra madre. Sin embargo, en el camino, el significado de estas afirmaciones pasó de ser una elección por convicción a ser una ejecución por obligación, formando parte de nuestro inconsciente colectivo.

Realiza el siguiente ejercicio reflexivo. Dedica unos minutos a contestar por escrito qué significa para ti honrar al padre y a la madre. Procura ser explícito y directo y en lugar de escribir ideas ambiguas, establece acciones concretas a través de las cuales tú sentirías que estás honrando a tus progenitores:

> Teniendo en mente lo que me han enseñado y lo que he aprendido e interpretado de las actitudes de mis padres, para mí, honrarlos significa:
>
> _____
>
> _____

Revisa si tus ideas al respecto coinciden con expectativas como: respetar a los padres, entendiendo el respeto como no llevarles la contraria, darles la razón, o incluso, no cuestionar sus opiniones o decisiones. Analiza si tal vez para ti honrarlos está relacionado con complacerlos, entendiendo la complacencia como satisfacer sus expectativas, actuar de la manera en la que ellos esperan, realizar actos que estén de acuerdo con lo que ellos anhelan. Revisa si tal vez en tu caso tiene que ver con hacer que tus padres se sientan orgullosos, y en este punto, analiza si la forma en la que tu inconsciente cree que puedes hacerlos sentir orgullo es construyendo una vida que encaje dentro de lo que tus padres esperan.

En el camino espiritual he aprendido que existe una forma más amorosa con la vida y con nosotros de honrar a nuestros padres y consiste en ser auténticos, vivir en libertad y expresar amor en todas nuestras dimensiones humanas, **sin importar** que esto sea o no del agrado de nuestros padres, y te voy a explicar por qué.

Imagina que ahora eres tú el padre, tienes un hijo pequeño. Imagina además que cuando eras un niño no contaste con muchos recursos económicos y no tuviste la oportunidad de estudiar. Imaginemos también que como careciste de recursos, en tu niñez escaseaba la comida y tu anhelo más grande era que hubiera carne sobre la mesa puesto que esto era considerado un lujo. Ahora ya eres adulto y eres padre, y como padre tu mayor deseo es que a tu hijo no le falte lo que a ti te faltó, por consiguiente, con la mejor intención te esfuerzas por darle todo lo que no tuviste. Siempre pones carne sobre la mesa y trabajas sin cesar para darle la educación de la que tú careciste. Estás amando profundamente a tu hijo dándole lo que **TÚ CONSIDERAS** importante, pero resulta, que tu pequeño niño odia la carne, es más, su nivel de consciencia es totalmente diferente al tuyo y en consecuencia es un alma que desde que encarnó eligió ser vegetariana, y además es un alma tan libre que comprende que el sistema educativo no le brindará los recursos que necesita para cumplir con su propósito de vida, propósito que está orientado al arte y tal vez a servir como voluntario en labores comunitarias.

Sigamos con la historia, imaginemos que, durante la infancia, tu hijo asume y acepta lo que tú (con tu mejor intención) deseas darle, que en la adolescencia por no sentirse culpable y no defraudarte esconde sus verdaderos deseos, y que finalmente, tan pronto alcanza la mayoría de edad, el peso resulta inmanejable hasta el punto de que decide empezar a llevarte la contraria estableciendo firmemente su posición personal abandonando los estudios, yéndose de casa y tomando sus propias decisiones. ¿Cómo te sentirías como padre? ¿Cómo crees que manejarías la situación? ¿Habría en ti desilusión, decepción, reproches y juicios? ¿O elegirías la vía del respeto y del amor? Si pudieras analizar las dos alternativas, que siempre son miedo y amor, ¿cuál crees que sería la vía que elegiría el ego y cuál la vía elegida por tu alma?

Observa corazón, que solamente el ego podría sentirse defraudado y recurriría a la manipulación y a la persuasión creyendo que tiene la razón, y que solo su verdad es válida. Por el contrario, el alma celebraría la libertad, se sentiría orgullosa del criterio personal del hijo, respetaría sus elecciones y comprendería que cada uno de acuerdo con su nivel, está en capacidad de elegir la vía de aprendizaje y evolución más adecuada para su proceso personal.

Tus padres y los míos provienen de momentos históricos distintos, sus historias personales difieren de las de las nuevas generaciones, sus aspiraciones, programaciones y elecciones también lo son, por esa razón muchas veces desde la inconsciencia (insisto, con la mejor intención) han depositado en ti la expectativa de realizar sus sueños fallidos a través de tu vida, o de que tú sigas el camino recorrido por ellos, o que puedas superar los logros que ellos alcanzaron, pero ¿quién les dijo a ellos que eso es lo que te haría feliz?

Nuestros roles de padres e hijos serían mucho más sencillos si comprendiéramos que honrar a nuestros progenitores y, por ende, a todo nuestro clan familiar o árbol genealógico es tan simple como *vivir nuestra vida mejor que lo que nuestros antepasados pudieron*. Ten presente que esto no implica superar a nadie, ni seguir los pasos de nadie, ni cumplir con las expectativas de nadie, simplemente implica: ser más felices, ser más libres y ser más auténticos. Cuando un hijo logra desarrollar una experiencia vital que supera, en plenitud, armonía y coherencia, la vida que pudieron haber llevado sus padres, YA LOS ESTÁ HONRANDO. El resto, simplemente corresponde a deseos egoístas y condicionamientos del ego.

Cuando de nuestros padres se trata, es común que carguemos en nuestro inconsciente no solo la responsabilidad de tener que honrarlos, sino la obligación de tener que amarlos y esto es algo que tampoco es cierto. No estás en obligación de amar a tus padres, y tampoco estás en deuda con ellos. Voy a compartirte una historia.

Recuerdo con mucha emotividad el caso de una paciente que acudía a consulta porque no lograba desarrollar un sentimiento genuino de amor por su madre. Su historia se resume en que desde muy pequeña su madre la lastimó y abusó dejándole claro que estaba en deuda porque ella (su madre) le había dado la vida, y, por tanto, la obligación de mi paciente era devolver con creces el hecho de que le hubieran permitido vivir, y la forma de pagar esa deuda sería con su cuerpo. Desde los cuatro años mi paciente fue forzada a realizar «juegos con adultos» que en realidad eran favores sexuales que debía llevar a cabo con su propia madre y con los hombres que visitaban frecuentemente la casa en la que ambas vivían. A los nueve años, lo que antes eran «juegos» se transformaron en actos sexuales mucho más violentos y explícitos a cambio de dinero, comida u obsequios que terminaban en manos de su madre. A los catorce años logró escapar de casa y no volvió a tener contacto con ella hasta los veintinueve, momento en el que su madre apareció en búsqueda de una reconciliación lamentando lo ocurrido en los años anteriores.

Mi paciente batallaba con un sentimiento de culpa por el hecho de que no conseguía desarrollar un amor genuino por su progenitora, había logrado perdonarla y mantenía con ella una relación respetuosa, que no era cercana, pero que era relativamente frecuente y cordial, no obstante, no lograba sentir que «amaba» a su mamá y la culpa la carcomía por dentro.

En el proceso terapéutico fue sumamente liberador para mi consultante descubrir que ya había dado un enorme paso al incorporar la comprensión y el perdón, que había dado incluso un paso más allá de lo esperado al aceptar y desear mantener contacto con la mujer que la había maltratado tanto. Sin embargo, la sanación emocional para mi paciente llegó el día que comprendió que NO EXISTÍA ninguna obligación de desarrollar hacia su madre sentimientos de amor, gratitud, respeto o admiración, que no estaba en deuda con nadie y que no tenía por qué sentirse mal por no amar a la mujer que en lugar de cuidarla y protegerla, había abusado de ella.

Mi paciente se liberó de una gran carga mental en el momento que comprendió que había demostrado una compasión increíble (incluso más allá de la esperada), ya que en estos casos, lo habitual es que las personas afectadas sanen simplemente desarrollando la capacidad de pasar del rencor a la indiferencia, entendida esta última como: mantener una actitud neutra frente al agresor (sin desearle ni el bien ni el mal) liberándose del yugo de los sentimientos negativos y sin albergar deseos de venganza o ajustes de cuentas. Lo curioso de este caso y la razón por la cual he querido compartirlo es porque más allá del abuso, y más allá de las heridas profundas del rechazo y la humillación, lo que carcomía emocionalmente a mi paciente era la **culpa** por no hacer lo que se supone que debemos hacer como buenos seres humanos: «honrar al padre y a la madre» y amarlos simplemente por el hecho de que nos dieron la vida.

Tal vez al leer este caso estés cuestionando la relación con tus progenitores, y tal vez una parte de ti esté comparando con alivio lo que te acabo de compartir versus los acontecimientos ocurridos en tu infancia. Deseo con profundo amor que tu niñez haya sido muy diferente a la que te acabo de contar, pero si no fuese así, no me sorprendería, pues como psicóloga debo decir que lo que se observa en consulta muchas veces supera la ficción de las historias que vemos en pantalla. Sea cual sea tu realidad, he decidido abrir este tema para mostrarte que en esta existencia no estás en deuda con nadie y que tampoco estás en la obligación de aceptar, seguir, tolerar o desear estar con nadie, incluso aunque se trate de aquellos que te trajeron al mundo.

Antes de rechazar lo que te estoy planteando, por favor ponte cómodo y relájate para que podamos desarrollar esta idea con amor, comprensión y consciencia. Existe una gran diferencia entre sentir gratitud real, valorar con cariño, y sentir respeto por todo aquello que nuestros padres o tutores hicieron por nosotros, versus sentir que estamos en deuda con ellos por los grandes sacrificios que realizaron. La vía de la gratitud corresponde a la consciencia y el amor incondicional, la vía de la deuda, la culpa y el compromiso jamás será amor, y corresponde a las estrategias de intercambio del ego.

Verás, cuando hablamos del amor incondicional y libre, observamos que nuestros padres han hecho un gran trabajo pese a sus heridas emocionales, a sus historias de vida y a sus miedos, vacíos y egos. Tus progenitores y los míos se entregaron a la tarea de la paternidad haciéndolo lo mejor que pudieron, y de eso puedes estar seguro, simplemente porque si hubieran sabido hacerlo mejor, lo hubieran hecho. Más allá de eso, hoy, como un adulto consciente, tú tienes la capacidad de reconocer los esfuerzos, valorar la entrega, y admirar la historia detrás de tus padres, agradeciendo su dedicación y sintiendo genuinamente que desde el amor y la libertad quieres corresponder lo que ellos te han dado, *porque los amas y porque te nace desde el corazón*, no porque es tu obligación hacerlo o porque serías un desagradecido o una mala persona si no lo hicieras.

¿Amar y agradecer a tus padres? Claro que sí, si es lo que te nace del alma, pero jamás sentir que estás en deuda con ellos, porque sea lo mucho o poco que te hayan brindado, lo que te dieron, lo brindaron haciendo uso de su libre albedrío. Tú no fuiste una carga, tus padres no te estaban haciendo un favor, tu crianza no fue fruto de la caridad, ni lo que te dieron debió considerarse como una «donación», tú eres parte de tu padre y de tu madre porque tienes su ADN en tu interior, porque su energía, su historia, su vibración permeó tu existencia. Tú fuiste un impulso de deseo que movilizó en un hombre y una mujer la energía sexual divina a través de la cual se crean realidades y por medio de la cual se origina la vida misma. Tu padre y tu madre viven en ti, tú fuiste el fruto de su decisión y traerte al mundo no fue un favor, fue su elección. Y en el momento en el que esos dos seres humanos eligieron darte vida, la vida se convirtió en TU DERECHO DIVINO. No se trata de que te hayan deseado como hijo o que hayas sido fruto de un suceso inesperado, estás aquí por un principio de causa-efecto, acción-reacción y de ese proceso tú fuiste una decisión y, por tanto, era su responsabilidad asumir las implicaciones de sus elecciones. Tú no estás en deuda, tú eres una manifestación divina, no lo olvides nunca.

Sé que es común que nuestras programaciones inconscientes saquen a la luz momentos de grandes sacrificios realizados por nuestros padres. Seguramente aparecerán en tu mente imágenes de esfuerzos económicos, cuidados, cariño, angustia por las implicaciones de la economía o la paternidad… Todo esto pueden ser recuerdos que nos llevan a sentir que ellos hicieron mucho por nosotros, y es hermoso que ese sentimiento de reconocimiento aflore, pero, siempre y cuando su surgimiento provenga desde la gratitud genuina y la valoración real de la inocencia, la libertad y la grandeza de saber que no era su obligación hacerlo, que ellos lo eligieron y lo decidieron y que al mismo tiempo TÚ LO MERECÍAS. Reconocer que tú eres un hijo de la divinidad, que encarnaste a través de un padre y una madre terrenales, y que por tanto merecías cuidados y amor, es tan maravilloso como observar que tus padres merecen gratitud y reconocimiento, y que, por tanto, no debes sentir que estás en deuda.

Me detengo a hablar de la familia de sangre o familia de origen, porque en muchas ocasiones como adultos sentimos que en nuestra familia somos como bichos raros y que «no encajamos». Pareciera que las relaciones más difíciles las tenemos con aquellos con los que nos criamos y que nuestros padres pueden ser las personas a las que más amamos, pero a la vez, las que menos toleramos o con quienes nos resulta más complejo expresarnos o ser quienes verdaderamente queremos ser. Esto ocurre por varias razones y voy a mencionar algunas de ellas brevemente.

A nivel psicológico una de las razones por las cuales el contacto con la familia resulta muy complejo para la mayoría de nosotros es que, de manera implícita o explícita, nuestra familia es la institución que más deposita expectativas en nuestro actuar. El peso de saber que hay un grupo de personas cercanas, esperando algo de nosotros hace que nuestra interacción se torne tensa y que sentimientos como la frustración y el descontento afloren con facilidad. También ocurre que con nuestra familia nos permitimos tener ciertos comportamientos que probablemente no tendríamos con alguien externo, puesto que inconscientemente creemos que la familia estará dispuesta a tolerar todo de nosotros, por tratarse de aquellos que «nos deben querer porque les toca» o simplemente, porque son aquellos que más nos aman, y así, inconscientemente abusamos del nivel de tolerancia dejando que la familia vea nuestra sombra con más facilidad, como bien indica el adagio: «candil de la calle, sombra en casa». Muestra de ello es que probablemente cuando tu hermana está molesta te habla a ti de una manera en la que jamás le hablaría a su jefe o compañeros de trabajo, o tus padres jamás criticarán, opinarán o abrumarán a sus amigos con sus opiniones o expectativas de la misma manera en la que lo hacen contigo.

A nivel espiritual hay un tema más profundo que explica la complejidad de las relaciones familiares, y es que nuestra alma elige a la familia de sangre de acuerdo con la compatibilidad vibracional y la correspondencia kármika que requiramos para nuestra más alta evolución. En palabras más sencillas, al encarnar eliges una familia que va a representar para ti la serie de retos y aprendizajes que requieres completar y adquirir en esta encarnación para seguir sanando y creciendo. Precisamente por ello, la familia resulta ser un desafío, pero esto no es negativo, por el contrario, para aquella persona que esté dispuesta a asumirlo desde su grandeza, todo gran reto siempre traerá la oportunidad de adquirir sabiduría y un profundo aprendizaje.

De cualquier modo, en la niñez y en la juventud temprana nos vemos comprometidos a conservar los vínculos familiares mayormente por condiciones sociales y económicas, sin embargo, esta situación no tiene por qué extrapolarse a la adultez, pues es en esta etapa vital en la que como seres humanos conscientes, autónomos e independientes deberemos elegir hasta qué punto la cercanía con nuestro clan familiar suma evolución y crecimiento o, por el contrario, representa una excusa perfecta para que nuestro ego siga haciendo de las suyas con las máscaras que ya hemos mencionado y continúe justificándose en la inacción y el estancamiento mediante culpa, compromiso, lealtades familiares, y lamentaciones por los sueños que no puede realizar debido a la estructura familiar a la que pertenece. Por tanto, siempre como adultos podemos amar y agradecer profundamente a las relaciones familiares, sin que ello implique que tengamos que permanecer anclados a una serie de acontecimientos, compromisos o interacciones que solo surgen del «deber ser» y no de la elección consciente del corazón.

Por favor ten presente que todo lo anterior no solo aplica para las relaciones familiares, también aplica para los amigos y las relaciones de pareja, considerando que siempre, siempre, siempre, tienes el deber, el derecho y la libertad de elegir. No puedes elegir a tu familia de sangre, pero sí puedes elegir la cantidad de tiempo que pasas con ella, el nivel de participación que les brindas en tus asuntos personales o tus decisiones, así como las responsabilidades morales o económicas que asumes con sus miembros. Siempre puedes elegir las relaciones sociales que conservas, el tipo de conversaciones que alimentas y la cantidad de tiempo que inviertes o desperdicias en ellas. Siempre puedes elegir continuar en una relación de pareja o terminarla para tu más alta evolución, pues sin importar que estés casado, que tengas hijos o que lleves diez años con la misma persona, cada día que pasas con una pareja con la que ya no te sientes pleno y feliz, estás eligiendo nuevamente a esa relación, y no se trata de que la hayas elegido hace diez años, cada día vuelves a ratificar tu elección porque todos los días tienes el derecho de decidir. ¿Comprendes?

Tus relaciones sociales, familiares y de pareja pueden incrementar tu energía y tus iniciativas, o pueden convertirse en parásitos que se alojan en tu mente, alimentándose de tu energía vital sin que te des por enterado y, corazón, cuando de tener la vida que sueñas se trata, es vital que te protejas de todo aquello que, en lugar de potenciarte, te aleje de la realización de tus sueños; y en este aspecto, soy sumamente radical.

Permíteme darte varios ejemplos: Si tú lo consientes, esa vecina inconforme que siempre te busca para hablar a espaldas de otros y que siempre tiene algo negativo que opinar de los demás, puede convertirse en una ladrona energética. También puede estar drenando tu vibración esa amiga que te llama a pedirte consuelo y hablarte de la undécima ocasión en que termina y regresa con su pareja infiel pero que a final de cuentas no se atreve a tomar decisiones. También podría tratarse del familiar que siempre se queja de sus finanzas, que pide ayuda económica y que pese a recibir apoyo financiero, siempre termina en una crisis peor esperando ser nuevamente rescatado. Aplica también como ejemplo el compañero de trabajo que siempre reniega de lo desconsiderado que es su jefe, pero que lleva cinco años en la misma organización y nunca ha postulado a un nuevo empleo, tu madre que en cada conversación te repite lo infeliz que es su vida y lo desconsiderado que es tu padre, o ese grupo de amigos con quienes te reúnes periódicamente y que, pese a que no les falta nada y gozan de una vida cómoda, en cada reunión solo saben hablar de lo mal que está la economía, de la crisis social y de que se vienen tiempos difíciles.

Si no estás atento, tus interacciones pueden estar drenando tu energía, no porque otras personas tengan la capacidad de «robar algo que te pertenece» o porque tengan el poder de «contaminar tu vibración» sino, porque no estás lo suficientemente consciente como para protegerte y evitar contagiarte de sus pensamientos repetitivos, de su negatividad, de su visión catastrófica y de sus círculos interminables de victimismo y desempoderamiento. ¿Recuerdas lo que te compartí en el primer capítulo acerca del «estadio negativo»? Pues estas personas van en coches de alta gama por la autopista de los pensamientos negativos a doscientos kilómetros por hora y si no estás atento, tú serás su copiloto o, lo que es peor, terminarás siendo arrollado por alguno de ellos y arrojado fuera de la carretera.

Con mucha consideración, sin juicios y con comprensión, tienes derecho de identificar a estas personas difíciles y de elegir limitar las interacciones que les brindas, no por rechazo a ellas, sino por respeto y amor hacia ti. A estas personas yo las llamo «virus energéticos oportunistas». Sus egos se han vuelto tan insaciables que no se satisfacen con la energía densa de su propia realidad, sino que requieren alimentarse también de una validación exterior proveniente de sus entornos y relaciones cercanas. Estos virus penetran en tu sistema si tú les abres paso, y se instauran para quedarse.

Momento de reflexión

Piensa en alguien cuyo diálogo permanente sea negativo y cuyas emociones predominantes sean de rabia, inconformismo, angustia o dolor. Pregúntate cuánto ha mejorado la vida de esta persona por esta actitud, y más allá de eso, confróntate a ti mismo e identifica si escuchando sus quejas o sus lamentaciones una y otra vez, tú has contribuido realmente a su crecimiento y su evolución. Responde las siguientes preguntas:

- ¿Ha cambiado su comportamiento?
- ¿Tus consejos o recomendaciones han sido tenidos en cuenta?
- ¿Qué estés a su lado escuchando una y otra vez lo mismo realmente motiva a esta persona a salir de su zona de confort y a buscar nuevas alternativas?
- Al promover que esa persona hable siempre de lo mismo, ¿estás ayudándola a pensar y actuar diferente o estás reforzando sus conductas autosaboteadoras?
- Al permanecer disponible siempre para que esta persona hable sin parar del dolor, ¿estás contribuyendo a su sanación o a que más dolor y tristeza se multipliquen en su vida?

Ahora pregúntate si (tal vez sin saberlo y con la mejor intención) en lugar de ser un aliado para el crecimiento de su ser, te has convertido en una herramienta de su ego.

Por último, cierra el libro y pregúntate si en tu entorno cercano, tal vez eres tú quien pueda estar llenando la vida de otros con tus quejas, lamentaciones y cargas vibracionales densas.

Volvamos a los ejemplos que compartí hace un momento, ante estos escenarios de relaciones con personas negativas o victimistas, generalmente ocurre alguna de estas dos cosas:

Primera opción. Después de compartir con estas personas, tu estado de ánimo no resulta afectado, es decir, no te sientes triste ni abatido. Después de todo, ya estás familiarizado con sus quejas constantes. Sin embargo, después de pasar un rato con ellas, aunque no estás propiamente deprimido, sí sientes que terminas con una carga emocional altísima (que por cierto no te corresponde), quedas tenso, con una sobrecarga de ideas, quejas, pensamientos y sentimientos que solo vibran en negativismo, y aunque aparentemente estás tranquilo, tu energía vital baja automáticamente. Es como si sintieras que necesitas dormir y que no tienes deseos de hacer nada que represente un gran consumo energético. Claramente esto ocurre porque las personas con las que interactuaste consumieron gran parte de tu energía vital.

Segunda opción. Después de pasar un rato con estas personas (y en especial si son realmente significativas para ti) terminas triste, preocupado y frustrado, porque el cariño profundo que sientes por ellos desata en ti una sincera angustia y desconsuelo, y te conviertes en solidario de su dolor y además, en parte, te sientes responsable de ayudarlos y hacer algo que transforme su realidad (aunque en el fondo sabes que ellos no quieren ayudarse a sí mismos).

Con esto no te estoy planteando que debas pasar a la indiferencia para poder lograr tus sueños, lo que quiero es invitarte a tener consciencia de que eso que deseas *también es posible para ti* si aprendes a ser muy selectivo en aquello en lo que enfocas tu atención. Si permanentemente sostienes conversaciones de desamor, frustración, injusticia e insatisfacción, aunque tú no seas el que las esté propiciando, ¿qué crees que terminará por alojarse en tu inconsciente? ¿Y qué crees que terminarás materializado? Recuerda corazón, existe una gran diferencia entre escuchar a un amigo en una situación difícil y ofrecerle una mano y una voz de aliento cuando lo requiera, y el hecho de reforzar permanentemente el victimismo de alguien que ha encontrado la queja, la culpa y el drama como únicas estrategias para afrontar la vida, recibir atención y generar compasión.

Como terapeuta, puedo asegurarte que existe una brecha abismal entre emplear el dialogo para procesar una emoción, interiorizar un asunto no resuelto o sanar, y emplear el dialogo para victimizarse o reforzar la actitud negativa y derrotista ante las circunstancias de la vida. En este último caso, la conversación recurrente, en lugar de sanar, aumenta el dolor, fomenta la instauración de creencias limitantes, desarrolla patrones de pensamiento y correlaciones cerebrales que hacen que quien ya negativo es, más negativo sea.

Hemos hablado hasta ahora de las relaciones que sostienes, pero esto aplica además para todo aquello con lo que alimentas tu mente, qué tipo de programas de televisión consumes, qué lees, qué cuentas sigues en tus redes sociales, con qué estás abasteciendo tus pensamientos, cuál es su materia prima. No conozco a nadie que se haya hecho más amoroso, que se haya vuelto más pacífico o que se haya hecho más rico por ver las noticias. Por el contrario, las noticias hacen todo menos ayudarnos a aliviar el estrés. Si por tu trabajo, tu profesión o tus inversiones debes estar al tanto de los acontecimientos, entonces, enfócate en buscar selectivamente la información que te corresponda, pero ten presente que no ganas absolutamente nada llenando tu mente de información negativa que centre tu atención en las crisis.

Pensar en crisis solo traerá más crisis para ti, por favor pregúntate esto: ¿acaso no han prosperado personas aún en medio de las crisis más severas? Ten en mente que cuando en una sociedad hay situaciones difíciles, siempre existe una minoría a la que estas circunstancias parecen no afectarles y que en medio de tanta aparente adversidad continúan progresando en sus vidas. ¿A qué crees que se deba? Contrario a lo que te han hecho creer, estas personas no avanzan en medio de las crisis porque tengan más suerte o recursos económicos inagotables, o porque pertenezcan a una clase particular de la sociedad, estas personas parecen inmunes a las crisis por una sola razón: su capacidad de prosperar en medio de acontecimientos críticos es proporcional a su incapacidad de contagiarse del negativismo colectivo.

Hace algún tiempo alguien muy cercano a mí me hablaba de lo preocupado que estaba por la crisis que se avecinaba a nivel político en mi país, la reforma laboral auguraba que para los pensionistas las condiciones iban a empeorar notoriamente. Por supuesto esta persona era pensionista y estaba muy alterada. Cada vez que nos veíamos hablaba de lo mismo, de lo oscuro que se veía el panorama, de cómo le afectarían esos cambios y de que no encontraría ninguna alternativa para sobreponerse a tan perverso futuro.

En la cuarta ocasión que me habló de lo mismo lo detuve y le pregunté:

—¿En la actualidad estás viviendo esa crisis?

Como era de esperar, me respondió que no, que en el presente todo estaba bien. Entonces lo miré fijamente y le dije:

—Estás dejando de disfrutar un presenten en el que no hay ninguna dificultad, preocupándote por una crisis que ni ha llegado y tal vez nunca llegue.

—Y cómo no me voy a preocupar por ello si me puede afectar. Es necesario estar enterado de lo que va a ocurrir, tú vives en las nubes —replicó.

—Dime, ¿con preocuparte y brindarle toda tu atención puedes hacer que ese futuro no se materialice? —La respuesta fue que no. Y añadí—: Lamento decirte que lo que estás haciendo es todo lo contrario. En lugar de evitarlo, al darle importancia, le estás inyectando energía a esa posibilidad, aunque no seas consciente de ello, las leyes universales aplican y el universo SIEMPRE DICE SÍ. Enfocar tu atención en ese asunto, es sumar tu energía a la energía que ya están depositando en el mismo acontecimiento miles de personas en el país. Lo que estáis haciendo todos juntos es decirle al campo cuántico que eso es lo que QUEREIS que pase...

Esta persona me dijo que entendía lo que quería decirle, pero que, si no pensaba en ello, entonces no podría prepararse para afrontarlo, mi respuesta fue sencilla: «La mejor forma de prepararte para afrontar cualquier crisis es sembrando en el aquí y ahora las semillas de los frutos que deseas recoger más adelante. no vas a lograr estar listo para afrontar un acontecimiento preocupándote y quejándote, no vas a estar listo pensando, sino actuando. Si te preocupa la economía, comienza a tomar acción para materializar más abundancia en lugar de drenar tu energía vital con pensamientos inservibles y desgastantes».

Cito este ejemplo porque aplica para ti también. Recuerda, el universo NO FILTRA tus deseos, si tu piensas: «no quiero ser pobre, no quiero ser pobre, no quiero ser pobre...», el universo está recibiendo tu vibración de pobreza, de miedo y de carencia. El universo no descifra tus pensamientos, ni tampoco los interpreta para leer entre líneas qué es lo que quieres y qué es lo que no, el universo recibe la vibración que emanas al producir esos pensamientos. Cuando piensas en catástrofes y desgracias, aunque estés diciendo «por favor que eso no me pase» estás vibrando en miedo y desgracia, y el universo recibe tu pedido, no lo juzga. Donde pones tu atención ahí estás decretando su realización.

Muchos de mis consultantes y los asistentes a mis talleres me dicen «Maria, pero y si la persona negativa es de mi familia», y mi respuesta es la misma: «¡Con mayor razón ALEJATE! porque por el vínculo sentimental serás mucho más vulnerable a que te afecte ese entorno». Voy a compartirte el caso de una persona a la que amo profundamente y que es muy cercana a mí. Con su entrega incondicional y su lealtad es una de las personas más importantes en mi vida y por eso me emociona mucho hablarte de ella porque me siento profundamente orgullosa.

La protagonista de esta historia proviene de una familia numerosa donde algunos de los hijos ya han partido y otros permanecen en el hogar paterno y materno. Entre esos hijos se encuentra la persona de la que voy a hablarte. Hasta hace algún tiempo vivía en casa de sus padres donde la toxicidad se respiraba en el aire. Papá y mamá, que desde hace muchos años no trabajaban, sostenían una relación distante y tensa, a esto se sumaba que la situación económica de la familia era muy crítica tanto para los que vivían en casa como para algunos de los que ya se habían marchado. El padre todo el tiempo sostenía un diálogo negativo y carente sobre el dinero, todo el tiempo hablaba de escasez y cualquier ingreso que llegaba a casa en lugar de ser celebrado era lamentado y catalogado como insuficiente, además siempre estaba preocupado sobre cómo vendrían los ingresos para el mes entrante. La persona de la que te hablo hacía lo que podía por ayudar económica y emocionalmente a sus padres y a sus hermanos, con los ingresos que recibía no solo apoyaba el hogar en el que vivía sino indirectamente al resto de «hogares satélites», es decir, a sus demás hermanos y sus familias que de vez en cuando o ante una crisis pasaban, esporádicamente por la casa de los padres a abastecerse. Todo esto se agravaba porque la persona de la que te hablo llevaba mucho tiempo sin empleo estable, parecía que para ella las cosas no fluían, y cuando por fin pudo emplearse en algo que la hacía feliz y realmente la apasionaba, sus ingresos iban directamente a la familia que bien los recibía pero que poco hacía por aportar también para solventar la crisis que atravesaban. En lugar de generar ingresos, algunos de sus hermanos la cuestionaban por no contribuir más, y en medio de la rivalidad familiar una de sus hermanas se burlaba, la humillaba y hasta la calumniaba.

Esto no está muy lejano de la realidad, probablemente te sientas identificado al leer estas líneas porque sé que en muchas familias los conflictos internos son mayores a los que se podrían encontrar en cualquier oficina o círculo social.

Siguiendo con la historia, el dolor emocional que sentía la protagonista de esta situación era insoportable, y de repente nuevamente su economía volvió a verse afectada. Como yo conocía su caso muy de cerca, le expliqué el proceso de abundancia desde los principios espirituales y, desde la psicología, la acompañé a ver cómo ella no estaba contribuyendo ni a su vida ni a la de su familia si seguía alimentando esta dinámica de compensación patológica «victima-salvadorvictima» que operaba así: sus padres y hermanos eran víctimas de las desgracias económicas y emocionales, ella los salvaba económicamente, pero como nunca era suficiente y en lugar de gratitud recibía maltrato, terminaba convirtiéndose, a su vez, en víctima de sus padres y hermanos.

Como ves, esto era un ciclo que no traía beneficio para nadie. Después de un tiempo y armada de valor estaba decidida a marcharse de casa y a iniciar su propia vida, y justo cuando iba a tomar la decisión de alejarse apareció su padre a quien ella ama profundamente diciéndole «hija yo sé que tú no te vas a ir y no nos vas a dejar». Eso bastó para que toda la iniciativa de esta mujer se fuera abajo. El ego hizo uso de todo el amor que sentía por su padre y se presentó en compañía de uno de sus mejores aliados: la culpa.

Esas palabras bastaron para que esta persona desistiera. No toleraba causar daño y dolor a sus seres queridos y se sentía mal si los abandonaba. Sin embargo, la vida en su infinita sabiduría siempre busca el mayor bienestar para nuestras almas y las mayores lecciones no siembre vienen en paquetes de regalo suntuosos. Unos meses después ocurrió una gran pelea, todo se ocasionó por la hermana que tanto la atacaba y que, por cierto, no vivía en esa casa, no aportaba económicamente para atender a sus padres y, en lugar de contribuir al hogar, desangraba su economía cada vez que se presentaba. Esta mujer generó una discusión muy fuerte, acusó a la protagonista de esta historia de conseguir el dinero de maneras poco honrosas, la difamó, habló acerca de cómo se gastaba el dinero en ella misma en lugar de darlo al resto de la familia y cuestionó por qué no daba más. Puso a todos en contra y convenció a sus padres para que le pidieran que se fuera del hogar.

Este fue el momento cúspide, la persona de la que te hablo meses antes tuvo la opción de irse desde el amor y en paz, pero la culpa no la dejó, y en su infinita sabiduría la vida le presentó una situación de humillación, rechazo, injusticia y dolor mucho más fuerte para que aprendiera a elegirse a sí misma, a no tomar decisiones desde la culpa y a hacerse a un lado cuando fuera necesario. Lamentablemente el precio que tuvo que pagar fue mayor porque ahora tenía que lidiar no solo con el reto de irse de casa, sino con el dolor de perdonar a su familia y sanar sus heridas emocionales. Observa en esta historia cómo lo que no queremos aceptar nos perseguirá incesantemente hasta que lo hagamos consciente, y mientras más huyamos de ello, más avasalladora y dolorosa será su llegada.

Finalmente, la protagonista de este caso se fue de casa, sin nada más que sus prendas de vestir y su mascota. Hoy asegura que ha sido una de las mejores elecciones de su vida. El reto no fue nada fácil, sin embargo, la vida estaba de su lado, donde no parecían haber salidas, de repente y «mágicamente» aparecían oportunidades. Encontró sin dificultad un lugar donde vivir mucho más lindo y cómodo de lo que ella imaginaba, las personas que la querían se hicieron presentes para apoyarla en este gran paso, varios de sus hermanos estuvieron de su parte y la motivaron en el proceso y ella pudo buscar su libertad física, económica y emocional. Hoy es libre, ya tiene un automóvil y está pagando su propio apartamento. Vive feliz, plena y mucho más abundante de lo que hubiera podido ser en casa de sus padres. La situación con sus progenitores y sus hermanos se sanó y ella amorosamente contribuye en el hogar y los apoya, pero ya no desde la culpa autoimpuesta, sino desde el amor. Así, brinda lo que le nace cuando le nace y no permite que nadie intente cuestionar sus finanzas.

Alejarse no significa necesariamente poner distancia física (aunque debo decir que muchas veces es necesario), alejarse significa hacerle saber a tu madre, por ejemplo, que la amas profundamente y que te encantará salir con ella a hablar de moda, a tomarte un café y reírte de las cosas lindas de la vida, al cine o de compras, pero que por lo mucho que la amas, ya no estarás dispuesta a llamarla todas las noches a escuchar sus lamentos sobre las infidelidades de papá.

Por otro lado, sé que en el ambiente laboral cuidar «tu castillo» puede resultar un poco más complejo, pero también puedes estar atento y elegir con consciencia de qué hablas con tus compañeros en la cafetería o en la hora del almuerzo. Probablemente no puedas evitar muchos de los encuentros laborales y te veas forzado a trabajar en equipo con esa persona que tiene una energía tan densa que podría cortarse con un cuchillo, sin embargo, si no puedes evitar compartir espacio y tiempo con ella, lo que sí puedes elegir es relacionarte con consciencia analizando su comportamiento y monitoreando tus emociones, procurando que tu estado de ánimo no se vea afectado o influenciado. Pero cuidado, cuidado, cuidado, una cosa es ser consciente de tus emociones en presencia de una persona de energía densa y otra es juzgar al otro por ser tan negativo, rechazarlo, criticarlo y sentir que tú eres mejor. Si esto llega a pasar, ¡alerta!, tu ego ha tomado el control.

Este capítulo se resume en una invitación sincera a que desarrolles la consciencia de elegir sabia y amorosamente (amorosamente contigo) qué tipo de relaciones deseas sostener y por ende con quién vas a corresponder. No podrás alcanzar eso que sueñas si te rodeas de personas que no van con tu sueño. Quieres abundancia, rodéate de personas abundantes y aprende a sentirte cómodo en su presencia, quieres desarrollar tu capacidad de amarte a ti mismo, entonces que quienes te acompañen sean personas que irradien seguridad, confianza y que hayan aprendido a disfrutar de su propia compañía, quieres emprender, entonces que quienes te acompañen sean personas valientes, decididas, disciplinadas y constantes. Quieras o no, ser coherente es fundamental para la materialización de eso que tanto deseas y que también es posible para ti, pero no olvides que solo podrás alcanzarlo cuando todo en tu vida incluyendo quienes te rodean, vibren en la misma sintonía.

Para reforzar lo que quiero transmitirte en este capítulo voy a compartirte una de las más lindas enseñanzas del Dalai Lama: «Si alguien busca un cubo para echar su basura, procura que no sea tu mente». Que tu mente no se convierta en el cubo de basura donde otros depositan toda su podredumbre, si alguien llega con chismes, malas energías o comentarios destructivos, evítalos, si puedes ignóralos y simplemente no permitas que se alojen en tu ser y terminen siendo parte de ti. Si se trata de tu hogar físico (de tu residencia), sé muy selectivo sobre el tipo de visitantes que ingresan, esas cuatro paredes albergan tu energía, y el campo electromagnético del lugar donde vives resuena con todo lo que haya en él. Procura elegir cuidadosamente el tipo de conversaciones que se generarán en todos los espacios que te pertenecen, recuerda que las conversaciones también dejarán un rastro vibracional en tu entorno. No es lo mismo tener a un grupo de personas en la sala de tu casa riendo amenamente y divirtiéndose mientras disfrutan de la vida, que tener al mismo grupo, pero riéndose a espaldas de otros o burlándose malintencionadamente de los demás, hablando de política o de lo mal que está la economía, resonando con la crisis, chismoseando o criticando.

Seré sumamente enfática respecto a ello porque quiero que incorpores a tu vida uno de los más grandes principios de la manifestación: realizar lo que quieres requiere coherencia entre lo que deseas, piensas, sientes y haces (como te he explicado en capítulos anteriores). Por ello, si quieres manifestar abundancia, siéntete como una persona abundante, ahora bien, pregúntate qué tan abundante puedes sentirte si estás rodeado de personas que solo vibran y hablan de carencia. Jim Rohn nos dice que somos el promedio de las cinco personas con las que más nos relacionamos, por ello, quiero invitarte a realizar el siguiente ejercicio.

Integrando el aprendizaje

Elige a las cinco personas con las que más compartes, aclaro, no son las más representativas, sino aquellas con las que más COMPARTES TU

TIEMPO, con las que más hablas, en las que más confías, a las que más escuchas, etc.

1) _____
2) _____
3) _____
4) _____
5) _____

Piensa en estas personas y pregúntate si realmente las admiras. Lo más importante, reflexiona sobre *por qué motivos* las admiras. En ocasiones admiramos a otros por lo mucho que han sufrido y cómo han sido capaces de sobrellevar esas circunstancias, pues bien, ahora quiero que pienses y que contestes con sinceridad, por ejemplo, si estás admirando más su capacidad de tolerar el dolor, o de sobreponerse a él. Escribe por cada una de estas personas, si lo que estás admirando de sus historias, corresponde más a lo lindo y amoroso de sus contextos o a el drama que han superado. Reconoce si te estás enfocando más en el miedo o el amor.

1) _____
2) _____
3) _____
4) _____
5) _____

Esta es la pregunta más importante de este ejercicio, respira profundo y responde con sinceridad: ¿quisieras tener la vida de estas cinco personas con las que más compartes? Sé objetivo y honesto, no vale decir que quisieras un atributo específico de esa persona, por ejemplo, que quisieras su perseverancia y su fortaleza, estamos hablando de la vida de esos seres en todas sus dimensiones. Pregúntate si realmente quisieras vivir «su vida» tal y como ellos la están experimentando ahora:

1) _____

2) _____

3) _____

4) _____

5) _____

Por último, si al realizar el ejercicio descubres que estas personas no reciben tu admiración, entonces una buena reflexión sería: si realmente no las admiras, ¿por qué compartes la mayor parte del tiempo con ellas? Escribe tus conclusiones:

_____

_____

_____

_____

_____

Todas las personas llegan a tu vida como un regalo, pero ten presente que hay regalos que suman valor al disfrute de tu existencia, otros que simplemente resultan en cacharros que terminarás amontonando y que a la larga no te sirven para nada, pero que al fin y al cabo terminaste recibiendo por ser educado, por no herir los sentimientos del otro, por mostrar decencia o por no sentir culpa, y así terminas viéndote enfrentado a la penosa tarea de amontonarlos y dejarlos guardados. Sin embargo, por más inútiles que sean, ya se han convertido en tus posesiones, aunque no los uses, ya forman parte de tus pertenencias, y muchas veces la carga es tan grande, que aunque los detestes, la culpa no te deja regalarlos. En otras palabras, ya te encartaste con esos inservibles elementos. Esto aplica tanto para los regalos tangibles como para los intangibles.

Los regalos que los demás te dan pueden ser su amor, sus buenas energías, su visión positiva de la vida, la pasión y el entusiasmo por cumplir sus sueños o, por el contrario, su toxicidad, su frustración, sus miedos, sus angustias, sus odios y envidias. Ten presente esto: si alguien va a darte un regalo, a partir de ahora y con total consciencia, entenderás que no estás en la obligación de recibirlo. Si alguien llega a regalarte porquería (por muy lindo empaque que tenga) tú puedes evitar recibirlo y simplemente decir NO, sin lugar a justificaciones ni explicaciones. En este caso, por más que el regalo haya sido preparado y dispuesto para ti, ¿si tú no lo recibes de quién es el regalo? ¿Quién termina quedándose con él? Nadie puede obligarte a recibir algo que no te sume, así que haz uso de tu derecho de elegir con consciencia qué es lo que quieres que forme parte de tu vida a partir de este momento y por el resto de tu existencia.

Que en lugar de cargarte con peso que retrase tu avance y que reduzca los pasos hacia eso que deseas, tus elecciones propicien que lo que recibas de ahora en adelante de cada persona con la que interactúes realmente sume a la materialización de tu sueño. Es tu derecho, y no debes sentirte culpable por ello.

Capítulo 8

Mientras decidías, partieron todos los trenes

Qué maravilloso es que nadie tenga que esperar ni un momento antes de empezar a mejorar el mundo.
Ana Frank

Parálisis por análisis es una expresión que me encanta, y es que a todos nos ha ocurrido un momento en la vida en el que de tanto analizar las opciones, al final terminamos por quedarnos paralizados. Como el venado que observa los faros del vehículo que está a punto de atropellarlo y, en lugar de huir, se queda estupefacto. La vida nos enfrenta a situaciones en las que o actuamos o terminaremos lastimados, simplemente porque los demás no van a detenerse por más estáticos que nosotros permanezcamos. Dejar ese empleo al que te aferras, terminar con esa relación en la que no eres feliz, establecer límites con tus padres conflictivos y difíciles, elegir la ocupación que realmente deseas, arriesgarte a emprender, estudiar eso que siempre has soñado, dedicarte a la música o al arte, aprender sobre vida saludable, ahorrar para realizar ese viaje que tanto has postergado... y la lista puede continuar. ¿Cuántas cosas has dejado pasar por estar pensándolas demasiado?

El objetivo de este libro es mostrarte que puedes hacer de tu vida lo que tú desees, y ¿cómo se logran las cosas? pues simplemente: ¡HACIÉNDOLAS! Ya ha quedado claro que ninguna deidad va a hacer por ti aquello que puedes realizar por ti mismo, ahora quiero que quede claro también que, aunque te quedes estancado, la vida seguirá su ritmo. Recuerda el ejemplo de la excavadora, el arquitecto no parará la obra solo porque una máquina no esté haciendo lo que le corresponde. Recuerda que antes del bien individual siempre primará en la inteligencia universal el plan de consciencia colectivo y que este plan se sustenta en otras personas que en lugar de continuar sumidas en el sistema de victimismo, están despertando su conciencia y retomando su poder interior para apoyar la elevación global de la consciencia. La vida seguirá su ritmo y su evolución con aquellos que estén dispuestos a apalancarla. Ten presente, mi corazón, que el mundo no se va a detener porque tú no quieras avanzar.

Como ya te he compartido, a mis consultas privadas, entrenamientos y conferencias, llegan cientos de personas con ideas que se resumen en la siguiente afirmación: «... mi vida carece de sentido, es como si no fuera bueno para nada, no tengo nada de especial, no encuentro mi propósito de vida». Si estás pasando por esa situación, permíteme decirte que te entiendo, pero al mismo tiempo me cuesta un poco evitar que no me moleste esa idea errónea que tiene tu ego acerca de ti mismo, porque ¡es imposible que no tengas un propósito! Y mi alma se contrae al pensar que alguien tan valioso, lleno de dones y virtudes, esté desperdiciando su potencial solo porque su ego le hace creer que es «tan especial» como para no tener nada de especial.

Puedo afirmar que eres valioso y talentoso sin siquiera conocerte, y estoy segura de ello, es más, apostaría por ello. Déjame decirte algo, estoy totalmente convencida de que eres brillante, por una sola razón: ¡porque estás aquí! En el sistema educativo convencional nos enseñaron a premiar a quienes obtenían notas muy altas o a quienes encajaban muy bien con los parámetros y las normas impuestas por la institución o por los profesores. La premisa era: «mientras sobresalgas por adaptarte al sistema, todo será perfecto y merecerás ser digno de reconocimiento», pero pobre de ti si resulta que sobresales por querer ser diferente, ahí sí que habrá problemas.

En el entorno académico, nos programaron para que tuviéramos que ser muy buenos en todo, dando, claro está, una valoración superior a asignaturas como las ciencias y las matemáticas, y poniéndolas en una categoría más elevada. De este modo, si eras muy bueno en arte te daban una palmadita en la espalda, mientras que, si eras el más hábil en cálculo o geometría, ¡guau!, eso sí que era asombroso.

Nuestra sociedad está tan enferma que el inconsciente social atribuye mayor importancia o méritos a carreras como las ingenierías o las físicas, pues parecen gozar de más estatus aquellas ramas académicas que aparentemente poseen un nivel de complejidad más alto desde la perspectiva de la lógica y el razonamiento; mientras que, por otro lado, nuestra sociedad resta importancia o valor a carreras o profesiones más sutiles como el teatro, la música, la pintura, las lenguas, la historia o la filosofía. Estas áreas de estudio parecen ser abstractas y «sencillas», por lo tanto, a simple vista, para el colectivo resultan ser menos admirables. Todo esto se refuerza en el hecho de que para ser una cantante famosa, un DJ, un experto en modas, o un reconocido repostero, no requieres tanto esfuerzo y sacrificio como el que debe realizar un científico o un astronauta. Creencia totalmente inválida puesto que el grado de esfuerzo y entrega no es equiparable, cada rama u ocupación demandará el nivel de compromiso que corresponda según los talentos específicos de los cuales se nutra, y estos no son equiparables. A esas ideas erróneas se suma la percepción inconsciente y colectiva de que para ser, por ejemplo, un pintor, un *influencer*, un modelo, o futbolista, no tienes que entregar horas de dedicación, ni estudiar por años, ni tener disciplina, ni poseer una constancia más allá de la normal, ni ser perseverante o resiliente. La sociedad establece que estas personas lo tienen todo muy fácil y que ganan mucho dinero a cambio de muy poco. Es como si para ejercer esos roles solo tuvieras que haber nacido con una estrella y haber sido bendecido con una cara bonita, una habilidad deportiva o la capacidad de agradar a otros.

Como verás, nuestra sociedad es el terreno perfecto en el que florecen las semillas de los juicios y las comparaciones del ego, y el sistema en su diseño centrado en «a mayor sufrimiento, mayor mérito» subestima la maravillosa diversidad de dones y talentos, olvida que no todos tenemos que ser buenos para lo mismo, rechaza la idea de que alguien quiera ser diferente, menosprecia la entrega y constancia que requieren otras ocupaciones que no sean las convencionales y que amenacen la estructura del esclavo laboral preso de un sistema que premia logros externos a cambio de poner en juego el bienestar emocional.

No quiero decir con todo lo anterior que toda la sociedad ahora deba dedicarse a ser modelo *fitness* o *influencer* en las redes, tampoco estoy diciendo que debamos dejar a un lado la formación universitaria o los empleos en las organizaciones, nada de eso, lo que quiero plantear es que desde que somos niños, nuestras almas tienen una serie de destellos que indican la orientación con la cual hemos encarnado, que es tan valioso ser médico cirujano como carpintero o cocinero y que enfocarnos en servir a la vida desde aquello que nos apasiona realizando «eso» en lo que nos sentimos engrandecidos, y que hace que nuestra alma se expanda, es la mejor manera de establecer una sociedad colaborativa que sume valor a cada forma de vida.

Con frecuencia oigo decir que pareciera que todos los jóvenes ahora solo quisieran vivir de «tiktok», «youtube» y las redes sociales, que ninguno quiere estudiar o tener un trabajo estable, y mi perspectiva no es que todos «millennials» quieran lo mismo, mi opinión es que el sistema social, académico y ocupacional que hemos creado NO LES BRINDA MÁS OPCIONES. Nuevas áreas de estudio están surgiendo, profesiones que hace diez años jamás nos hubiéramos imaginado como *social media managers*, *bloggers*, analistas de *big data*, analista, desarrollador o narrador profesional de videojuegos, expertos en SEO, arquitectos digitales o especialistas de *marketing* digital... Estas son algunas de las ramas que despiertan el interés de las nuevas generaciones, sin embargo, nuestras mentes provenientes de un sistema coercitivo no comprenden sus preferencias. El entorno nos programó para sufrir mucho, para postergar las recompensas, para aceptar con resignación el desequilibro entre nuestra vida personal y nuestra vida laboral, y estas nuevas generaciones que parecen estar más evolucionadas que nosotros no aceptan este modelo de sociedad. Tienen claro que la vida es un regalo, que no es necesario sacrificarse, que pueden obtener las cosas de manera fácil y amorosa sin renunciar a su libertad.

Basta con que observes cómo jóvenes antes de los veinte años han recorrido ya más de la mitad del planeta cuando probablemente tú a esa edad no tenías ni pasaporte, incluso, basta ver cómo generan ingresos desde la comodidad de sus casas (o desde cualquier lugar del mundo), cómo son prósperos y producen ingresos dedicándose a lo que quieren (no a lo que les toca), cómo viven su sexualidad, como se apasionan por sus ideales y como se expresan libremente. Hace unos días me sorprendió cómo una pareja de jóvenes de veintiuno y veintitrés años mostraban que habían comprado su primera casa y dos camionetas totalmente libres de deudas, y el dinero había provenido de su empleo como comentaristas de «experiencias turísticas y culinarias» en su blog, trabajo que consiste en viajar por el mundo recomendando restaurantes y hostales para viajar a bajo costo.

Ante esta forma «más simple» de lograr todo lo que quieren TU EGO se siente amenazado y esa es una de las razones por las cuales juzga a estos chicos y los tacha de facilistas, en el fondo no son más que celos y tal vez los experimentes porque para tu mente inconsciente no es justo que ellos lo tengan tan fácil, cuando a ti te tocó tan duro. Otra posibilidad es que una parte tuya entre en negación y considere que esto no es cierto, como si «eso tan bueno fuera la excepción» y, por tanto, asume que solo se trata de fachadas expuestas en redes sociales que poco o nada tienen que ver con la realidad. Respira profundo y analiza: ¿qué sientes al escuchar estas historias de personas que materializan una realidad amorosa y abundante fuera de los convencionalismos y del modelo tradicional? ¿Cómo se siente una parte tuya al ver que otros lo consiguen «tan fácil»?

Sé honesto contigo, escribe tus reflexiones:

_____

_____

_____

_____

_____

_____

Como te mencioné al inicio del libro, en muchos aspectos te entiendo. Debo reconocer que hace algunos años estuve a punto de caer en esa trampa. Cuando mi hermana menor se graduó del colegio, de manera empírica ya sabía tocar guitarra y piano, hablaba muy bien inglés y era una apasionada de los idiomas. Al terminar la secundaria nos sorprendió a todos diciendo que no quería hacer una carrera profesional, deseaba estudiar artes. Reconozco que un par de veces le dije que pensara bien su elección, recuerda que en ese entonces yo trabajaba para las organizaciones y estaba sumamente errada sobre lo que era el éxito en la vida, así que le insistí que pensara en su futuro, en cómo ganaría dinero y de qué iba a vivir, pero por fortuna, ella no me hizo caso, nunca desistió de sus intereses y permaneció firme a su elección y no dejó que ni mis padres ni yo la alejáramos de estudiar lo que a ella realmente le apasionaba, tanto así que partió del país y siguió estudiando producción audiovisual en el exterior. Creo que no sabe cuán orgullosa me siento de ella hoy en día, me sorprendo y me emociono al pensar lo sabia que era esa niña once años menor que yo, y hoy aprecio esa gran lección de vida que me estaba dando. Que sorprendente el camino que te muestra todo el tiempo que la vía correcta es la del corazón, que el alma sabe lo que muchas veces la mente no comprende y que podemos transitar de manera más fácil esta experiencia de vida cuando elegimos las cosas por pasión y convicción. Verás, hace más de diez años yo traté de persuadirla para que eligiera una carrera diferente y realizara un proceso universitario convencional y, ¡oh, sorpresa!, adivinen quién es la persona que hoy dirige mis redes sociales, administra mi imagen en los medios y administra mi canal de youtube, por supuesto, mi hermana. Sus estudios y su pasión eran la combinación de dones y talentos perfecta para una ocupación que yo no sabía que existiría diez años después y de la que hoy depende gran parte de mi trabajo. Gracias hermanita por seguir tu corazón y por honrarme con tu presencia no solo en mi vida, también en mi equipo de trabajo.

Para profundizar en la toma de decisiones que te conduzcan a la vida que sueñas, y retomando la afirmación de que todos tenemos un propósito y todos somos valiosos y buenos en algo, partamos de un principio fundamental: la «Fuente» no se equivoca. ¿Has visto errores en el funcionamiento del universo? Detente un segundo y analiza conmigo la magnificencia del mecanismo perfecto con el que se mueve nuestro mundo. La inteligencia que rige esta vida es absolutamente precisa y perfecta, la sincronía con la que el sol y la luna danzan diariamente para que se generen el día y la noche, la matemática perfecta que se oculta en la naturaleza y en sus movimientos en forma de espiral por ejemplo a través de la sucesión de Fibonacci,[*] y la precisión de la proporción Áurea[**] que se repite de manera exacta en las simetrías de los seres vivos, los fractales y la geometría que forman parte intrínseca de la naturaleza como los hexágonos en la cáscara de una tortuga, el panal de las abejas o en los copos de nieve, las ramificaciones de los relámpagos que reflejan perfectamente las ramas de un río o un árbol, y las bifurcaciones de las hojas del árbol que a su vez son una representación minúscula de las ramas del árbol en mayor escala. Pero no nos vayamos muy lejos, no tenemos que ir a la naturaleza para ver la majestuosidad de la vida, basta con que te mires al espejo y reconozcas a la perfecta máquina en la que tu ser se expresa. Por ejemplo, cuando te haces una herida, cortas tu piel y sangras un poco, tú no haces absolutamente nada para que tu cuerpo sane, tu cuerpo de manera automática regenera los tejidos, produce las plaquetas y detiene el sangrado. Sin que tú lo pienses siquiera, tu cuerpo produce aproximadamente tres millones de nuevas células por segundo, la vida no se equivoca y tú formas parte de ella.

Nuestro ego se ha encargado de otorgar calificativos a lo que es especial, sobresaliente y admirable, pero si lo analizamos con detalle, son solo valoraciones sin contexto. Si te pido hoy que analicemos a dos personas y tomamos para este ejemplo a Albert Einstein y al mejor jardinero de tu ciudad, ¿cuál de los dos crees que es más talentoso? Y la siguiente pregunta sería: ¿por qué?

Estamos condicionados para creer que lo que requiere más mérito es aquello que aparentemente resulta más complejo, probablemente tendamos de manera instintiva a decir que Einstein es más brillante por la complejidad de sus planteamientos y por su capacidad matemática y analítica, pero esas calificaciones solo provienen de

---

[*] La sucesión comienza con los números 0 y 1 a partir de estos, «cada término es la suma de los dos anteriores», es la relación de recurrencia que la define. A los elementos de esta sucesión se les llama números de Fibonacci. Esta sucesión fue descrita en Europa por Leonardo de Pisa, matemático italiano del siglo XIII también conocido como Fibonacci.

[**] El número áureo surge de la división en dos de un segmento guardando las siguientes proporciones: la longitud total a+b es al segmento más largo a, como a es al segmento más corto b.

preconceptos mentales, recuerda que este sistema nos ha preparado para enaltecer ciertas características y menospreciar otras. Sin embargo, desde otra perspectiva, podríamos decir que es igual de admirable el talento de Einstein para descifrar las leyes físicas del funcionamiento del universo, como el del jardinero que tiene la capacidad y energía necesarias para sentir, amar, y descifrar qué es lo que necesita una planta, cómo cuidarla, cómo proveerle de lo que requiere para su salud, cómo crear con ella jardines hermosos, cómo librarla de plagas y hacer que ese ser vivo, que puede ser un rosal o un arbusto, se manifieste en todo su esplendor. Si me sigues con este ejemplo, verás que simplemente ¡no hay lugar para la comparación! No porque uno sea excepcional o más brillante que otro, sino porque cada uno es brillante en el área que le corresponde. Uno necesitó de esfuerzo, disciplina, constancia, una gran capacidad analítica y muchas horas de investigación, concentración y dedicación para explorar todo su potencial y eso está maravilloso. El otro puede explotar su talento de una forma más simple, divirtiéndose bajo el sol, hablando con las plantas, descubriendo cómo cuidarlas empíricamente o aprendiendo lo que sus antepasados le enseñaron sobre la naturaleza, y esto también es maravilloso. Observa que dentro de un sistema armónico ninguna contribución es mayor que otra. Juguemos ahora a imaginar, imaginemos hipotéticamente que el jardinero del que hablamos fuese el jardinero de Einstein y que su trabajo haya sido proveer a este científico de un espacio tranquilo y armónico de tanta inspiración que le permitiera un tiempo de esparcimiento y que le facilitara la concentración y la creación de sus teorías. Imaginemos que el jardinero puso su parte y que con su trabajo creó un ambiente armónico en el cual el gran maestro de la física pudo descansar para favorecer su concentración. En esta historia hipotética, tal vez, el jardinero sin siquiera saberlo ayudó a una sola persona, su trabajo fue de valor y aporte para un investigador, y su servicio fue requerido para que ese investigador pudiera hacer a su vez importantísimos descubrimientos que afectaron a millones de personas, y cada uno de estos dos hombres hizo aquello para lo que era bueno y realizó un trabajo igual de admirable si lo observas con consciencia. Ahora imaginemos que tienes la oportunidad de interactuar con ambos protagonistas de esta historia, ¿los saludarías a ambos con la misma admiración y respeto? ¿Los tratarías de igual manera? Y qué ocurre en tu vida cotidiana, ¿valoras las interacciones con las personas que te sirven, les agradeces con verdadero respeto? ¿Eres consciente de su aporte para hacer de tu realidad una mejor experiencia?

Sigamos con la historia ficticia del científico y el jardinero, ante los ojos del convencionalismo social, ¿quién es más talentoso o valioso o importante? Ante los ojos del ego, la respuesta es obvia, pero ante los ojos de la consciencia, simplemente su talento no puede valorarse porque no hay lugar a comparaciones, ambos casos simplemente son inconmensurables: se trata de dos cosas que no pueden cotejarse para determinar cuál es mejor, porque al final de cuentas, si ambas situaciones contribuyen al mayor bienestar de cada uno de los individuos y si adicionalmente estos individuos brindan un servicio a los demás, entonces los dos talentos son absolutamente maravillosos. Sin embargo, el ego no lo verá así, recuerda, para el ego «a mayor esfuerzo y reconocimiento externo, más mérito», no olvides que él surge del caos y necesita el caos para alimentarse, y ¿qué mejor alimento que la comparación? La comparación siempre genera conflicto. Si no te compararas con nadie más, si no existiera alguien con quien contrarrestarte, con quién medirte, tú tendrías el cuerpo perfecto, el talento perfecto y serías perfecto tal y como eres.

Nuestro ego siempre querrá sobrevalorar lo complejo, porque mientras más trabajo haya costado, más valioso será, pero siendo honestos, ¿qué hace que un diamante sea más valioso que una rosa? Sencillo: el significado y la calificación que les otorga nuestra mente. Ambos son productos de la naturaleza, ambos cumplen con un propósito, ambos simplemente SON. Es nuestra representación mental de algo que simplemente ES, la que determina su valor, y lo mismo ocurre con las capacidades, talentos, dones y atributos de los seres humanos, sobrevaloramos unos y menospreciamos otros. Existen aproximadamente siete mil setecientos millones de habitantes en el planeta Tierra, y ninguno de ellos es igual a otro. Los sistemas biométricos nos señalan que tanto la huella digital como la huella lingual, el iris de nuestros ojos y nuestro ADN nos diferencian de los demás. Esa es la perfección de aquella energía que nos creó, en esencia somos iguales, por nuestras venas corre sangre, nuestro cuerpo está compuesto en su mayor parte de agua, respiramos aire y somos energía, pero en detalle, cada uno tiene algo de individual. Somos la unidad (consciencia) expresándose a través de la individualidad. Qué perfecta paradoja es esta. Permíteme ampliar un poco más la idea, porque puede resultar compleja para la mente, lo que quiero decir es que la Fuente o Dios, si así queremos llamarlo, que es la máxima energía creadora, se ha dividido y está presente como consciencia individual en cada una de nuestras formas de vida, y esto, es lo que hace posible que, a su vez, esa gran consciencia universal se robustezca y se expanda como consciencia colectiva. La consciencia y libre albedrío expresándose en diferentes seres humanos es lo que hace posible que se produzcan diferentes experiencias, situaciones y acontecimientos, y toda esta variedad de circunstancias son las que enriquecen nuestra experiencia vital. De esta manera, cuando nuestra consciencia individual se amplía, esa Fuente de energía también se nutre y se expande, ya que a través de nosotros se robustece a sí misma, pues formamos parte de ella.

La gran matriz divina se expande gracias a ti, la Fuente se expresa a través de ti y el Universo no comete errores, es imposible que no tengas un propósito, es imposible que no hayas nacido con algo que aprender, pero también algo que enseñar. Tu vida tiene un sentido y seguramente tu alma ya te lo ha mostrado, pero probablemente tu mente lo ha descartado. Tal vez lo que te ha paralizado y no te ha permitido tomar acción en dar lo mejor de ti a los demás es que tu ego se ha enfocado en sobre analizar ese propósito, te ha obstaculizado al compararte con otros, te ha llevado a creer que el propósito tiene que ser algo trascendental que deje huella en el mundo de manera espléndida o que para que sea un verdadero propósito debe ser algo que impacte masivamente a otras personas. Tal vez tu mente te ha llevado a detenerte creyendo que el propósito es algo que te tiene que hacer rico, famoso o respetado, y te ha llevado a pensar que lo que tú tienes para ofrecer es tan simple y tan común que no podría ser un propósito.

Recordamos a Cristóbal Colón como aquel que descubrió América y es ensalzado en los libros de historia por su hazaña. No cabe duda de que ese era su propósito, simplemente porque eso fue lo que ocurrió, pero ¿podría este hombre haber alcanzado ese objetivo sin que un contramaestre y cientos de marineros lo hubieran acompañando?, ¿es el propósito del que alzaba las velas menos importante que el de aquel que dirigía el barco? Para nuestro ego seguramente sí, pero para la Consciencia-Fuente ¡NO!

Recuerda lo que ya hemos dicho sobre el ego, siempre necesita una vara de comparación, pero ¿y si el propósito de la consciencia a través de tu forma de vida fuera impactar solo a un par de personas y no a miles? Si el propósito de tu alma fuera inspirar, por ejemplo, las vidas de tus hijos, eso no sería suficiente para el ego ¿verdad?, y si tu propósito de vida fuera venir a ser el respaldo emocional y anímico de alguien cuyo propósito es impactar a millones de personas, eso tampoco sería suficiente para tu ego ¿correcto? Y si tu propósito fuera escuchar a las personas con las que te rodeas y hacerlas sentir valiosas, y si se tratara de contagiar alegría con tu sonrisa y tu sentido del humor tan natural e inocente, y si fuese contribuir a armonizar la vida de otros gracias a tu capacidad de poner orden donde hay caos, o si fuera encontrar soluciones prácticas en los lugares donde otros solo ven problemas, y si tu propósito fuera despertar en cada persona con la que te encuentras la consciencia de convivencia armónica con la naturaleza, y si fuera enseñarle a los niños a ser amorosos y respetuosos con ellos y con los animales, o si se tratara de animar a otros con tu alegría y entusiasmo…, tu ego diría: *¡Bah!, tonterías, eso tan sencillo no* *podría ser tu propósito*. Tu mente no lo aceptaría, para ella nada de eso valdría la pena, además, «¿cómo ganarías dinero con eso?»... Y aquí se abre otra gran programación de la mente que se basa en llevarnos a pensar que el propósito de vida es igual a la ocupación o la profesión que ejercemos y que se sustenta en la idea de que una vez encuentres tu propósito debes generar ingresos a través de él pues esta es la garantía de que serás exitoso y te harás rico. Gran error creer esto.

En un mundo ideal con una sociedad consciente, cada niño desde pequeño descubriría sus talentos y se enfocaría al crecer en vivir de ellos, pero esto no pasa en la vida cotidiana, muchos adultos han elegido profesiones que poco tienen que ver con sus verdaderas pasiones. Esto no implica que debido a que estudiaron o trabajan en algo diferente a sus verdaderos talentos o pasiones, ya estén destinados a vivir sin propósito, eso no es cierto, y es que tu fuente de ingresos y tu propósito son dos cosas que no tienen que estar relacionadas. Propósito de vida no es igual a carrera profesional u ocupación, eso es un gran error, pero de ello ya hablaremos en el capítulo trece, por ahora nos enfocaremos en que tu ego no quiere que encuentres eso que llamamos propósito, por el contrario, tu ego desea mantenerte en la búsqueda pues así el desasosiego y la incertidumbre estarán presentes y él continuará siendo el protagonista de tu vida.

El ego quiere que nunca estés satisfecho y que dudes para que no actúes como aquella persona que, en una estación de buses, al haber muchas rutas por escoger, pasó horas y horas pensando cuál sería la mejor alternativa, en dónde lo pasaría mejor, en dónde podría ahorrar más dinero, en dónde habría un mejor paisaje, y al final, cuando se decidió y fue a comprar su boleto, la taquilla ya estaba cerrada y los buses habían partido.

Hay múltiples casos de personas exitosas que encuentran su propósito después de los cuarenta, cincuenta o hasta sesenta años, y otros que desde muy jóvenes ya están viviendo y generando ganancias dedicándose a lo que les apasiona, y otros como yo, que desde que eran pequeños ya sabían a qué habían venido, pero que no se lo creyeron hasta que finalmente, en la edad adulta retoman el camino. Quiero detenerme aquí para que analicemos juntos qué es eso a lo que llamamos éxito, ya que podrían existir dos maneras de definirlo: para nuestro ego, probablemente el éxito sea sinónimo de dinero, reconocimiento, fama y autonomía, pero ¿es ese el significado del éxito para nuestro ser? ¿Tu esencia más pura llamaría a esto, éxito?

Momento de reflexión

Piensa en la vida antes del sistema que hoy nos rige, imagina que simplemente vives de lo que la tierra te brinda, rodeado de los seres a los que amas, y que no hay nada por qué competir. No hay clases sociales, la familia más cercana a ti se encuentra a kilómetros, no hay estatus, ni estándares que lograr, no hay un nuevo modelo de coche que adquirir, ni un «estilo de vida» que alcanzar. Tú cultivas la tierra, o pescas en el mar, o construyes en madera, o preparas alimentos, o nutres la tierra, o curas con las plantas, lo que sea que se te dé mejor. Tienes tu casa y cocinas con fuego de leña, no hay tecnología, ni comunicaciones, ni tampoco moneda de cambio, no se compra ni se vende nada, la naturaleza te brinda lo que requieres y además los productos que fabricas o cultivas los intercambias con otras personas que a su vez tienen algo que a ti te viene bien, y amorosamente todos brindan aquello (tangible o intangible) que puede ser de utilidad para alguien más. Trabajas unas horas en la recolección de tu alimento o el cuidado de tu casa y otras tantas, descansas mientras ves a tus hijos o tus animales correr libremente y jugar, en las noches no hay absolutamente nada más que hacer excepto contar historias o descansar en el regazo de la persona a la que amas, mientras observan pasar las estrellas en el cielo.

Cierra el libro, respira y realiza el ejercicio con consciencia, analiza en ese escenario: ¿qué sería el éxito?, ¿cómo te levantarías por la mañana?, ¿qué perseguirías, o qué te empeñarías en lograr y por qué? ¿Te sentirías deprimido o ansioso? ¿Te sentirías frustrado o decepcionado de ti? ¿Qué sería injusto? ¿Creerías que tu vida carece de sentido? ¿Cuál sería el propósito de tu vida?

Quiero que veas conmigo que eso de: «no tengo un propósito» no es más que pura porquería creada por tu mente desde la idea errónea de que has de compararte con otros, superarte y esforzarte para sentir que vales. ¡Al carajo con eso! Eres valioso porque eres un hijo de la creación, porque tu consciencia es la misma consciencia que ha creado todo lo que existe. Tu propósito es expandir tu visión de ti mismo dando lo mejor de ti día a día. No hay nada que lograr para demostrar tu valor, eres valioso simplemente porque cada día te propones hacer lo mejor que puedes. No tienes con quien compararte porque cada uno tiene su propia historia y cada uno libra sus propias batallas, tus retos no pueden ser los mismos que los retos de tu vecino ya que cada uno posee dones diferentes, historias de vida diferentes y lo que a otro se le puede dar con facilidad para ti puede resultar inmanejable. Tus aprendizajes son distintos porque tu alma ha vivido procesos distintos, tu único propósito verdadero es quitar las capas densas de programaciones mentales que funcionan como capas de oscuridad. Deshacerla y de una vez por todas poner a brillar tu luz logrando así que inspire a otros y que a la vez se nutra con la luz de los demás.

Tu propósito de vida (si así quieres llamarlo) se revelará ante ti cuando te detengas a escuchar a tu alma y te preguntes *¿para mí cuál sería el mundo ideal?*, y una vez encontrada la respuesta a esta pregunta, te permitas actuar en tu cotidianidad para sumar a la construcción de esa realidad. Para mí, por ejemplo, el mundo ideal es un mundo donde los seres humanos dejen de sufrir y reconozcan su poder interior, y por eso estoy escribiendo este libro y al hacerlo ya estoy en propósito, porque con una pequeña acción quiero sentir que, de algún modo, estoy tomando parte en la construcción de una vida más amorosa y plena. Para ti, el mundo ideal puede tratarse de un lugar donde se cuide el medioambiente, o donde se respete a los animales, o donde los niños tengan un entorno seguro, o donde la educación sea asequible para todos, o donde las mujeres sean respetadas, o donde las personas compartan en armonía, donde se respete a todos más allá de su raza o credo, o simplemente donde todos compartan en amor. Piensa y siente, en el fondo de tu alma, ¿cómo crees que este planeta podría ser un lugar mejor? Y luego confróntate con la siguiente pregunta: *¿qué cosa que se me da de manera fácil y natural puede sumar a la construcción de esa realidad?* Y luego ponte en acción recordando que, desde el amor, cada ser humano tiene motivaciones diferentes porque posee dones diferentes y, por tanto, lo que tú tienes para aportar es maravilloso y único.

Posees una visión de la vida diferente porque tu historia es única, esto hace que estés dotado de una sensibilidad particular frente algún aspecto específico y ahí es donde la llama de la luz se enciende en tu alma y una vez encendida esa chispa no habrá forma de apagarla, seguirá ardiendo en tu interior como una brújula que dirige tus pasos hacia la construcción de una realidad mejor. La mayoría de las veces no se trata de grandes emprendimientos ni de logros asombrosos, ¿quieres hacer del mundo un lugar mejor? comienza a dar pasos pequeños en tu cotidianidad, día a día, y sin esperarlo, descubrirás que ya estarás en propósito, como bien decía Gandhi, siendo tú el cambio que quieres ver en el mundo.

Tu propósito en esta encarnación es desarrollar tu consciencia y hacer cosas buenas por ti y por otros para sumar a un gran plan colectivo, y da igual si lo que haces impacta a una o a un millón de personas, mientras en el proceso transmutes tu vibración del miedo al amor, día a día, paso a paso, brindando a otros la parte más pura y amorosa de tu ser en cada interacción, ya habrás cumplido con tu propósito. Para eso estás aquí, para amarte, para amar y para ser feliz, creando cada día una versión más consciente de ti. ¡Punto!

¿Recuerdas que al comienzo de este libro te dije que te quería? pues mientras escribo estas líneas, siento que ahora te quiero mucho más, porque imaginarte sosteniendo este libro me hace sentir que estamos unidos y confirmo, que más allá de cuánto tiempo haya pasado entre el momento en que escribí estas líneas y el momento en el que este libro haya llegado a ti, tú y yo ¡estamos unidos! Sí, corazón, y ahora en mi rostro se dibuja una gran sonrisa y mis ojos se llenan de lágrimas porque comprendo claramente que si estás leyendo estas palabras es porque esa inteligencia que nos une ha provisto de todo lo necesario para que así sea, y que lo único que yo tuve que hacer un día fue decidirme a actuar, y mientras actuaba mi alma ya estaba en propósito. No importa si hoy estás leyendo este libro por curiosidad, porque lo buscaste, porque te lo regalaron, por criticarlo o por aprobarlo, quiero que pienses en las probabilidades de que yo me dirigiera a ti y que tú me estés leyendo ahora. ¿Cómo podría ser eso una coincidencia? Ten la certeza de que cuando decidas dar los pasos hacia el servicio desde lo que se te dé con facilidad y desde el amor, la inteligencia que gobierna este universo hará que ante ti se presenten las oportunidades y las circunstancias para que tus dones sean recibidos por la persona exacta en el momento exacto.

Deja de darle tanta trascendencia al tema del propósito y olvídate de verlo como una fuente para hacerte millonario o una alternativa para dejar de trabajar por el resto de tu vida, o como la solución mágica que hará que terminen tus lamentos y seas feliz. Mi propósito es muy sencillo y mi alma lo sabía desde que tenía nueve años, mi propósito es acompañar a las personas a dejar de sufrir. El tuyo puede ser hacer panes, inventar cosas nuevas, formar hijos libres y felices, solucionar problemas, cantar, actuar, bailar y llenar de color la vida de los demás. No se trata de que tan exitoso vayas a ser y de la plenitud que crees te estará esperando «cuando logres ese propósito», se trata de qué tan feliz y qué tan pleno te sientes MIENTRAS estás llevando a cabo tu propósito, se trata de recordar que el propósito no es un logro que alcanzar, sino una decisión consciente para actuar en la cotidianidad.

Imagina que acabas de decidir que tu felicidad se encuentra al final de un largo viaje, y debido a que has puesto tus ojos en ese

objetivo, decides iniciar el recorrido, aunque sabes que será sumamente tortuoso. Te motivas por la meta que te promete la felicidad
anhelada, sin embargo, mientras llegas al destino todos los días te lamentas por tu elección, no disfrutas el paisaje y odias cada parte de la
ruta, pero crees que todo valdrá la pena porque la recompensa se encuentra en el destino paradisiaco al que llegarás cuando ese tormentoso recorrido termine. Y si, de repente, mientras vas sufriendo por
el camino que supuestamente te llevará al destino que te confirmará
que tanto sacrificio y esfuerzo han valido la pena, tienes un accidente, te caes, te golpeas la cabeza y se acabó, te mueres, ¿habrá valido
la pena tu decisión? Vamos a un segundo escenario, imaginemos que
sigues en este viaje, que superas el accidente y que no mueres, pero
que después de pasar años transitando las penurias del sendero que
te conduce a la meta donde encontrarás la felicidad, llegas a destino y
descubres que el paraíso que esperabas no cumple con tus expectativas. No te sientes feliz, no era lo que idealizaste, ¿habrá valido la pena
la decisión que tomaste? Imaginemos un tercer escenario, llegas a la
meta y te encuentras con el paraíso que buscabas, te sientes eufórico,
pero la alegría desaparece en cuestión de un par de días, y descubres
que un regocijo transitorio no resulta una recompensa justa para años
de tortura. ¿Cómo te sentirías frente a la decisión de sufrir tanto para
una alegría tan corta?

En cualquiera de estos tres escenarios, al final, habrás pasado tu
vida sufriendo en una travesía de mártir para absolutamente nada. Sin
embargo, siempre hay otra opción que consiste en elegir el camino
amoroso, el que gozas, el que no sufres, el que pese a tener retos te
resulta agradable, donde disfrutas del paisaje, donde descansas, donde avanzas y a veces caes pero incluso eres capaz de agradecer la caída
porque de ella te levantas más sabio y más fuerte. El camino que no
es perfecto, pero que elegiste no por la meta, sino porque era el sendero mismo lo que te motivaba. El camino en el que cada paso es generado desde la valoración y el agradecimiento, el sendero en el que
eliges caminar siempre gozando la experiencia, donde el viaje mismo

es maravilloso, sin tener que ser perfecto y sin la promesa de un destino ideal, amando cada paso y sin importar lo que te espere al final. El camino en el que ya te sientes triunfador simplemente porque el tránsito fue un gozo. ¿Cuál de las cuatro alternativas crees que es la que elige un alma consciente? ¿A qué cosas te estás forzando? ¿Realmente la recompensa merecerá el sufrimiento, mientras tu vida es lo que está ocurriendo aquí y ahora?

Este capítulo te lleva reflexionar sobre cómo la mente te empuja a la inacción, a la postergación o a la elección de una acción movilizada por el ego y no por los verdaderos deseos del corazón. Sé que tomar acción produce temor, pero produce mucho más temor sentir que la vida se te escapa y que el mundo sigue girando mientras tú te sientes estancado. Cada día no es un día más sino un día menos de este regalo que es la experimentación de la vida encarnado en un cuerpo, y solo tú eres responsable de la forma en la que decides aprovechar el obsequio que te ha sido brindado. Solo tú decides cómo aprovechar o desaprovechar el regalo del tiempo. Quiero que respondas a algunas preguntas rápidas para orientar tu mente a la toma de acción desde el corazón y para que en lugar de dejar que la vida se te escape mientras tú te quedas decidiendo, elijas vivirla mientras la gozas actuando.

Integrando el aprendizaje

1) **Responde las siguientes preguntas con sinceridad y de manera ágil, no pienses mucho en las respuestas, escribe las primeras ideas que lleguen a tu mente:**

Una de las cosas que estoy deseando hacer y que **depende solo de mí** es:

_____

_____

_____

_____

Me he escudado, me he justificado y me he convencido a mí mismo de que la razón por la cual no lo he realizado es:

_____

_____

_____

_____

La verdadera razón por la cuál no he llevado este deseo a la práctica es:

_____

_____

_____

_____

_____

Cómo me sentiría al saber que debo partir de esta vida sin haber realizado eso que en el fondo estoy deseando:

_____

_____

_____

_____

_____

Qué oportunidades me estoy perdiendo por no tomar esa decisión:

_____

_____

_____

_____

_____

En lugar de actuar cómo me lo está pidiendo mi corazón, he invertido tiempo valioso en otras acciones que han sido infructíferas, tales como:

_____

_____

_____

_____

_____

Esas acciones que sí he realizado me han resultado más amenas y fáciles debido a que:

_____

_____

_____

_____

_____

Qué cambios estaría experimentando en mi presente si el tiempo invertido en esas banalidades hubiese sido invertido en acciones que me condujeran a la materialización de ese deseo que no he cumplido:

_____
_____
_____
_____
_____

Si decido hoy realizar acciones para materializar eso que deseo y las cosas no salen bien, ¿qué es lo peor que puede pasar?

_____
_____
_____
_____

Y aunque eso que mi mente cataloga como algo malo llegara a materializarse, ¿qué es lo peor que podría suceder?

_____
_____
_____
_____

Y aunque eso tan terrible pasara, ¿qué habría ganado en mi experiencia vital?

_____
_____
_____
_____

Y en lugar de ganar ¿qué estoy perdiendo aquí y ahora por no arriesgarme?

_____

_____

_____

_____

_____

2) Muchas de nuestras decisiones e iniciativas se posponen por la preocupación frente a las consecuencias, ejemplo: y si no sale bien, y si me equivoco, y si no es la elección correcta, vamos a realizar un ejercicio que te conecte con el presente.

Respira profundo realizando tres inhalaciones lentas y hondas inhalando y exhalando por la nariz, mientras lo haces lleva tu mano predominante al pecho, no hagas nada más hasta que logres sentir los latidos de tu corazón, concéntrate en tu ritmo cardíaco y luego centra tu atención en sentir como esta parte de tu cuerpo se contrae y dilata suavemente mientras respiras, recuerda que has respirado desde que naciste y que respirar será lo último que harás hasta el momento en que desencarnes. Estás vivo aquí y ahora.

Concentrándote en que tu vida está ocurriendo en este instante, pregúntate lo siguiente:
Si no existiera el mañana, si no importara el futuro, aquí y ahora, en este instante, en el momento presente, la decisión que desde lo más profundo de mi corazón deseo tomar es:

_____

_____

_____

_____

_____

3) En este ejercicio observa que una parte de ti ya tiene claro cuál es el siguiente paso que debes dar, pero las capas de programaciones mentales y la anticipación frente a un suceso futuro frenan tu acción tratando de hacerte permanecer en una zona «segura» aunque esto represente la insatisfacción constante.

Con tus propias palabras, escribe un corto mensaje dirigido a ese personaje que habita en ti y que se llama ego, hazle saber que tienes el derecho de equivocarte y que, si eso ocurre, estará bien, puesto que estás aquí para aprender y crecer y no vas a crecer si permaneces en la misma zona conocida. Háblale y dile que hoy atenderás los asuntos de este día y que en este instante, tus deseos son los que acabas de escribir, que este no es momento de anticiparte al futuro y que si algo sale mal, se atenderá cuando corresponda, pero que no vas a desperdiciar tu tiempo preocupándote por cosas que no han pasado. Te detendrás a actuar y a intervenir amorosamente en lo que sí está ocurriendo, y lo que está ocurriendo es tu presente y las decisiones que puedes tomar en el único momento cierto, el que está transcurriendo en este instante. Háblale a tu mente:

_____

_____

_____

_____

_____

◄ Capítulo 9 ►

El complejo del chihuahua

La idea de nosotros mismos es nuestro escape del hecho de lo que realmente somos.
Jiddu Krishnamurti

Hace algunos años, cuando todavía trabajaba en las empresas y multinacionales, me sentía como el chihuahua, sí, literalmente, como ese perrito pequeño, gracioso y particular, que durante unos años estuvo de moda entre los miembros de la farándula y que más que ser un compañero fiel o una mascota miembro de la familia, parecía ser para los famosos un complemento al *outfit* o un accesorio de lujo.

¿Recuerdas el perrito de la película *Una rubia muy legal*? Bueno, pues así me sentía yo. Debo confesarte que no he visto la película, pero sé que el personaje principal lo interpreta Reese Witherspoon y que en la publicidad salía ese perrito pequeñito y adorable como un estereotipo de animal de compañía y sinónimo de moda. Hollywood ha propiciado que hoy en día el chihuahua sea famoso, y así este hermoso perrito dejó de ser una expresión de la naturaleza para convertirse (en muchos casos) en un objeto para lucir como símbolo de estatus. Famosas como Paris Hilton tienen estos perritos y los lucen con orgullo, lo curioso de esto es que se ha convertido en una tendencia llevar a estos cachorros a la vista pero sin que puedan ser perros, es decir, pocas veces se ve a un chihuahua de Hollywood paseando con correa como a un can normal para que disfrute del paseo, camine, olfatee, explore y juegue como los demás perros, por el contrario, es común verlos paseando en el interior de carteras Hermes o Louis Vuitton, mientras sus cabecitas sobresalen y sus cuerpitos diminutos tiemblan. Ahora bien, ¿qué tiene que ver esto con este capítulo, conmigo y contigo? Volvamos a mi paso por las empresas.

Durante muchos años sentí que yo era un accesorio, sentía que hacía un gran trabajo pero que, en realidad, todo ese talento y empeño, solo servían para una cosa: hacer quedar bien a mis jefes. Me sentía como el perrito de moda al que dejan salir solo en momentos específicos para dar un toque de estatus y complementar la imagen de poder de aquellas personas con más autoridad que yo, así, sentía que al final siempre mis jefes quedaban bien, gracias al respaldo que yo les proporcionaba como su fiel colaboradora, pero que a mí nadie me premiaba por ello. A veces sentía que mi talento era desaprovechado, y otras, que todo el crédito que yo merecía por tan buen trabajo se lo llevaban otros. Recuerdo que llegaba a casa con una frustración constante y que me victimizaba cuestionando el hecho de que yo trabajara tanto, y que nadie apreciara o reconociera mis esfuerzos.

Pese a que durante varios años ocupé cargos de poder como gerente de recursos humanos y directora de operaciones en importantes compañías, siempre sentía que el reconocimiento que obtenía no era suficiente, me sentía pequeña, realmente pequeña, me sentía como el chihuahua, mientras que veía a otros compañeros como perros dóberman o rottweiler, es decir, como grandes amenazas, personas con las que tenía que competir, y personas que amenazaban mi seguridad laboral y que ante el menor descuido podrían atacarme. Debo confesar que ahora me resulta gracioso recordar que había alguien a quien veía como una hiena que se burlaba de las circunstancias o del trabajo de los demás, mientras reía a carcajadas (literalmente hablando) pero que al mismo tiempo tenía unas fauces con las que podría arrancarte el corazón de un mordisco. Todos ellos tenían una característica en común: los veía amenazantes, Y NO ES QUE REALMENTE LO FUERAN, era mi inseguridad la que me llevaba a verlos así, y si alguno «atacaba», seguramente también era por sus inseguridades en el afán de satisfacer las necesidades y requisitos de su ego. Lo curioso de esto es que sin saberlo tal vez alguien más podía verme a mí como su amenaza y que yo podría ser la causante de sus frustraciones laborales sin siquiera darme por enterada. Te comparto este ejemplo para que observes como todo se trata de la interpretación que brindamos a las circunstancias, porque no vemos las cosas como son, sino como somos.

Probablemente en algún aspecto de tu vida tú te estés sintiendo como el chihuahua, como un instrumento para «mejorar» la vida de alguien más mientras al mismo tiempo te sientes infravalorado y consideras que tu empeño no es reconocido. Algunos ejemplos de situaciones en las que podrías estar sintiéndote de este modo podrían ser:

Tu relación de pareja, en la que tú te encargas de hacer que todo funcione, realizas concesiones, renuncias a tus deseos, te sacrificas y esfuerzas para hacer que las cosas marchen y pareciera que eres tú la única que está sosteniendo los débiles cimientos que unen y sostienen en pie a la pareja.

La situación con algún miembro de la familia, ese hermano o incluso tus padres, un contexto en el que solamente a ti pareciera importarte el bienestar y la armonía familiar mientras que los demás parecen desinteresados y han depositado en tus acciones la responsabilidad completa. Una situación en la que tú te dedicas a dejar tus prioridades a un lado, para atender las necesidades de otros y sientes que asumes una carga que no debería ser tuya sino de todos.

La crianza de tus hijos, que realizas con amor pero que te tiene totalmente agotado, has dejado de cuidarte, ya ni recuerdas qué se siente al salir a divertirte, ya no tienes un círculo social o un *hobbie* o un espacio personal porque los requerimientos del hogar ocupan todo tu tiempo.

El papel económico que se ha convertido en tu forma de expresar lo mucho que quieres a los tuyos, no obstante, pareciera que nada de lo que haces es suficiente porque tu contribución económica dejó de ser valorada por los otros y ya pareciera que es tu obligación proveer cada vez más y más sin que los otros sientan por ti la mínima consideración.

Tu situación laboral que siempre demanda y exige más de ti, trabajas tanto, ganas tan poco, las cosas no funcionan como esperas y tus compañeros o colaboradores no cesan de depositar expectativas en ti, pese a que te esfuerzas tanto que al final ni siquiera tienes tiempo para compartir con los que amas.

Tu círculo social que pareciera depender de cómo te encuentras y que selectivamente se hace presente mientras todo marche bien para ti, pero que se esfuma cuando necesitas ser escuchado, comprendido o simplemente cuando no te encuentras en una «buena racha».

¿Te identificas con alguna de estas? ¿Te has sentido de manera similar en algún momento, aunque en diferente contexto? Si la respuesta es afirmativa, ¡enhorabuena!, formas parte del club de los chihuahuas y ya verás por qué.

El perrito chihuahua y casi todos los perritos de raza pequeña tienen algo en común: son sumamente ruidosos, ¿y qué hacen cuando ven venir a un perro más grande? Si pensaste: ladrar, ladrar y ladrar, has dado con la respuesta correcta. Estos perritos se caracterizan por ser bastante escandalosos hasta el punto de que alguno puede resultar irritante. Es curioso que, aunque estén temblando y el perro que se aproxime duplique o triplique su tamaño, ellos no pararán de ladrar, de hecho, cuanto más grande es el can que se avecina, más ruidoso y agudo es el ladrido del chihuahua. Probablemente estás pensando en este momento en tu propia mascota o en ese perrito tan bullicioso de tu vecino, pues bueno, corazón, eso mismo hacía yo cuando sentía amenazas (que solo estaban en mi mente) y probablemente es lo mismo que haces tú en esa situación en la que te sientes infravalorado: reaccionas y haces ruido (mucho ruido) aunque finalmente no pasas de eso, porque nunca pasas a la acción, igual que el chihuahua.

En mi caso, cuáles eran mis ladridos: críticas constantes a mis jefes y compañeros, lamentaciones con mis seres queridos por el poco reconocimiento que obtenía en mi empresa, quejas constantes por las injusticias que se cometían al darle premios y reconocimientos a otros que hacían un trabajo «normal» mientras yo tanto me esforzaba, quejas de lo difíciles que eran mis clientes y lo tolerante que tenía que ser yo para poder manejarlos... Ahora quiero que me acompañes analizando algo y probablemente te verás reflejado en ello.

Yo amaba a mis colaboradores, recuerda que llegué a tener a mi cargo hasta cuatro mil seiscientas personas, y aunque con algunos de ellos tenía desacuerdos y también en algunos casos me molestaba su falta de rendimiento, mi mayor malestar, frustración, queja y reclamos no eran con quienes estaban debajo de mí (jerárquicamente hablando), pese a que eran miles las personas que conformaban mi equipo, mi malestar no era con ellos, sino con **mis superiores**. Era como el perrito chihuahua que no se molesta tanto con otros de su raza o con los que están a su nivel, sino que se fastidia con quienes se proyectan más grandes y exitosos o con quienes de alguna manera tienen poder sobre él.

Sea cual sea la situación de la que te estés sintiendo víctima, es muy probable que las personas implicadas o el contexto estén siendo interpretados por ti como algo avasallador, algo más grande que tú, algo que te sobrepasa y que pone en evidencia tu pequeñez. Es esta pequeñez entendida como falta de empoderamiento, falta de fuerza para poner límites, incapacidad para tomar decisiones, para elegirte a ti primero, para entregar a otros las responsabilidades que les corresponden, para darte tú mismo el reconocimiento que estás esperando recibir afuera, lo que te lleva a reaccionar con quejas y victimismo. Cuando en lugar de tomar acción te escudas en la lamentación, el chihuahua se ha hecho presente y sus gemidos son solo excusas para no confrontarse con su falta de fortaleza para llevar los ladridos a verdaderas decisiones que puedan transformar la situación que le ocasiona malestar.

Somos como el chihuahua, viendo amenazas donde realmente no las hay, lanzando ladridos de ataque agudos y molestos cuando no soportamos ver la grandeza de otros, o cuando no queremos reconocer que han sido nuestras propias acciones o inacciones, las que han propiciado el contexto del que tanto nos quejamos.

Una justificación frecuente de nuestra mente es: *si no lo hago yo, entonces nadie lo hará.* Es común también que pensemos cosas como *si pongo límites o tomo decisiones lastimaré a alguien más,* o finalmente que pensemos que *tarde o temprano los demás tendrán que valorar los esfuerzos que realizo.* Todas estas opciones siguen siendo ladridos mentales porque continúan atacando el entorno o el contexto en lugar de reconocer que hay en el fondo un sentimiento de falta de valía que solo podrá transformarse cuando nos decidamos a realizar cambios radicales, o bien a continuar sosteniendo los mismos comportamientos ya no por culpa o por ganar favoritismos, sino porque realmente nos nace hacerlo en entrega absoluta, sin esperar ningún tipo de valoración y sin lugar a la queja o a la victimización. El contexto no va a cambiar y si nosotros decidimos seguir con las mismas acciones es porque estamos aceptando la realidad que hemos cocreado. Y si ya sabemos cuál será el resultado y, aun así, perpetuamos las causas, entonces estamos renunciando a nuestro derecho a la queja.

Este planteamiento encaja muy bien con el ejemplo de la esposa que lleva años discutiendo con su pareja porque todos los viernes llega tarde, borracho y con olor a perfume femenino. La situación es simple: el marido realmente no tiene ningún problema, el problema lo presenta la esposa que sigue creyendo que el otro va a cambiar, en lugar de tomar acción al respecto. Si tú fueras la esposa de esta historia, ¿tendría sentido pensar que tu pareja va a cambiar si después de cinco años discutiendo no ha ocurrido nada nuevo? ¿No sería sensato pensar que al tolerar el comportamiento por tanto tiempo tú has contribuido a que este se perpetúe? Es más, ¿no sería mucho más simple que en lugar de esperar que el otro cambie, cambiaras tú? Y si finalmente siendo la esposa del ejemplo, no te decides a actuar, ¿no te parecería insensato que sigas quejándote por algo que sabes que va a seguir ocurriendo?

Los seres humanos somos como el chihuahua, ladramos y ladramos, aunque sabemos que nuestros ladridos no cambiarán nada. Cuando te estás pasando de copas en una noche de fiesta sabes que será inevitable que al día siguiente experimentes malestar. Es un principio causa y efecto, sin embargo, ahí estás al día siguiente lamentándote y prometiendo jamás volver a beber (tu interpretación: *maldito alcohol*). Cuando comes de más o consumes eso que sabes que no te hace bien, por experiencia tienes claro que la consecuencia será una indigestión y una inflamación abdominal, no obstante, lo consumes y luego estás lamentándote porque la gastritis te va a matar (tu conclusión: *que injusto tener un estómago tan sensible*). Sabes que tu madre te manipula, sin embargo, ahí estás cediendo en el chantaje emocional y luego quejándote (tu opinión: *todo es culpa de mi madre*). Tienes claro que tu ex solo te busca a medianoche y cuando se siente solo, no obstante, ahí estás tú dándole una nueva oportunidad (qué piensas: *es un aprovechado*). Sabes que esa relación ya llegó a su fin y que si continúas en el ciclo lo único que harás es perpetuar el dolor que se causan mutuamente, y qué hacen, se prometen esforzarse más y lo intentan de nuevo para que en unas semanas vuelvan a romper por décima vez (tu pensamiento: *no nací para el amor*). Terminaste esa relación hace años, pero sigues ahí revisando las redes sociales de quien algún día fue tu pareja para terminar lleno de rabia y sintiéndote traicionado porque es injusto que esa persona pueda reconstruir su vida mientras tú todavía no puedes superarlo (conclusión: *no fui importante porque pasó de página como si yo no significara nada*). Los ejemplos podrían seguir. Como verás, para nuestra mente es mejor perpetuar el victimismo que asumir la responsabilidad, es mejor culpabilizar a otros que reconocer que inconscientemente somos nosotros quienes a través de nuestras decisiones favorecemos, perpetuamos y replicamos los escenarios de dolor.

¿Puedes imaginar a una jirafa lamentándose y sufriendo de depresión porque no puede correr como una gacela? ¿Puedes imaginar a la gacela sufriendo porque siempre tiene que estar a la defensiva del malvado león y culpándolo de sus ataques de pánico? ¿Puedes imaginarte a la cebra maldiciendo y renegando por lo injusta que es la vida al darle a un animal tan perezoso y lento como la jirafa, la posibilidad de comer los retoños más dulces de las copas de los árboles y tener una vista privilegiada? ¡NO! La jirafa es jirafa y la gacela es gacela y vive como gacela, corre como gacela, se alimenta como gacela, disfruta su vida de gacela y muere como gacela, y a lo largo de su existencia tampoco anda compitiendo con la gacela de al lado para ver quien corre más, ¡la gacela solo es GACELA!, y esto ocurre porque no tiene en su mente a un jodido ego que la esté haciéndose comparar con otros y no vive frustrándose por lo que debería ser pero no es, ni haciéndose responsable de la vida de otros. La gacela sabe que todo funciona en un equilibrio perfecto y que su trabajo es encargarse de sus asuntos. Pero qué difícil resulta para nosotros eso.

A estas alturas de tu lectura, probablemente ya estés familiarizado con mi estilo y sabrás que mis ejemplos parecen ser pensados para niños, lo hago así porque creo que mientras más complejo sea un planteamiento, más procurará satisfacer las expectativas del ego y este podrá más fácilmente rechazarlo, mientras que, cuánto más sencillo y natural sea, más fácilmente será asimilado por nuestro corazón ya que en esencia todos somos como niños. Aunque hablo mucho en metáforas, procuro expresar mis ideas con la mayor claridad posible. Por eso quiero precisar que cuando te invito a que seas como la gacela y nada más, no te estoy proponiendo que vivas una vida mediocre de conformismo y del menor esfuerzo, tampoco estoy planteando que, si naciste en condiciones económicas desfavorables o si formas parte de una familia difícil, te resignes a quedarte en ese estado y dejes pasar tu vida.

Lo que te estoy diciendo es que busques lo que sueñas, simplemente porque lo sueñas, porque lo mereces y porque quieres superarte a ti, no a otros. Lo que te propongo es que crees tu mejor versión pero que no te obligues a ser mejor, no te invito a que te cambies para superarte a ti mismo, te invito a transformarte porque quieres crecer y evolucionar, eso es muy distinto. No te motivo a que tomes acción y a que salgas de tu zona conocida porque odias y rechazas lo que eres y lamentas no ser lo que crees que deberías ser, sino a que construyas una versión más elevada de ti, porque te reconoces y amas lo que eres y sabes todo lo que puedes llegar a ser. Como podrás ver, mi querido corazón, mientras tú estés concentrado en resolver la vida de los demás o en responsabilizarlos de tus desgracias, habrás dejado vacante el puesto de la persona que debe encargarse de atender tus propios asuntos.

Mientras te dedicas a solucionar los problemas del entorno, no habrá nadie gestionando tus propios desafíos, mientras sigas creyendo que la causa de todos tus males son las circunstancias externas que no cambian, estarás desperdiciando el tiempo valioso que puedes invertir en cambiarte a ti para, así, poder transformar tu realidad.

Momento de reflexión

Prepara tu bebida favorita, respira profundo, cierra el libro y reflexiona en los siguientes planteamientos:

¿Cómo he sido co-responsable de eso de lo que tanto me quejo?
¿Cómo he favorecido que ese suceso se siga manifestando en mi vida?
¿Qué estoy esperando que cambie afuera?
¿Realmente depende de mí que eso se transforme?
¿Por cuánto tiempo más voy a estar dispuesto a perpetuar la misma situación?
Si eso no cambia, ¿estoy dispuesto a cambiar yo?
¿Soy consciente de que si yo no tomo acción y acepto que la situación siga presentándose, estoy renunciando a mi derecho de victimizarme y quejarme?

Este libro se enfoca en acompañarte a crear la vida que deseas y por mi experiencia personal, más el respaldo que me otorga el haber acompañado a cientos de personas en sesiones individuales y miles en procesos grupales, te puedo decir con certeza que el mayor obstáculo para la realización fluida, sencilla y amorosa de tus propósitos, es que tu motivación provenga de las razones equivocadas. Por eso enfatizo que tu deseo de construir una vida mejor no debe surgir de factores externos, de la influencia del sistema, de la persuasión de las opiniones de otros, o de lo que tu mente cree que le hará feliz de acuerdo con la comparación que realiza con las vidas de los demás, sino que, por el contrario, tu deseo (sea cual sea) debe nacer desde un anhelo profundo, y desde la parte más pura y serena de tu corazón.

Es mejor vivir la aventura de tu alma, emprender tu propio camino y construir tu propio sendero, aunque el viaje sea imperfecto, aunque los logros no sean tan grandes, aunque no llegues a la meta. Si sigues el deseo de tu corazón habrás sumado a tu vida satisfacción y experiencia. Vive tu propia aventura, de lo contrario, pagarás el alto precio de emprender el viaje de otros. Sin importar el resultado, llegues o no a tu destino, cuando eliges el camino trazado por alguien más, siempre te acompañará el vacío de sentir que quedó faltando algo por realizar. En cada uno de nosotros habita un impulso latente, un deseo de ser especiales, de despertar poderes más allá de nuestros límites, un anhelo de ser únicos y de que nuestras vidas sean significativas.

Todos queremos hacer algo valioso, por eso es por lo que las historias de personas normales que se superan y se transforman en héroes llenan las carteleras de cine y predominan en la gran pantalla, nos atraen y nos inspiran, las consumimos con asiduidad y nos inspiramos a través de ellas, y no se trata de las grandes hazañas que realizaron sus protagonistas, sino que nos inspiramos en ellos gracias a que tuvieron el valor de superar sus límites personales.

Integrando el aprendizaje

Muy bien, mi querido chihuahua, llegó el momento de realizar un ejercicio, ¡vamos a analizarnos!

1) Describe tres situaciones cotidianas en las que te hayas sentido amenazado, victimizado, o lastimado por los dóberman y rottweilers, recuerda, no necesariamente se trata de personas, estos pueden ser situaciones: como hablar en público o iniciar un proyecto.

a) _____
_____
_____
_____
_____

b) _____
_____
_____
_____
_____

c) _____
_____
_____
_____

2) Ahora, por cada una de las situaciones descritas, observa cómo se manifiesta tu ego: ¿qué suele decirte?, ¿a quién suele culpar?, ¿con quién suele quejarse?, ¿qué evita?, ¿qué hace?

a) _____
_____
_____
_____
_____

b) _____
_____
_____
_____
_____

c) _____
_____
_____
_____
_____

3) Es momento de cambiar el escenario, ahora quiero que pienses que las tres situaciones que describiste en el punto número 1 nada tienen que ver contigo. Imagina que se trata de algo que le sucede a alguien diferente a ti, imagina que eso le está pasando a un colega o a un amigo.

Esta persona no ve alternativas, no logra romper el círculo que le genera malestar, y recurre a ti para pedirte una opinión, ¿qué le dirías en cada uno de los casos? Si no se tratara de ti, ¿cómo crees que podría afrontarse la situación para obtener un resultado diferente?

a) _____
_____
_____
_____
_____

b)_____
_____
_____
_____

c) _____
_____
_____
_____
_____

Capítulo 10

Amor de felinos

Para el ego, amar y querer son lo mismo, mientras que el amor verdadero está falto de querer, de deseo de poseer o de que tu pareja cambie.
Eckhart Tolle

¡Oh!

Cuántos problemas hubiera evitado en mi vida, si en mis relaciones tan solo hubiera aprendido a ser más como un gatito. No me lamento, puesto que esas experiencias eran las que mi alma requería para su crecimiento, y a su vez para poder contar con la información que hoy te comparto. Empleo la metáfora del gatito porque, como verás, en este capítulo hablaremos de los felinos y de su forma de amar. He elegido esta analogía felina porque soy una apasionada de los animales y te hablo con propiedad porque he sido madre adoptiva de canes y felinos, pero en especial, porque nadie es más experto en algo que aquel que lo ha vivido y trascendido en carne propia, y en las relaciones de pareja haber estado tan desconectada de mi poder me brinda la propiedad para hablarte hoy desde la libertad emocional.

En ocasiones, creo que mi Yo Superior (la parte más sabia de mí, esa que está en conexión con la fuente divina) y mi alma, articularon un plan perfecto de evolución, propiciando esos escenarios dolorosos y retadores, no solo para mi crecimiento personal, sino como parte de un plan mayor, pues haber atravesado en menor o mayor escala muchos de los dramas que viven los pacientes a los que atiendo en mis consultas o encuentros es algo que me permite comprender verdaderamente su dolor y me faculta a acompañarlos de manera más completa, no desde la identificación con sus historias, sino desde la profesionalidad enmarcada en una atención compasiva y cercana.

En este momento estoy pensando cuál de todas las historias puedo elegir para ejemplificar lo que quiero compartirte en este capítulo, son tantas, que me estoy sonriendo ¡y me cuesta creer que ahora me ría de todo eso por lo que en algún momento me sentí morir!

Mientras revivo esas parejas o personas que, aunque no fueron relaciones tan serias, también pasaron por mi vida y con las que sufrí tanto, me emociona reconocer todo lo que ha cambiado en mí. Me sorprendo al recordarme en mis primeras relaciones de pareja siendo tan vulnerable, viene a mi mente una imagen mía con diecinueve años rogando por amor y haciendo *show*. Me recuerdo sobre los tempranos veinte años, en otra relación, enferma y deprimida por no recibir la atención que buscaba y sintiendo que el mundo carecía de sentido por un desamor. Más adelante, antes de casarme, recuerdo que mi falta de amor era tan grande que no me daba la oportunidad de conocer realmente a las personas con las que salía, sino que ante la primera manifestación de interés me sentía feliz y en mi mente aparecían las historias de que *por fin había llegado la persona ideal para mí* y que ahí podría construir la relación que tanto anhelaba. En ese afán de no estar conmigo misma y de recibir validación a través del proceso de «ser elegida como pareja» no me permitía ser yo quien eligiera con consciencia, y formar una pareja o crear una relación seria se convirtió para mí en algo como *tengo que hacer lo necesario para ser elegida y si no me eligen, es porque hay algo mal en mí*. Todo eso me llevó a vincularme con personas que en principio de correspondencia me mostraban lo que yo misma creía y, por tanto, creaba. Como no me valoraba ni me respetaba a mí misma, en consecuencia, atraía el espejo perfecto, personas que me utilizaban, me mentían, me traicionaban, me faltaban al respeto y no cuento más detalles porque darían para un segundo libro (jajajaja) ¡OH, DIOS!, parece como si estuviera analizando la vida de otra persona, pero es gratificante y muy liberador observar el pasado y decir: «no era para tanto, simplemente no tenía las herramientas para gestionarlo de otro modo, tomé esas decisiones porque no creía en mí, porque no veía otras alternativas, porque no sabía hacerlo mejor».

Corazón, realmente sabes que has despertado, que te estás transformando y que has cambiado, cuando miras atrás y un mismo suceso cobra ahora un sentido totalmente distinto, cuando incluso puedes reírte (amorosamente hablando) de ti mismo, cuando la solución te resulta tan clara y tan obvia que te cuesta creer la falta de consciencia que tenías en ese instante en el que te ahogabas en un vaso con agua desperdiciando el regalo maravilloso de la vida por aferrarte a las ideas, relaciones y panoramas conocidos habiendo fuera de los límites de tu mente un mundo entero lleno de nuevas posibilidades por explorar. Te digo esto, cariño, porque si las relaciones son la causa de tu sufrimiento y realmente estás dispuesto a transformarte y sanar, va a llegar el día en el que te liberarás del caos y elegirás la paz y entenderás que tanto drama solo servía para alimentar el modelo de pensamiento que te restaba poder y coartaba tu verdadera libertad de amarte y por ende de amar.

Lo que quiero compartirte en este capítulo, es que desde pequeños estamos programados para amar desde la carencia, puesto que la autovaloración importa nada o muy poco. Si te consideras una persona valiosa pero los demás no piensan lo mismo, serás tachado de egocéntrico, por tanto, el sistema nos lleva a que nuestro nivel de valoración sea directamente proporcional al grado de aprobación externa y, claro está, dicha aprobación dependerá de que cumplamos con ciertos estándares que pueden variar según nuestro círculo social y cultural. Si eres una mujer, por favor evoca tu época juvenil, recuerda cuando eras adolescente y hacías monerías para llamar la atención de esa persona que tanto te encantaba. El maquillaje, los accesorios, la falda de moda o el perfume eran algo que a esa edad no te ponías para ti misma, seamos honestas: eran estrategias que empleábamos para llamar la atención. Es más, piensa en cómo te comportabas cuando estabas en presencia de tus amigas y cómo actuabas cuando llegaba esa persona que te gustaba. Claro está que esto también aplica para los chicos, que probablemente trataban de sobresalir de otras maneras, pero al fin y al cabo, todos buscábamos llamar la atención para así en un proceso de «ensayo y error» determinar qué estrategias funcionaban mejor no solo para obtener atención, sino también para que la atención fuera favorable en aras de sentirnos aceptados. Asimismo, nos programaron para creer que una relación de pareja sería la confirmación de que cumplíamos con los criterios que nos hicieran elegibles, que en ella podríamos complementar lo que nos faltaba, que ella suministraría la cura del sentimiento de vacío, que sería la culminación de nuestra soledad, y la llave hacia la puerta de la realización. Sin embargo, cuántas de nuestras relaciones en lugar de hacernos sentir valiosos nos llevaron a sentirnos menospreciados, cuántas de ellas en lugar de hacernos sentir completos nos llevaron a experimentar desasosiego y angustia, cuántas en lugar de hacernos sentir acompañados nos llevaron a experimentar la soledad y en vez de darnos plenitud nos mantuvieron atados a la incertidumbre y al miedo a la pérdida o al abandono.

Lo hermoso de esto, es que no se trata de que la relación de pareja no sea un medio para el bienestar, sino de que cualquier cosa que emprendamos en nuestra vida (incluidas nuestras relaciones) si surge desde nuestra desconexión personal solo podrá traer más malestar. No se trata de la persona a la que hemos elegido, o de que no existan relaciones sanas, o de que todos los hombres o mujeres sean iguales, o de que tu ex te haya hecho un hechizo y estés maldito para el amor, se trata de que hasta que nosotros no estemos listos para amarnos, no podremos verdaderamente amar, y no habrá ni persona ni relación que pueda prosperar puesto que nosotros no somos el terreno fértil donde la semilla de la interacción conjunta pueda germinar.

Estoy segura de que estás familiarizado con historias (o tal vez tú mismo las hayas protagonizado) en las que uno de los miembros de la pareja parece ser el causante de la frustración del otro y el responsable de que las cosas no funcionen, es como si ante el mundo, esa persona no fuera «material» para una relación sana y como si todo el sufrimiento proviniera solo del comportamiento de un integrante de la relación que es inmaduro y poco comprometido. Estas relaciones suelen ser largas y sorprendentemente cuando por fin terminan, ocurre la magia. Esa persona que no estaba comprometida con la relación, que era indecisa, mentirosa o infiel y que aparentemente era la causante del conflicto, rápidamente conoce a alguien nuevo y muy pronto establece otra relación donde todo parece ir de maravilla, incluso pueden pasar a un nivel de compromiso muy rápidamente, pueden casarse, vivir juntos y mostrarse armónicos. Su comportamiento es totalmente distinto al de la relación anterior y pareciese que se hubieran transformado en alguien completamente diferente y que esta vez no solo «sí fueran material para una relación» sino que parecieran ser muy felices en esta nueva etapa.

Observa cómo cuando somos protagonistas de este tipo de historias, y el otro se marcha creando un futuro prometedor en el que nosotros ya no estamos incluidos, el bienestar del otro es algo que hiere profundamente al ego, incluso nos lleva a vaticinar que esa nueva relación «no funcionará». Todo esto en el fondo no es más que un deseo de que las cosas no salgan tan bien porque no soportamos reconocer que con nosotros las cosas no funcionaron, y que probablemente no salieron bien porque fuimos nosotros y no el otro, los responsables y los causantes del dolor que experimentamos. Aunque a nuestra mente le moleste, le cueste y rechace aceptarlo, sin lugar a duda: no se trata de los demás, la proyección, las ideas, las interpretaciones que has creado acerca de ti o acerca de quienes te rodean no existen más que en tu proceso mental. Alguien que puede resultar para ti un patán, para otra persona puede ser un hijo abnegado o un buen ser humano, lo que tú rechazas puede ser admirado por otros, lo que tú ves solo es fruto de tu proceso interpretativo, tus ideas sobre otros e incluso sobre ti mismo no son ciertas, solo existen en tú propia creación, por eso siempre estás ante ti, nunca se trata de los de afuera, siempre se trata de nosotros.

Por favor toma con cautela mis palabras, por ejemplo en el caso de una traición, sé que no fuiste tú quien cometió la infidelidad, pero sí quien probablemente no vio las señales que indicaban que no te correspondían como lo merecías, o quien decidió intentarlo nuevamente pese a que el otro no mostró verdadera intención de transformación, o quien no puso límites, o quien con sus ataques de celos decretó tantas veces que sería traicionado que al final contribuyó energéticamente también a la manifestación del escenario, o quien decidió irse de la relación después de la traición pero no en paz y serenidad, sino lleno de rencor en lugar de comprensión. Fuiste tal vez tú quien se castigó a sí mismo por lo ocurrido tachándote de ingenuo y quién juzgó al otro sin piedad prometiéndose jamás volver a confiar en nadie, o tal vez fuiste tú quien se amargó la vida asegurando que eso del amor real es algo que no existe. Lo que quiero plantear es que no se trata de lo que sea que haya ocurrido en tu historial amoroso, sino que se trata de la forma en la que decides interpretar el suceso, puesto que es tu interpretación la que determina las emociones que experimentarás, y a su vez, tus emociones determinarán la forma en la que podrás elegir actuar para tu mayor bienestar o para tu mayor sufrimiento.

La desgracia no ocurre por lo que te acontece sino por la forma en la que tú decides transformar el suceso en una catástrofe o una oportunidad para aprender. No se trata de que te hayan lastimado, se trata de que tengas el valor suficiente como para seguir avanzando y si has sido tú el causante de su propia caída, se trata de que te levantes más fuerte y consciente. Ese es el verdadero camino del crecimiento personal y el primer paso comienza cuando reconoces que ha sido tu interpretación del suceso y la forma en la que decidiste vivirlo, lo único que realmente te causó dolor, y que tanto la luz o la sombra que hayas vivido y experimentado de quienes fueron tus parejas también correspondió a que de alguna manera tú propiciaste la expansión de esa sombra o de esa luz.

En términos prácticos, una forma más simple de aceptar esto es entender que nadie tiene el poder de sacar lo mejor o lo peor de nadie, pero sí tenemos el poder de tocar los botones exactos para contribuir a que la relación con un mismo ser humano pueda generar dos efectos totalmente diferenciadores. Por ejemplo, con tus ansias de amor puedes tejer una red que termine atrapándote a ti y haciendo cautivo de tu anhelo a cualquiera que caiga en el juego de tu ego, asfixiando a ambos con las inseguridades, la desconfianza y la necesidad de control, o por el contrario, con el amor libre y verdadero que surge de tu conexión con el autorrespeto y el merecimiento, puedes construir una red que ya no ate, sino, que sirva de soporte para descansar sobre ella, una red que te sostenga cuando necesites apoyo, una red que sirva como malla protectora y como barrera cuando se necesite dar pasos hacia el establecimiento de límites sanos, una maravillosa red para sustentar proyectos conjuntos.

Más del ochenta por ciento de los motivos por los que cientos de personas alrededor del mundo me consultan están relacionados con las relaciones de pareja. Por esta razón he querido profundizar un poco en este tema, ya que eso que sueñas y que también es posible para ti, probablemente, esté asociado a una vida en la que puedas disfrutar de una sana relación amorosa. Por ello, voy hablarte ahora de uno de los conceptos más irresponsables que nos ha vendido la institución religiosa y que, además, ha sido reforzado por la romántica idea comercial de las películas de Hollywood. Esta idea colectiva es también la causante de decisiones amorosas desafortunadas que terminan en frustración e infelicidad. Ha llevado a muchas personas a sumar una carga innecesaria a lo que debería ser la sana relación de pareja vivida desde la consciencia y el amor. Ese concepto irreal y fantasioso del que quiero hablarte es el de «felices para siempre», también asociado a ideas como: «te amaré para toda la vida», «marido y mujer hasta que la muerte nos separe», «siempre te amaré» o «estaré a tu lado hasta el final de mis días».

¡Oh, corazón!, que gran mentira nos forzamos a creer. Yo misma dije esa mentira alguna vez y ahora reconozco lo insensata que fui. Cuidado, no malinterpretes mis palabras. No estoy diciendo que esté en contra del matrimonio o de la unión de dos personas o de que una pareja permanezca junta para toda la vida, eso me parece simplemente maravilloso. Yo creo en el amor, soy una convencida de que existen las relaciones conscientes, y creo que dos personas pueden permanecer unidas por el resto de su existencia siempre y cuando ambos se permitan cambiar para seguir evolucionando. Creo que una pareja puede durar años, incluso toda la vida si así queremos verlo, siempre y cuando no se anclen a la idea de que el otro deberá seguir siendo el mismo que alguna vez fue, porque no existe acto más egoísta que pedirle a otro ser humano que deje de crecer solo porque a nosotros alguna vez nos gustó como era, y creo que una pareja consciente puede permanecer unida mientras sus transformaciones individuales sumen al crecimiento conjunto y cuyos proyectos personales sean convergentes, donde ninguno tenga que renunciar a una parte esencial de sí mismo para complacer al otro, porque solo así podrán basar su unión de pareja no en una promesa realizada años atrás, sino en una elección consciente que se ratifique diariamente y que no esté sustentada en que «alguna vez» se juraron amor eterno, sino, que estará cimentada en el hecho de que diariamente validan que es con esa persona que todos los días cambia y se transforma, con quien están convencidos y seguros que quieren estar y que así como alguna vez amaron a esa persona tal y como fue, hoy la aman tal y como es, fundamentando su encuentro y su vínculo en la confianza, la libertad, el respeto y el amor, sin lugar a exigencias y sin lugar a expectativas. Amor para siempre sí, podría ser, pero amor igual siempre, definitivamente no, porque al igual que las personas, el sentimiento es algo que también se transformará y mutará pasando del enamoramiento representado en mariposas a una decisión consciente que surge del análisis de que estar juntos realmente sea algo que a ambos les haga bien. Y, aunque suene antirromántico, sé que también es sensato reconocer que para que una relación de pareja se sostenga, el amor es indispensable, pero no siempre es suficiente. Se requerirá de otros ingredientes como la camaradería, la confianza, el proyecto compartido, la amistad, la intimidad, los acuerdos económicos, los hábitos de vida, la comunicación (por mencionar solo algunos de ellos) para hacer que una relación sea realmente beneficiosa y constructiva para ambos.

Lo que te quiero decir es que somos absolutamente irresponsables al plantear y **prometer** en el presente que vamos a amar a alguien para siempre cuando no tenemos ni la más remota idea de quién será esa persona el día de mañana, o peor aún, no tenemos ni siquiera una pista, de quienes seremos nosotros en un par de años. Estás leyendo este libro porque estás en tu propio despertar de consciencia, ¿hace un par de años pensabas en todos los conceptos, ideas y cambios que en tu viaje personal has venido incorporando? Sé que es romántico el ritual del matrimonio y sé que es el sueño de muchos encontrar a alguien con quien jurarse amor eterno, pero este mismo sueño, es el causante de tanto dolor y tantas frustraciones cuando simplemente por motivos que son propios de la naturaleza humana, ese ideal de «para toda la vida» no se cumple.

Pretender encontrar en la permanencia de otro ser la estabilidad emocional y la seguridad que nuestro ego anhela, es tan contraproducente como pretender detener el caudal de un río, como ya lo planteamos en el capítulo cinco, finalmente el río por naturaleza intentará fluir y terminará desbordándose. Recuerda, tu esencia es como el agua y se adaptará a lo que tú definas, si la pones en un contenedor tomará su forma, pero, ten en mente también que al envasarla la limitas, tarde o temprano, el contenido de ese jarrón terminará por agotarse y si no lo reabasteces este terminará por deteriorarse. Si tú no llenas el jarrón frecuentemente, terminarás dándolo todo y quedando vacío. En las relaciones de pareja vividas desde la inconsciencia, tratas de atar y amarrar al otro sin percatarte de que terminas atándote a ti mismo. Das todo tu contenido emocional, entregas incluso tu poder personal, accedes a que tu bienestar o tu malestar dependan de la presencia de la otra persona, te entregas quedándote vacío y luego, cuando el otro haya bebido de tu agua y tu contenido se haya agotado, te sentirás indignado al ver que a quien tanto le diste se marcha para beber de otro manantial que fluye de manera constante e inagotable. Y en esta analogía, corazón, el problema no es que hayas dado lo mejor de ti, el problema es que lo diste todo desde el miedo y por tanto te centraste tanto en dar que olvidaste volver a abastecerte.

Tu misión es regresar siempre a la fuente, donde el río fluye libre para reabastecerte de agua pura y fresca que puedas compartir con otros, pero eso se olvida fácilmente cuando de las relaciones de pareja se trata. En una relación de pareja cuyo comandante es el ego, ambos consumen el contenido del otro hasta quedar vacíos, y esto ocurre, porque mientras su jarra se va desocupando, en lugar de recurrir al manantial inagotable del amor propio para volver a llenarse de la esencia pura del amor, se satisfacen mutuamente tratando de llenarse de la presencia del otro, sin saber que al hacerlo, están agotando el contenido de ambos.

Que viva el amor y que vivan los matrimonios ¡conscientes! Aquellos que son como el agua y que fluyen transparente y libremente. Podríamos elegir casarnos siendo honestos y diciendo algo como: *hoy sé que te reconozco y te amo, no sé qué vendrá mañana, y no puedo jurarte amor eterno, porque desconozco quienes llegaremos a ser, lo que sí puedo asegurarte es que hoy estoy convencido de que mi presente quiero compartirlo a tu lado, hoy puedo asegurarte que mis sentimientos por ti son sinceros, hoy puedo afirmar que te elijo y que es contigo con quien en el ahora decido construir mis planes y mis sueños, contigo deseo crear una historia en amor, confianza y libertad para el mayor crecimiento de nuestro ser. Te prometo dar lo mejor de mí y honrar nuestra unión hasta que nuestras almas así lo decidan.* Si lo observas, no se está prometiendo algo que realmente no se pueda cumplir, ni se está siendo insensato al seguir promesas o patrones simplemente porque alguna vez alguien estableció que era así como debía ser. Probablemente es mucho más honesto y sincero un compromiso desde esta perspectiva, pero esto no suena tan bonito como el *para toda la vida*, ¿no? Sin embargo, si tu sueño es el *para siempre* es altamente probable que al leer algo así, aparezca en tu mente la inseguridad y el miedo te hará interpretar que un papel firmado o una promesa eterna son mayor garantía de éxito en comparación con una decisión basada en lo único que existe: el presente.

Es curioso como los convencionalismos han permeado las relaciones de pareja, muestra de ello es que observo a muchas personas que celebran sus bodas bajo el ritual de la religión católica sin ser practicantes activos de dicha doctrina, es más, conozco casos de personas que se casan sin ser creyentes, y lo hacen solo porque «eso es lo que se hace» y poque en su inconsciente está instaurada la idea de que así es como hay que casarse. También muchas parejas se unen de este modo porque uno de los miembros de la relación *romantizó* la idea de llevar un vestido pomposo de color blanco o de una ceremonia en una iglesia, o muchas veces lo hacen solo por complacer a las familias cuya expectativa es ver la unión realizada bajo estos estándares. Observemos esto, las parejas se prometen algo que no pueden asegurar que estén en capacidad de cumplir porque como ya hemos visto, ni siquiera sabemos si podremos amar a la persona en la que se convertirá nuestra pareja el día de mañana o si, pese a amarla, nuestros proyectos seguirán siendo compatibles, y por otro lado, oficializan la unión bajo un ritual que muchas veces no está diseñado y pensado a partir de sus verdaderos deseos, sino en convencionalismos establecidos por otros. Luego nos preguntamos por qué una vez casados, hay tanta frustración y dolor, sin darnos cuenta de que desde el comienzo la unión fue realizada en automático en lugar de haber sido concertada de manera consciente, y eso solo si pensamos en la celebración de la boda, ya podrás imaginar todo lo que no se tiene en cuenta en el momento de la elección de la pareja, pero de eso ya hablaremos en otro libro.

Como te decía, soñamos y anhelamos que llegue alguien para siempre, alguien que nunca nos deje aunque cambiemos, alguien que acepte todo de nosotros aunque nuestras elecciones vayan en contra de sus deseos personales, anhelamos alguien que por sobre cualquier cosa permanezca a nuestro lado, aunque eso implique que esa persona tenga que renunciar a sus propios sueños y planes. ¿Sabes qué es eso?, es sentenciar al otro a una cadena perpetua, solo porque a nuestro ego, eso le hace sentir seguro. Prometer que estaremos al lado de alguien para toda la vida y decirle «te amaré siempre» es como sentenciarlo a que no cambie, y al mismo tiempo, sentenciarnos a nosotros mismos a no cambiar, y permanecer siempre iguales, con las mismas ideas, con las mismas creencias y con la misma visión del otro, de nosotros y de la vida. No puedes pedirle a un niño que se quede como un bebé, solo porque a ti te parecía muy tierno y dulce verlo balbucear o darle el biberón, inevitablemente ese niño va a crecer, va a tener sus propias ideas y probablemente se convertirá en un adolescente irreverente al que, aunque lo ames profundamente, en ocasiones desearás ahorcar, y tarde o temprano ese adolescente se convertirá en un adulto que hará uso de su libertad y se alejará de ti creando distancia para poder vivir sus propias experiencias. Pues lo mismo pasa contigo y con tu pareja, hoy no ves la vida de la misma manera en la que la observabas hace cinco o diez años, tus experiencias te han llevado a construir un nuevo estado del ser que se nutre día a día con los acontecimientos cotidianos. Esa es la razón por la que muchas de las relaciones llegan a su fin, porque las personas cambian, porque quieren vivir nuevas experiencias, porque simplemente ya no son las mismas, pero nuestro jodido ego no quiere aceptar esto, quiere que esa persona a la que conocimos hace cinco o diez años permanezca igual, nos ame igual, le gustemos igual y que nos acepte igual, y nos rehusamos a que ahora se interese por otras personas, otras ideas, que tenga otros *hobbies* o desee realizar otras cosas, y cuando decide dejarnos para nutrir su vida con nuevas experiencias, nos sentimos utilizados, echamos en cara todo lo que le dimos, lo mucho que sacrificamos y nos victimizamos, acusamos a la otra persona de ser una desagradecida y decimos cosas como «perdí diez años de mi vida». Sin embargo, ¿acaso la otra persona no invirtió también los mismos diez años en la relación contigo? Tú lo ves como una pérdida porque las cosas no concluyeron de la manera en la que esperabas, la otra persona podrá ver los mismos años como una gran inversión que le ayudó a cambiar y que hoy le faculta a dar nuevos pasos. ¿Ves cómo no se trata de lo que pasa sino de la interpretación que le brindas?

Existen casos maravillosos, donde los miembros de la pareja no coartan la transformación, sino que, por el contrario, alientan el mutuo crecimiento. En estas parejas por fortuna, los cambios son totalmente compatibles y así sus integrantes, fluida y naturalmente, se enamoran cada vez más de esa «nueva persona» con la que conviven. Se trata de relaciones donde no hay lugar a reproches, sus miembros son conscientes de que la otra persona ya dejó de ser la que fue años atrás. Comprenden que ahora es alguien diferente fruto de su crecimiento y procesos vitales, y pese a esto, sigue siendo alguien que resulta igualmente encantador y que continúa siendo elegido como pareja, pero no por lo que alguna vez fue sino por lo que fue y por lo que hoy es y por aquello en lo que se ha transformado. En estas relaciones, los cambios no aterrorizan, son emocionantes. Los miembros se adaptan y se complementan sin esfuerzos, sin renuncias y sin sacrificios. Estas parejas desarrollan la capacidad de conocerse una y otra vez a medida que los cambios propios de la vida van haciéndose presentes. En estas parejas conscientes sus uniones son perfectas, porque ninguno limita el desarrollo del otro y porque por principio de correspondencia, ambas almas crecen a medida que se renuevan y su consciencia se eleva. Estas son las parejas que consiguen permanecer juntas por muchos años o incluso para toda la vida, pero no te confundas, no quiere decir que todas las parejas DEBAN SER IGUALES.

En una relación, ambas almas pueden crecer y evolucionar de maneras totalmente distintas sin que esto implique que sean compatibles y probablemente, la permanencia de la relación, en lugar de ayudarles a crecer, los obstaculice, y es aquí cuando la mejor opción es que gracias a esta evolución individual, cada uno opte por emprender caminos separados donde, incluso, puedan conectar con otras personas que, a través de nuevas experiencias, impulsen un nuevo aprendizaje. Sin embargo, cómo nos cuesta aceptar esto. El éxito de las relaciones de pareja no se mide por el tiempo que estas duren, sino por el nivel de evolución, bienestar y crecimiento que produjo a cada uno de sus integrantes mientras la unión permaneció. Nos rehusamos a considerar que igualmente exitosas pueden ser esas parejas que evolucionan juntas hasta ciertos momentos y que luego deciden seguir creciendo en otras relaciones. Eso lo vemos como un fracaso y probablemente de entrada, rechacemos esa idea porque nuestro ego nos hace pensar que si perdemos a esa persona vamos a sufrir, lo cual indica de primera mano que nuestra unión no fue consciente sino egoica, o tal vez el ego nos hace pensar que nuestros hijos van a sufrir, lo cual no es cierto, pues sufren más los niños en hogares donde los padres ya no se soportan y descargan (sin saberlo) sobre sus hijos el peso de su insatisfacción, o tal vez el ego nos dice que seremos juzgados y fracasados si ante los ojos de los demás no logramos sostener el tan anhelado *felices para siempre*.

Te compartiré el caso de una pareja de pacientes que considero que ilustra de manera precisa el planteamiento de este capítulo. Esta es una pareja que gracias a la evolución de su conciencia, simplemente comprendió que ambos habían crecido, y que seguir juntos no contribuía al desarrollo de su alma.

Erika, de veintinueve años, es enfermera y John, de treinta y cuatro, es ingeniero de sistemas (como imaginarás, he cambiado sus nombres para proteger su privacidad). Erika proviene de una familia tradicional donde papá y mamá han estado juntos toda la vida, aunque ella reconoce que, desde que tiene uso de razón, no recuerda haberlos visto felices. John procede de un hogar separado, donde papá era adicto al alcohol y frecuentemente maltrataba a su madre, a él y a sus hermanos.

Erika recuerda que mamá siempre se lamentaba de la ausencia de su padre, él era un vendedor de bebidas gaseosas para una compañía importante de la ciudad y se encargaba de viajar por los diferentes pueblos y ciudades vendiendo y distribuyendo los refrescos. La madre era un ama de casa abnegada que sufría en silencio la ausencia de su esposo. Cuando el padre de Erika llegaba a casa, pasaba poco o ningún tiempo con la familia, se sentaba en la mesa a revisar los pedidos o a hacer papeleo, mientras la madre lloraba en silencio al ver su indiferencia, todo esto ante los ojos de Érika. Ella recuerda que su padre toda la vida trabajó en la misma fábrica y la rutina era siempre la misma, la madre lo atendía con comida, ropa limpia, le quitaba los zapatos cuando llegaba a casa, le llevaba la cena al estudio mientras él trabajaba, pues este hombre no se sentaba siquiera a comer con la familia, incluso, cuando se jubiló, siguió trabajando como distribuidor independiente de las mismas bebidas gaseosas, y la dinámica en su casa siempre fue igual. Su padre era adicto al trabajo y su madre era profundamente infeliz, guardaba silencio, lloraba tratando de hacer que nadie lo notara. Sin embargo, cuando ya no podía soportar más, desahogaba sus penas y su tristeza diciéndole a su hija cuánto añoraba que su padre le brindara atención y que estuviera más tiempo en casa.

La historia del esposo de Erika tampoco era muy grata, John creció entre maltratos e indiferencia. Su padre era albañil y tenía trabajo por temporadas, nunca se le veía feliz y parecía guardar un profundo dolor emocional que solo aliviaba mediante el consumo del alcohol. La madre de John vendía lotería para generar ingresos y poder alimentar a la familia. En casa, mamá y papá no hablaban, mientras el padre de John estaba en casa, permanecía ebrio o sumido en sus asuntos y durante el tiempo que vivieron juntos, la mamá de John evitaba confrontar al padre o decirle algo que pudiera desencadenar una paliza para ella o los niños. La comunicación del padre giraba en torno a amenazas y temor, y la regla general era no hacer nada que pudiera molestar a papá cuando estaba en casa. La madre evitaba por cualquier medio el conflicto. Durante un tiempo, John obtuvo malos resultados académicos, la respuesta de la madre fue ocultar la situación para no molestar al padre, también si él o sus hermanos requerían dinero o materiales para su estudio, la reacción de mamá era que no lo comentaran puesto que papá se ponía muy molesto cuando le solicitaban dinero. Estas y otras situaciones hicieron que John interpretara que la evasión de los conflictos era una forma de manifestar amor, su razonamiento inconsciente era: «cuando evitan molestarte, es porque te quieren». Así, aprendió que si te dejan en paz, entonces te están expresando amor.

La relación de Erika y John no era sana, llevaban cuatro años juntos y se casaron solo seis meses después de haber iniciado la relación. Ellos dicen que hicieron *match* de manera inmediata y que parecía amor a primera vista, y como terapeuta no lo dudo, por supuesto hicieron *match* pero no desde la consciencia, sino, desde sus heridas emocionales no resueltas y desde la forma inconsciente en la que sus egos y sus dolores se complementaron. Verás, durante los cuatro años de matrimonio, John pasaba su tiempo entre el trabajo como ingeniero y en casa frente al televisor con juegos de consola. Erika cuenta que, al comienzo, ella iba a dormirse mientras John se quedaba jugando y a las pocas horas regresaba a la cama, pero con el paso del tiempo, la adicción de John se agravó y amanecía incluso en el cuarto de televisión después de haber jugado hasta la madrugada. Para el momento en que inician terapia, John ya no iba ni siquiera a la alcoba, dormía directamente en el sillón en el que jugaba. Erika guardaba silencio, no le expresaba sus sentimientos, pero se desahogaba con sus mejores amigas o conmigo en consulta contando lo abandonada que se sentía y lo mucho que deseaba que John cambiara y le brindara tiempo y atención. Ella llegaba de trabajar, atendía el hogar, le empacaba su almuerzo para el trabajo y siempre tenía la casa limpia. ¿Ves la dinámica patológica complementándose en esta relación? Erika repetía el patrón de mamá, esperando que un hombre que tenía otros intereses, algún día viera lo buena mujer que ella era y le diera su amor y atención, y

John tenía un gran dolor emocional fruto de las situaciones de su infancia y buscaba evadirlo a través de los videojuegos o cualquier cosa que lo distrajera; generaba distancia emocional con la figura femenina y asumía que la tolerancia respecto a su comportamiento era una manifestación de amor real.

Cuando ambos hicieron consciente desde dónde habían iniciado su relación, John reconoció que no quería estar casado, que en sus planes no estaba tener hijos o formar parte de un hogar, que su sueño verdadero era viajar por el mundo y aprender idiomas. Erika reconoció que no estaba lista para empezar una relación, que, a diferencia de John, ella sí anhelaba ser madre y no estaba dispuesta a renunciar a ello. También confirmó que antes de iniciar una nueva relación debía dedicar algún tiempo a estar sola y trabajar en ella misma. En este caso, ambas almas comprendieron que era mejor separarse desde el cariño para que cada una pudiera seguir avanzando, también comprendieron que aunque se amaban, el amor no era suficiente razón para permanecer juntos.

Momento de reflexión

En la relación de pareja consciente no hay sacrificio, ninguno de los integrantes debe cargar con el peso de soportar una conducta que genere dolor en nombre del amor. Esta es una mentira que está muy arraigada en nuestro inconsciente colectivo. Recuerda que nada que sea amor representa una tortura o un sufrimiento, todo lo que alguien brinda al otro, deber ser el resultado de un deseo natural de compartir, de dar, de ser, pero si eso que estás brindando, termina siendo una herramienta para esperar obtener algo a cambio, o el argumento con el cual justificas que no te están valorando, la relación deja de ser consciente y se convierte en otra trampa del ego.

Si estás amando y entregando el corazón y no estás recibiendo el amor que anhelas, el ego te hará ver como víctima, o te embarcará en la terrible empresa de hacer cambiar al otro con tus cuidados y tu bondad o con tus exigencias, control y manipulaciones. En caso contrario, el alma consciente, ante una situación de desamor o indiferencia, comprenderá que no puede cambiar a nadie y que tampoco vale la pena cambiarse a sí misma por el único motivo de permanecer al lado de alguien, y en libertad se permitirá marcharse a donde pueda simplemente *ser*.

Cierra el libro por unos instantes, reflexiona en tu historia personal y pregúntate:

¿Qué aprendí acerca del amor?

De acuerdo con lo que viví desde niño, mi interpretación es que el amor se expresa...

Para mí, ¿cuáles son los actos que expresan más desamor? Existiría otra manera de interpretar dichos actos.

¿Cómo suelo yo expresar el amor? ¿Lo hago porque realmente me hace sentir pleno y feliz expresarlo o porque quiero generar un efecto en la otra persona?

¿Amo desde el respeto, el merecimiento y la libertad? ¿O suelo amar desde mi miedo y mi carencia?

Como te contaba, he tenido la fortuna de ser la humana de varios perros y gatos. De los perros resalto la lealtad y la entrega incondicional, la felicidad que irradian cuando llegas a casa y el anhelo por estar siempre en compañía de sus humanos cuidadores, pero cuando de relaciones de pareja se trata, para tu salud mental y emocional, debo recomendarte totalmente que ames menos como un perro y más como un gato.

El perro en ausencia de la persona amada se siente triste, añora, y hasta se deprime, el gato también extrañará a sus humanos, pero no se amarga la vida, aprovecha el tiempo libre para hacer de las suyas, para divertirse jugando o explorando o simplemente descansando y acicalándose. El gato disfruta de la soledad y aunque puede disfrutar de la presencia humana e incluso extrañar a sus cuidadores, no necesita de la compañía permanente de otros para estar bien. En general, el gato equilibrado disfrutará de los momentos compartidos y también de sus momentos de soledad, llegando incluso a reclamar un poco de libertad cuando su espacio personal está siendo traspasado. El gato se ha creado la mala fama de no ser cariñoso, pero esto no es para nada cierto, todo lo contrario, puede ser sumamente amoroso, la diferencia radica en que se permite ser selectivo y escoge muy bien a quién le entrega su lealtad y cariño. Un gato no lo entrega todo a cualquier persona y desde la necesidad de recibir más atención, caricias o cariños como suele pasar con los perros, por el contrario, un gato dará su confianza y amor en la medida en la que sienta que es respetado y valorado.

El gato no es esclavo de nadie ni se permite ser sometido por nadie, el felino reconoce su belleza, sabe que es un animal majestuoso y se da su lugar, generalmente es el humano quién busca llamar su atención y él responde amorosa y cariñosamente si así lo siente y lo desea. Un gato es coherente, por esto es poco frecuente ver a los gatos haciendo trucos a cambio de una golosina. El gato respeta sus preferencias y cuando no quiere hacer algo simplemente no lo hace, así como cuando no quiere comer algo no lo come, sabe lo que quiere y no se conforma con menos. El felino maneja sus tiempos, compartirá amor contigo sin atosigarte y tampoco permitirá que tú lo absorbas, dará amor y cuando sienta que es necesario se alejará nuevamente para darse su espacio, así conseguirá nuevamente extrañarte y permitirá que tú también lo extrañes.

No verás a un gato descuidando su imagen, de hecho, un gato que no se asee o que no se acicale probablemente esté enfermo, puesto que para los felinos estar limpios y aseados es vital y esto puede interpretarse como una forma de autovalorarse y de demostrar que reconocen que son importantes.

En resumen, los gatos se aman a sí mismos y es eso lo que les permite amar libremente, y para efectos de esta analogía, los perros (que también son maravillosos) son más complacientes, más demandantes de cariño, menos exigentes, más conformistas, más entregados a los humanos que a ellos mismos y, por tanto, en comparación con los gatos, los perros aman de manera dependiente. No es fortuito que Eckhart Tolle afirme «He vivido con muchos maestros zen: todos ellos eran gatos».

Habiendo reflexionado en ello, ¿qué tipo de amor de pareja deseas manifestar en tu vida?

Integrando el aprendizaje

Identifica si, cuando de relaciones se trata, tienes más características de perro o de gato.

Gato	Perro
Disfruta de su soledad.	Se siente intranquilo cuando está solo.
Cuidan de su apariencia porque reconocen su valor y aman estar agradables por y para ellos mismos.	Su apariencia y bienestar dependen del cuidado o atención brindados por otros.
Hace lo que realmente quiere cuando quiere. No se deja someter fácilmente.	Complace a otros para ser aprobado y aceptado.

Gato	Perro
Respeta su espacio personal y no permite que nadie traspase sus límites porque se respeta a sí mismo.	No cuenta con espacio personal, donde estén las personas a las que ama, él estará bien.
El gato no atacará a menos que realmente compruebe que su territorio o su seguridad están siendo comprometidos.	Protegerá a su humano a toda costa, percibirá amenazas incluso donde no las hay.
Son independientes, disfrutan de su tiempo concentrados en sus intereses.	Requieren de atención constante para sentirse cómodos, prefieren los espacios compartidos en lugar de la soledad.
Será fiel y entregará su amor solo a quien demuestre ser merecedor de su confianza.	Se entrega sin medida.

¿Qué concluyes?

_____

_____

_____

_____

_____

¿Qué actitudes deseas incorporar? ¿Qué comportamientos deseas conservar en tus relaciones?

_____

_____

_____

_____

Para amar en libertad y plenitud, tal y cómo lo hacen los felinos, debes desarrollar la habilidad de conocer y respetar tus límites. Los límites nos permiten relacionarnos en coherencia, hablar con nuestra verdad, ser honestos con nosotros y con las personas que queremos, pero sé que no siempre es fácil reconocer tus propios límites y menos darlos a conocer, así que no te preocupes aquí te comparto algunas claves para que des los primeros pasos, estos aplican tanto para relaciones de pareja como para cualquier tipo de relación afectiva:

Ten claras tus preferencias

Responde las siguientes preguntas: ¿qué es lo que me está haciendo falta en esta relación? ¿En qué sentido me estoy sintiendo afectado por la forma en la que nos relacionamos? ¿En qué aspecto yo no he sido claro al comunicar lo que me afecta o desagrada? ¿He sido yo también responsable de que la situación se presente al haberla permitido? ¿Cómo puedo asumir mi responsabilidad en la situación, qué tipo de acciones debo empezar a implementar?

Antes de poner límites asegúrate de actuar en coherencia

Revisa con cautela si tú estás brindando aquello que te gustaría recibir, de lo contrario, podrías salir «en desventaja» en el momento de establecer límites, puesto que no es coherente que solicites a alguien más aquello que tú no le estás brindando.

Atraviesa la incomodidad

Vence el miedo a la confrontación, atrévete a expresar amorosamente lo que sientes. Hablar es incómodo, pero es necesario. No obstante, recuerda que la comunicación es la puerta de entrada a la mejora de las relaciones interpersonales, pero *no es la solución* de los problemas interpersonales. Cometemos un error al pensar que hablando se solucionan las cosas cuando en realidad las cosas se solucionan ACTUANDO. Por lo tanto, recuerda que si no se habla de los cambios que se desean incorporar es ingenuo esperar que ellos lleguen por arte de magia, pero al mismo tiempo esperar que las cosas mejoren solo hablando también es una actitud ingenua. Las palabras sin actos de valor que las respalden pierden su poder, así que recuerda que el amor otorga muchos poderes, pero no la capacidad de leer mentes. No asumas que el otro ya debe saber qué es lo que tú esperas o que si el otro no te entiende entonces es porque no te ama, probablemente te amen mucho, pero eso no quita que tú seas responsable de hacerte entender y de expresar con claridad y respeto lo que esperas y deseas.

Siguiendo esta línea de pensamiento, el primer paso en la etapa de atravesar la incomodidad consiste en hablar, así que comienza siempre resaltando todo lo maravilloso de la relación y lo importante que es para ti esa persona. Sé honesto y no halagues por cumplir, di aquellas cosas que en realidad sean importantes para ti y que agradezcas y valores. Luego expresa con sinceridad y respeto cómo te sientes y lo que preferirías que sucediera (siempre hablando desde preferencias y no exigencias) y mostrando al otro implicado los beneficios que este cambio traería para ambos, y por supuesto, pregunta al otro si hay algo en lo que tú también podrías mejorar por el beneficio mutuo. Estableced compromisos sencillos y alcanzables, en los acuerdos relacionales es preferible acordar solo uno o dos cambios simples pero razonables, en lugar de prometerse el cielo y la tierra para terminar luego en el mismo punto de partida.

Haz valer tus puntos de vista

Este es el aspecto más importante, los actos deben empezar a manifestarse pero también hay que esperar su aparición con calma y, sobre todo, tener la suficiente sensatez como para saber que al comienzo a ambos les costará adaptarse a los nuevos acuerdos. Dale a la persona tiempo para procesar lo que acabas de compartirle y tiempo para adaptarse a la nueva situación. No te frustres ni consideres que tu opinión no es valiosa si algún día descubres que esa persona está cometiendo de manera automática los mismos actos. Recuerda que nos movemos por hábitos, no acumules ni guardes tu opinión para luego echárselo en cara, por el contrario, sé amoroso y muéstrale (sin reproches) oportunamente que estáis cayendo en los comportamientos antiguos, y firme pero respetuosamente recuérdale lo importante que es este cambio para ti y para el bienestar de la relación. Ten en mente que tú también eres responsable en el proceso de hacer respetar tus límites.

◀ *Capítulo* II ▶

No es a dónde, sino para qué

> *Te guste o no,*
> *todo lo que te está sucediendo en este momento*
> *es producto de las decisiones que has tomado en el pasado.*
> **Deepak Chopra**

Muchos han realizado actos de amor desinteresados a lo largo de la historia, con sus vidas han sido ejemplo de la magnificencia de Dios en su corazón, dejando un legado que transformó el mundo y que cambió la forma en la que la vida era percibida. Muchos de ellos desafiaron las normas escritas, considerando que existe algo más, una fuerza superior de la que todos provenimos y a la que todos pertenecemos, un ser supremo que nos alienta a realizar actos bondadosos que puedan impactar de manera positiva la vida de las demás personas. Otros no se han centrado en lo espiritual sino que han sembrado hitos en la humanidad desde posiciones científicas, políticas, sociales... ¿Qué tienen estas personas que hace posible que produzcan tan significativo impacto en otros? ¿Qué se ha dado en la mente y el corazón de estos hombres y mujeres que lograron ser inspiración y transformar la vida de muchos? ¿Qué es lo que los motivó y logró que, a pesar de los años, todavía hoy sigan siento citados y sean referencia para la humanidad? Todos ellos tienen algo en común: inspiran porque sus actos provinieron de la inspiración, y esta es la materia prima del poder personal y, a su vez, de la manifestación.

Elige ahora un personaje histórico que te resulte realmente impactante, representativo, admirable o inspirador. Da igual si se trata de alguien con matiz activista como Martin Luther King por su trabajo con los derechos civiles de la población afroamericana, Nelson Mandela por su lucha contra la discriminación racial en África, alguien de corte político como, tal vez, Barack Obama por su hazaña como primer mandatario negro en Estados Unidos, alguien académico como Marie Curie por sus aportes a la ciencia y por ser la primera mujer en recibir dos premios Nobel en distintas especialidades, o si lo prefieres, puedes elegir algún personaje de corte histórico como Juana de Arco por su valentía y su participación en la legitimación de la corona francesa y de la iglesia católica, o William Wallace y su gallardía, liderando la liberación de Escocia. Si es de tu agrado, puedes remitirte a los grandes maestros espirituales como Jesús de Nazaret, desde mi perspectiva, una de las almas más conscientes e iluminadas que ha pisado el planeta Tierra, que pese a inspirar en amor y verdad en su época fue percibido como irreverente, revolucionario y una amenaza, por lo que finalmente fue crucificado, o Siddharta Gautama (Buda) quien desafió las tradiciones y renunció a su título de príncipe, a su pueblo y a su familia, para experimentar en carne propia la naturaleza de la enfermedad, el dolor, la vejez y la muerte y encontrar así la iluminación. Finalmente, si esto te parece muy complejo para cumplir con el propósito de este capítulo, también es válido que te remitas al músico contemporáneo o al actor de cine que más admires en la actualidad y que te inspire por su talento, versatilidad o tenacidad, o al deportista que te emocione por su constancia, disciplina y capacidad de sobreponerse a los fracasos y enfrentar los retos, da igual, finalmente todas estas personas tienen algo en común.

Ellos sirvieron a los más profundos deseos de su corazón, lograron hazañas que traspasan fronteras y que perduran a través de los años, lograron hacer aquello que en el fondo deseaban, cumplieron el propósito de su vida, aunque no necesariamente su vida pueda percibirse como un jardín de rosas o un proceso simple y fácil.

Pues bien, es aquí donde comienza la reflexión profunda que quiero compartirte en este capítulo. En una vida con sentido, con propósito y con consciencia, no se trata de «a dónde» quieres llegar, sino de «por qué» deseas dirigir tus pasos hacia ese destino. No existe garantía de que el camino será fácil, tampoco se trata de que debas adoptar ahora una actitud de mártir, considerando que esta vida es un valle de lágrimas y sufrimiento, se trata de comprender que tu elección sea cual sea, tiene implícitas condiciones que probablemente no serán placenteras, pero que serán necesarias para que ese sueño se materialice. Es aquí donde tu «porqué» jugará un papel mucho más importante que el «a dónde quieres llegar» o cuál es el objetivo que deseas lograr. El «porqué» es como el mapa que nos invita a recordar el destino que hemos trazado y nos permite mantenernos firmes, recordando que vale la pena disfrutar del proceso, aunque no siempre sea cómodo.

Algo importante para tener en mente cuando de materializar la vida que sueñas se trata es que la construcción de la realidad anhelada es un acto que no podrá depender de tu motivación. Como todo ser humano, estarás expuesto a variaciones, incluso algunas de esas fluctuaciones estarán fuera de tu directo control, por ejemplo, tus intereses, tu impulso a la acción, o incluso tu energía vital, podrán verse afectados fácilmente por cambios corporales y hormonales si perteneces al género femenino, o por acontecimientos imprevistos como una discusión o una pérdida, por una enfermedad, o incluso por el clima si resulta que tiendes a ser más productivo en los días soleados y estás atravesando cuatro meses de invierno. Es por esto que siempre que hablamos de lograr lo anhelado debemos recordar que el deseo ardiente que surge en nuestro corazón y que nos conduce a la acción implica que una parte de nosotros ya ha tomado una decisión, y que esta decisión debe ser lo suficientemente sólida como para romper con esquemas previos, tan fuerte como para conducirnos a aceptar que deberemos soltar algo para abrirnos a la creación de una nueva realidad, tan fundamentada y realista que nos lleve a ser conscientes de que para construir, primero deberemos destruir. Si has llegado hasta esta parte del libro, y estás convencido de que eso que sueñas *también es posible para ti*, entonces ya podrás aceptar y asimilar que toda decisión, sea cual sea, siempre implica innegociablemente una renuncia que debes estar dispuesto a realizar.

El artista que ha decidido crear una obra de arte, debe estar dispuesto a renunciar a las horas de ocio para dedicarse a su proyecto, la persona que ha decidido mejorar su imagen corporal y su talla debe estar decidida a renunciar a las golosinas y las frituras, quien está decidido a aprender algo nuevo probablemente deba estar decidido a renunciar a las horas de maratones de series frente al televisor, si has decidido convivir con alguien, entonces deberás estar dispuesto a renunciar a la total libertad de hacer lo que te plazca cuando te plazca considerando que la convivencia es un acuerdo que implica negociaciones en beneficio de ambos, si has decidido tener un bebe, estarás dispuesto entonces a renunciar a horas de sueño..., y estos son solo algunos ejemplos.

Como podrás ver, decidir implica renunciar, así como crear implica destruir, y esto también es maravilloso. Si la palabra destruir resulta demasiado fuerte para tu mente, puedes reemplazarla por transformar, pero la idea sigue siendo la misma. Para confeccionar un hermoso vestido la forma original del rollo de tela debió ser destruida, para elaborar la tela, el carrete de hilo debió ser destruido, para obtener el hilo las fibras naturales debieron ser destruidas y procesadas, para generar las fibras naturales la planta que estaba en el cultivo de algodón fue destruida. Crear algo nuevo implica la destrucción de algo viejo, y esto no es algo para lamentar, por el contrario, esto es la evolución. La semilla se destruye para que pueda surgir el árbol, el huevo se rompe para que pueda dar inicio una nueva manifestación de vida, el capullo se destruye para que la oruga pueda transformarse en mariposa. La ruptura del esquema previo es un componente implícito en la generación de una transformación, solo así a través de la modificación y la incorporación de nuevos patrones podrá formarse algo diferente que surja de la creatividad y del poder de la intención.

El problema radica en que, debido a nuestra inconsciencia, muchas veces pese a que la transformación ya ha dado inicio, la oruga sale del capullo convertida en mariposa, pero continúa arrastrándose por la tierra en lugar de abrir sus alas y probar el néctar de la vida, solo porque a ello estaba acostumbrada.

Momento de reflexión

Quiero que te detengas por unos minutos y que revises las iniciativas que te has planteado y que no has logrado culminar en el pasado. Plantéate dos objetivos realmente significativos que hayan quedado solo en propuestas y en los que sientas que has fallado.

Luego, respira profundo y pregúntate: ¿a qué cosas no estuve dispuesto a renunciar? No dejes que tu mente te engañe diciéndote que hiciste todo lo que tenías que hacer, como habrás visto hasta ahora la mente es muy hábil para hacernos permanecer en el engaño. Revisa con detenimiento cuál es la renuncia que nunca estuviste dispuesto a hacer, incluso aunque esa renuncia represente que no hayas estado en capacidad de desistir de la imagen que tenías acerca de ti mismo.

Ser terapeuta, docente en desarrollo personal y acompañante en espiritualidad me permite ratificar en la práctica con cientos de personas, que muchas veces es más fácil desprendernos de muchas cosas y que somos capaces de renunciar casi a cualquier situación, excepto a la imagen que hemos construido sobre nosotros mismos. Observo diariamente a personas que se resisten a desidentificarse de las etiquetas y esquemas a través de los cuales se autorreferenciaron por años y pareciera que desprenderse del antiguo patrón de identidad es más doloroso que la frustración de no alcanzar lo que anhelan. Esto ocurre porque la mente siente que si suelta aquello que creyó que era, quedará desprotegida.

La mayoría de personas desconectadas de su fuerza interior, se sienten como náufragos en un océano de oportunidades, pero, mientras otros van en yates de lujo, quienes han caído victimas de sus limitaciones mentales, han dejado de disfrutar de ese océano limitándose a estar a la deriva sobreviviendo y no viviendo, tan mimetizados con la indefensión que dudan de su potencial. En otras palabras, si te quitan aquello que te ha mantenido a flote por tantos años, desconfías de la fuerza implícita de tus piernas y brazos, es como si haber estado flotando te hiciera creer que olvidaste nadar o que no podrás hacerlo como se requiere, por tanto, te resistes a dejar ir ese trozo de madera que te sostiene y te rehúsas a nadar prefiriendo aferrarte a una tabla de salvación, porque la sola idea de depender de ti mismo da mucho miedo. Sabes que la tabla (la identidad) te ha mantenido a flote y con vida, pero al mismo tiempo sabes que mientras sigas agarrándote a ella estarás estancado, no podrás avanzar, una parte tuya desea moverse y otra teme soltar lo conocido, es por esto que el hábito más difícil de destruir es el hábito de ser aquello que creemos sobre nosotros mismos, pero hasta que no estemos dispuestos a sobrepasar el síndrome de abstinencia que se presenta cuando dejamos la «droga» de la identificación con el falso yo, no podremos dar el salto hacia la vida que soñamos y merecemos. Moverte en aguas desconocidas será retador, probar los límites de tu fuerza personal y de tu valor será incómodo, abrirte paso a lo nuevo requerirá esfuerzo, y eso es una verdad.

Nadie dijo que fuera fácil, pero tampoco es imposible; esa incomodidad no puede ser mayor que tu poder personal, jamás lo que sea que hayas creado te sobrepasará. Tú lo creaste con tus elecciones y con tus acciones, por tanto, **si tú lo creaste tú eres sin lugar a duda, más grande que lo que sea que estés afrontando**. La fuerza ya está en ti, lo que te hace falta es la decisión de poner la fortaleza en acción, por ello, para enfrentarte al miedo, para desprenderte de lo que crees que eres y para transformarte en lo que deseas ser, requieres de un «porqué» mucho más enérgico y más poderoso que tu miedo.

Nuestro «porqué», proviene de la parte más profunda del ser, es aquel deseo inherente que nos recuerda que, aun en medio del esfuerzo, es posible disfrutar, es eso que nos ayuda a recordar que la frustración cuando las cosas no salen como esperamos, en lugar de convertirse en una excusa para desertar, puede convertirse en una gran motivación para intentarlo nuevamente, con muchas más ganas y probando maneras diferentes. Tu «porqué» es el combustible que impulsa a tu vehículo a seguir avanzando hasta el destino que elegiste como objetivo, disfrutando incluso de los retos del proceso. ¿Podrías imaginarte a alguno de estos personajes inspiradores cumpliendo su objetivo y transformando la historia del mundo, sin que su «porqué» hubiese estado claramente establecido? La respuesta es no, ellos sabían que su elección, su sueño, su propósito, les demandaría estar lo suficientemente preparados para actuar en consecuencia.

Por ejemplo, en el caso de Martin Luther King, su discurso «I have a dream» es una muestra tangible de un poderoso «porqué». Este hombre en ese movilizador acto de comunicación nos comparte su sueño de manera muy directa, su «porqué», su sueño, era que personas blancas y negras pudieran coexistir armoniosamente en igualdad de condiciones, y es altamente probable que ese sueño haya contribuido más al alcance de su objetivo y haya sido una motivación más potente para la materialización de sus logros que el hecho de buscar reconocimiento o fama por su proeza. Este hombre, al igual que muchos, terminó siendo recordado y admirado, pero ese solo fue un efecto colateral de su entrega y dedicación. En la pasión de su discurso, en la coherencia de sus actos y en su entrega por su causa, puede asumirse que su «por qué» surgía de adentro, desde su poder personal y que estaba sustentado en causas internas, es decir, que su motivación era intrínseca. Para terminar el ejemplo de King, su «porqué» era su sueño y ese fue el combustible que puso en marcha el motor de sus iniciativas. Ese sueño fue el que permitió que lograra transformar las percepciones en un país segmentado por la discriminación racial, y que él pudiera llegar al destino que se había trazado.

Cuando nuestros deseos no surgen de las causa correctas sino que obedecen a razones extrínsecas, nos volvemos muy vulnerables y disminuimos nuestra capacidad de materialización, esto ocurre porque el entorno tendrá poder por encima de nosotros, y cuando las cosas se pongan retadoras, nuestro deseo carecerá de suficiente fuerza y pasión, por ello, será muy fácil postergarlo o podremos incluso llenarnos de justificaciones para no llevarlo a cabo, igualmente, podremos cambiar rápidamente de objetivo si nuestro deseo depende de lo que nos muestre el entorno, por ejemplo, si el círculo social, nuestros padres, la pareja o el entorno laboral nos dicen que es «por este camino» nosotros iniciaremos el viaje, pero si el día de mañana nos muestran que ya no es ese camino si no «este otro» no tardaremos dos segundos en dejar nuestra iniciativa a medias y plantearnos nuevos retos. Así como es fugaz el surgimiento del deseo cuando este proviene de la intención de satisfacer a otros o de seguir el camino trazado por alguien más, igual de fugaz desaparece nuestra motivación y nuestra convicción de llevarlo a cabo. Esto ocurre con los propósitos que no obedecen al llamado del alma, sino a los deseos del ego.

En capítulos anteriores te he hablado (explícita e implícitamente) sobre algunas de las que para mí son leyes espirituales del funcionamiento del universo, permíteme compartirte una idea que alguna vez surgió de mi experiencia personal, idea que para mí funciona como una ley y la he convertido en pilar de mi propio proceso espiritual:

No existen los problemas, en un universo sin límite solo existen probabilidades y circunstancias, y la gravedad de estas dependerá de la interpretación que tu mente les otorgue. En cualquier caso, oportunidad o desafío, eres tú quien ha propiciado dicho escenario para enriquecer tu vida y para que a través de él puedas elevar tu potencial a su máxima expresión, por tanto, eso que consideras un problema jamás será más grande que tú, simplemente porque tú has sido su creador.

¿Podrían estos personajes admirables que analizábamos hace algunos momentos haber alcanzado su máximo potencial si no hubiese existido un reto? Ellos han marcado sus propias vidas e impactado las de los demás gracias a que asumieron con entereza los desafíos AUTOIMPUESTOS, es decir, enfrentaron retos que, de alguna manera, ellos mismos aceptaron o eligieron, y probablemente su elección se fundamentó en el llamado profundo que había en sus corazones. Estas personas hicieron que eso que soñaban fuera posible y probaron la miel de la satisfacción personal y de la consciencia de su potencial infinito atravesando retos y circunstancias difíciles. No olvides que nadie les impuso alcanzar este propósito tan admirable, ellos lo eligieron, y al hacerlo, asumieron también las implicaciones que se desprenderían de su elección.

Existe una relación directa entre la creación y lo creado, tú provienes de la Fuente de la que surgen todas las posibilidades, y tu capacidad de crear es directamente proporcional a la de tu creador, por lo tanto, que no quepa duda de que esta vida no es más que un juego cuyo objetivo es recordar el amor del que provienes y expresar todo tu potencial, y en este juego, te mueves o interactúas a través de percepciones, probabilidades, proyecciones y vibraciones. Si lo piensas, no es tan grave, ni tampoco hay razón para tomártelo tan en serio pasándolo tan mal, al final, el juego (tu encarnación) terminará, y en ese momento podrás analizar cómo fue tu experiencia, qué tanto lo gozaste, qué tanto aprendiste, cuánto creciste y un nuevo juego volverá a materializarse para que en él puedas poner en práctica lo que aprendiste en la experiencia anterior y para que incorpores nuevas destrezas. Si lo ves desde esta perspectiva, no hay nada que perder, no hay nada a lo que aferrarse porque lo único que te llevarás será tu crecimiento y no el logro que tanto querías alcanzar. Lo que formará parte de ti de manera real no será ni el título, ni la pareja, ni la casa, ni el reconocimiento, sino aquello que experimentaste mientras te enfocabas en obtener el logro. Si tan solo recordáramos que el éxito real reside en el disfrute y la expansión y no en el alcance del objetivo, el juego sería más fructífero para todos, más pleno, libre y enriquecedor.

La realidad que experimentas no es fruto del destino ni de las casualidades de la vida, sino fruto de tu propia creación. Es altamente probable que, en este momento, el ego te lleve a interpretar que, teniendo en mente lo que hemos compartido hasta ahora, para lograr algo significativo el precio que hay que pagar es un alto sufrimiento, pero no, definitivamente no es eso lo que te quiero decir, tampoco se trata del concepto egoico dual de: «a mayor sufrimiento más mérito». Se trata de comprender que el reto que enfrentarás será proporcional al objetivo que te has propuesto alcanzar y eso es, sin duda, una condición inevitable de esta experiencia de vida. Sin embargo, hay algo que sí se puede cambiar o que sí puede variar, y es que el nivel de sufrimiento asociado a ese reto no dependerá del reto en sí, sino de la persona que lo esté asumiendo. Probablemente has notado que ante una circunstancia difícil como el fallecimiento de un ser querido, la pérdida de un empleo, o ante el diagnóstico de una grave enfermedad, hay personas que parecen derrumbarse y otras que, ante el mismo suceso, se muestran mucho más serenas y fuertes. A esto es a lo que me refiero, no depende de la circunstancia, sino de la consciencia con la que tú decides afrontarla.

En este universo de experiencias duales (de dos polaridades unidas) o, en otras palabras, de dos caras que forman parte de la misma moneda, renunciar a una de las dos polaridades es renunciar a la unidad misma. Por ejemplo, queremos aceptar el dulce néctar del amor, pero no queremos pensar que al firmar el contrato de la ilusión y la plenitud fruto de una relación de pareja, también estamos aceptando la letra pequeña del acuerdo cuyas cláusulas implican que aceptamos la plenitud, pero que aceptamos también que en algún momento podremos quedar expuestos a la presencia del dolor.

Amamos una parte de la experiencia y rechazamos la otra, y esto es incoherente puesto que, entendiendo que en esta realidad nada está separado, el dolor es a su vez parte del amor; si te duele la pérdida es gracias a que en algún momento valoraste, apreciaste y amaste la experiencia. Aceptas el placer, pero rechazas el dolor, y la mente no comprende que el uno no podría existir sin el otro y que ambos son maravillosos y forman parte de nuestra experiencia vital. Si elimináramos uno de los dos, si anuláramos el dolor, ¿cómo podrías experimentar el placer? ¿Cómo podrías reconocerlo, diferenciarlo y saborearlo, si ese fuera tu estado permanente? ¿Cómo podrías siquiera reconocer el placer si no tuvieras una emoción de incomodidad con la cual compararlo?

Probablemente, a lo largo del libro, paso a paso has ido cuestionándote «para qué» quieres alcanzar eso que sueñas, ya hablamos un poco de ello también en el capítulo seis. Ahora comprendes claramente que el «para qué» o el «porqué» son mucho más importantes que el objetivo mismo. Lo que quiero que analicemos ahora es, qué te diferencia a ti de aquellas personas que han logrado sus metas y propósitos. Recuerda, eso que sueñas y que *también es posible para ti* lleva implícitas unas condiciones a las que no puedes renunciar.

No puedes pretender disfrutar del mar renunciando a que tus zapatos o tu ropa regresen a casa con un poco de arena, tampoco puedes decir que disfrutas y amas la primavera sin aceptar que para que esas flores renazcan, deben antes atravesar el otoño y el invierno. No puedes decir ahora que deseas una vida plena, una abundancia inagotable o una relación de pareja maravillosa, si no estás dispuesto a hacer tu tarea, es decir, a cuestionar tus pensamientos, desprenderte de patrones limitantes, renunciar a hábitos nocivos, o cultivar la disciplina y la constancia. Recuerda, el reto que enfrentarás será proporcional al objetivo que te has propuesto alcanzar.

A estas alturas de la lectura ya ha quedado claro que si quieres transformar tu realidad, debes dejar de enfocarte en modificar los resultados, y en lugar de ello, contar con la suficiente sensatez para centrarte en LA CAUSA de dichos resultados. En resumen, ser consciente de tu protagonismo vital es reconocer que cuando se trata de transformar tu realidad debes incidir en las causas y no en las consecuencias, y las causas siempre estarán asociadas a tu esquema mental, tu estado anímico, tus hábitos y tus patrones automáticos o inconscientes.

Ahora, sé consciente de que no se trata de que eso que otros tienen les haya sido dado por suerte, tampoco se trata de que la vida te esté negando lo que tanto anhelas, ¡no! Este es el momento cúspide de tu transformación, el momento en el que debes preguntarte con un nivel profundo de consciencia sobre tu vida y sobre ti mismo: ¿Estás realmente dispuesto a asumir el reto que trae consigo alcanzar eso que deseas? ¿Estás dispuesto a afrontar la incomodidad de aventurarte a lo nuevo? ¿Estás dispuesto a luchar contra los hábitos y la costumbre de ser quien creías que eras o solo estás enfocado en la ilusión de lo mágico que será el resultado y de lo mucho que lo quisieras saborear? Corazón, existe una diferencia enorme entre querer algo que parece maravilloso y estar DECIDIDO a hacer que eso que es maravilloso ocurra, y esa es la clave. Recuerda, la única razón por la cual no has alcanzado eso que anhelas y que siempre ha estado a tu alcance, tal y como te lo expresé en el comienzo de este libro, es porque una parte tuya todavía no había estado dispuesta a hacer lo necesario para obtenerlo.

Desde mi perspectiva, para ver nuestros sueños convertidos en realidad debemos tener una combinación de tres cosas:

La certeza de que ese sueño puede ser real

Por esto he querido llamar a esta obra *También es posible para ti*, porque deseo que enriquezcas tu mente con la idea de que, si otros lo han logrado, tú también puedes hacerlo. En lugar de permitir que el ego te llene de envidia y malestar, pensando en que es injusto que otros disfruten de eso que tú tanto deseas, enfócate desde tu alma de ahora en adelante en bombardear tu mente con historias de personas que te inspiran y a las que admiras, y agradéceles por demostrarte que, como todos somos uno y provenimos de la misma fuente, el hecho de que ellos lo hayan realizado es como si en parte, tú también lo hubieras alcanzado. Busca casos de éxito y no dejes que la mente te sabotee haciéndote creer que para otras personas ha sido fácil. Seguramente encontrarás historias más retadoras que las tuyas, con menos recursos o posibilidades de salir a flote pero que, en contra de todo pronóstico, disfrutan de la plenitud de reconocerse como seres fuertes y poderosos que desafiaron las limitaciones del sistema social y de su propio sistema mental. Convéncete de que ver la realización de tus sueños a través de la vida de otros, en lugar de ser motivo de frustración, es una forma de recordarte a ti mismo que eso está esperando por ti, y que no significa que ese alguien vaya por delante, que tú perdiste y el otro ganó o que para obtenerlo tuvo que quitárselo a otro, ¡no! En este plano de infinita abundancia, todos podemos tener lo que soñamos, no existe razón para que así no sea, solo el ego que requiere compararse, competir y atesorar no logra concebir y aceptar esta idea.

¿Acaso un naranjo se frustra y se compara con el naranjo de al lado porque dio frutos primero? ¿O acaso se dice a sí mismo: «¡Ah!, qué frustración, este ya consiguió dar cosecha y yo no lo logro, soy un fracasado»? Tampoco creemos que el naranjo se esfuerce por competir con el árbol vecino y procurar que sus raíces absorban más agua o nutrientes de la tierra para producir así unas naranjas más jugosas. La naturaleza sabiamente comprende que cada ser tiene su propio proceso y confía con certeza en que el fruto llegará en el momento justo sin necesidad de compararse, ni de competir, ni de frustrarse. Un árbol no se doblega para levantar al otro, la mejor forma de contribuir al sistema es continuar en su expansión. El árbol no limita su esplendor solo porque al otro le incomode, en lugar de ello, si su ritmo le lleva a generar frutos jugosos y una copa frondosa, la contribución que él brinda a quienes están alrededor no consiste en frenar su proceso sino en acelerarlo, para que sus frutos maduros caigan al suelo, y se integren como abono en el proceso sistémico de renacer, de esta manera los otros árboles contarán con un sustrato más fértil, formarán parte de un suelo más nutrido y podrán seguir creciendo. Observa que la naturaleza es sabia, los seres no frenan su proceso individual, sino que comprenden que la mejor forma de contribuir al todo es haciendo su parte con total grandeza y esplendor y, de la misma manera, los demás tendrán que hacer aquello que les corresponda.

Si has de mirar a otros, que sea para inspirarte y motivarte, para alegrarte por sus triunfos y confirmar que pronto vendrán también los tuyos y que tú serás (tal y como otros lo han sido contigo) fuente de inspiración futura para alguien más. Tener tus referentes claros y ver que ellos también han tenido dificultades, que son seres humanos reales y que pudieron crear la vida que sueñas, le hace ver a tu mente que no se trata de una fantasía, sino de algo tangible que está al alcance de aquel que desee lograrlo.

Claridad, imaginación y creatividad

Tener claro qué es lo que deseas, es fundamental. Ya comprendes que no es necesario que te apegues a los detalles de tu deseo, pero lo que sí es innegociable es que sea totalmente certero para ti el cómo deseas sentirte una vez que lo alcances. También hemos hablado en el libro de la importancia de imaginarte o visualizarte realizando ese sueño, pero no para atraerlo mágicamente, sino para elevar tu campo vibracional y lograr, así, que el universo reciba aquello que esperas manifestar con base, no en lo que piensas, sino en la manera en la que te sientes. Esto hará, no solo que la vida abra para ti oportunidades y que las sincronicidades comiencen a ocurrir, sino que también empezará a acostumbrar a tu cuerpo a esas nuevas sensaciones y esto facilitará que tus acciones se dirijan hacia ese objetivo, recuerda que tu cuerpo es una máquina perfecta, ama lo conocido y procura mantenerse en los estados que le resulten familiares.

Para realizar nuestros sueños, debemos entonces tener clara nuestra intención, *qué queremos lograr, por qué deseamos lograrlo y cómo deseamos sentirnos al alcanzarlo.* Luego debemos desarrollar esa capacidad de visionarnos como los seres merecedores de alcanzarlo y empezar a expresarnos en coherencia pensando, sintiendo y actuando como si esto ya se hubiera materializado. Para lograrlo, podemos combinar nuestra imaginación (campo eléctrico y mental) con la emoción de experimentar las sensaciones que tendrás al verlo materializado (campo magnético y emocional). Tener claro tu propósito y visualizarlo con la certeza de que es posible alcanzarlo, desatará en ti un potente «campo electromagnético» que funcionará como un imán, reprogramando tu energía y enfocándola hacia el alcance de tus objetivos.

La creatividad también juega un factor fundamental, debes dar pie a la capacidad de pensar diferente, generar nuevas ideas y realizar asociaciones mentales que no habías considerado antes, en otras palabras, la creatividad debe permitirte innovar. No me refiero a la innovación como a la capacidad de inventarte algo que transforme al mundo, me refiero a innovar en la forma en la que te percibes a ti mismo. Ser creativo significa desarrollar un pensamiento diferente sobre ti, sobre tu pasado, sobre tu presente, pero en especial SOBRE TU FUTURO.

Si cuando piensas en el mañana, no logras visualizarte de una manera novedosa, si cada vez que piensas en el futuro te asaltan los temores de que vuelvas a actuar de la forma en la que lo has hecho previamente o te abruman las ideas de que te vuelva a ocurrir lo mismo que alguna vez te sucedió en el pasado, debo decirte que lo que seguirás materializando será más del estado del ser al que estás acostumbrado. No habrá para ti ningún resultado diferente y seguirás experimentando más de lo que ya conoces, simplemente porque la semilla que estás sembrando es la misma (energéticamente hablando), tu estado emocional sigue siendo el mismo, en consecuencia, el universo recibirá tu estado vibracional y ante dicho mensaje dirá: *claro que sí, tus deseos son órdenes.*

Debes dar cabida a nuevas ideas, sensaciones, pensamientos, percepciones y sentimientos. Nunca olvides que hasta los deportistas de alto desempeño se visualizan a sí mismos levantando el trofeo antes de materializarlo, y experimentan a través de su imaginación las emociones asociadas al triunfo futuro. Esto es sumamente importante, pero cuidado, por sí solo no es suficiente, no por pasar horas visualizándose van a dejar de entrenar, y esto da pie al tercer y último punto.

Una alta dosis de pasión

Para hacer tu sueño real, se requiere una alta dosis de fuerza, impulso, deseo y pasión, combinada con los dos puntos anteriores. Necesitas quererlo, realmente DESEARLO… Necesitas tener en tu interior un impulso, un sentimiento de que lo mereces, «un no sé qué, no sé dónde» que te hace vibrar y te lleva a la acción, necesitas tener tu «porqué» latiendo en el centro del corazón cada día, cada instante. Esa chispa no puede encenderla nadie por ti, ese sentimiento de «eso es lo que anhelo» viene asociado a tus dones, tus talentos, tu propósito y al hecho de que realmente lo desees con el alma (no con el ego). Eso que pide tu ser y que en ocasiones es difícil de explicar con palabras, es un estado pleno de fluidez y aceptación con la vida y un nivel más elevado de consciencia, eso es por lo que realmente fuiste creado, estás aquí para vivirlo y experimentarlo, y cuando consigas materializar eso que sueñas, descubrirás que nunca se trató de algo externo o de un logro por alcanzar, comprenderás que siempre la clave estuvo en la presencia plena, la confianza y el disfrute **del proceso**, y que fue el proceso (no el resultado) el factor clave que hizo posible tu más alta transformación, observarás como gracias al proceso habrás explotado todo tu potencial y habrás compartido con el mundo la mejor versión del maravilloso ser que eres.

Para lograr lo que sueñas, no se requiere ser el más talentoso o el más brillante o el más sobresaliente, la vida está llena de personas talentosas y brillantes consumidas en el alcohol o las drogas, sumidas en la depresión, atormentadas por relaciones insatisfactorias o adictas al victimismo y al fracaso. Conozco muchos intelectuales, personas con coeficientes por encima de la media y altamente competentes, que no son ni reconocidos ni grandes pioneros, su potencial está expresado en la mínima proporción mientras ellos se desenvuelven en trabajos operativos, sumidos en la rutina y en la queja cotidiana. Se trata de personas brillantes que podrían estar marcando hitos en el mundo, pero que simplemente no confían en sí mismos o no se sienten motivados a realizar nada más allá de lo convencional, mientras que también conozco a otras personas podríamos considerar «nada extraordinarias» que sí están creando historia, y gracias a su actitud, a la visión de sí mismos y de la vida, hoy están disfrutando de la realidad que soñaron porque simplemente se decidieron a crearla. En cualquier caso, su éxito o frustración no se trata «del grado mayor o menor de su potencial» sino de su intención de experimentar la vida en su máximo disfrute y expresión.

Recuerda, no se trata solo de tu capacidad de hacer algo, sino de la capacidad de convencerte de que vas a dar lo mejor de ti mientras te enfocas en ese algo, y lo más importante: se trata de la consciencia de que vas a gozar y disfrutar del proceso porque no hay objetivo más grande que dar lo mejor y disfrutar día a día, paso a paso. ¿Acaso puede haber algo más pleno que saber que cada día diste lo mejor? ¿Puede haber algo más reconfortante que saber que cada noche te vas a la cama sintiendo que te cumpliste a ti mismo? No importa si ante el mundo eres un fracasado, conformista o mediocre, ¡qué más da! Tus batallas son únicas, cada uno tiene sus retos, nadie puede medir tu progreso porque nadie ha vivido tu historia, solo tú sabes contra qué pensamientos batallas, cómo te superas día a día, nadie puede decir que lo tienes fácil o difícil, solo tú mismo. Por tanto, el peor sentimiento es el de irnos a la cama sintiendo que nos fallamos a nosotros mismos, ser felices es reconocer que tenemos derecho de disfrutar de la satisfacción de saber que solo por hoy hicimos algo que contribuyó a ser más conscientes, más sabios o valientes, y ese triunfo es personal, por ello, nadie más lo puede entender o cuestionar.

El éxito, entendido como la capacidad de ser plenos y felices mientras nos dirigimos al logro de nuestros sueños, haciendo cosas buenas por nosotros y los demás, no está reservado para unos pocos, ni para los mejores de los mejores, está reservado para aquellos que estén dispuestos a levantar su trasero físico y emocional del sillón del conformismo y el victimismo, y comiencen a responsabilizarse de sus vidas, transformando su forma de verse a sí mismos y a la realidad. Es así de simple.

Integrando el aprendizaje

Vamos a analizar las razones que ha empleado tu ego hasta ahora para justificar el hecho de que no hayas logrado eso que sueñas. Realiza una lista de todos los motivos a los que has atribuido la no realización de tus propósitos. Sé lo más honesto y sincero posible; de tu capacidad de autoindagarte, dependerá tu capacidad de transformarte.

1) Elige a una persona que te inspire y cuya vida represente en parte aquello que tú deseas alcanzar. Escribe su nombre y detalla qué es lo que te gustaría incorporar de la vida de ese ser:

_____

_____

_____

_____

2) Relata los principales argumentos mentales que empleas para sabotear tu proceso de materialización, sé descriptivo y emplea las mismas palabras de tu diálogo mental. Algunos ejemplos del diálogo interno

negativo incluyen frases como: «si mi vida hubiera sido», «siento que estoy pagando un Karma», «tuve una infancia dolorosa», «soy muy...», «nunca termino lo que empiezo», «me falta mucho...», «mi padre o mi madre siempre...», «mi padre o mi madre nunca...», «tengo miedo a...», «sufro de...», «si tan solo mi pareja (amigos, hijos, jefe) fuera más...».

¿Qué es lo que has pensado toda la vida para justificar tu insatisfacción? Haz tu lista con las 5 ideas más recurrentes:

a) _____
_____
_____
_____
_____

b) _____
_____
_____
_____
_____

c) _____
_____
_____
_____

d) _____
_____
_____
_____

e) _____

_____

_____

_____

_____

3) Céntrate nuevamente en la persona que elegiste como referente. Esa persona a la que admiras y que ya ha alcanzado lo que tu anhelas también es un ser humano, ha vivido sus propias batallas, ha experimentado situaciones difíciles, también ha tenido temores y ha tenido desaciertos, también ha pasado por crisis (económicas, emocionales, de salud) también ha tenido inseguridades y probablemente, también tuvo un pasado doloroso.

¿Quién hay detrás de eso que te inspira? ¿Puedes imaginarte a esa persona que admiras teniendo un mal día? ¿Llorando por un dolor emocional? ¿Con una enfermedad o un dolor o físico? ¿Experimentando miedo a tomar una decisión? ¿Teniendo preocupaciones y ansiedades? ¿Nervioso antes de hacer algo importante? ¿Con falta de ganas de levantarse a hacer lo que debía hacer por su sueño? ¿Dudando de sí mismo? ¿Creyendo que no lo lograría? ¿Atravesando momentos difíciles?

Esa persona probablemente tuvo ideas limitantes muy similares a las tuyas, y su ego (o mente) intentó sabotear su proceso a través de ese tipo de pensamientos. Sin embargo, esta persona hizo algo diferente a lo que le ordenaba su mente, logró pasar del papel de víctima al papel de responsable. Muy bien, ahora quiero que tú hagas lo mismo, por cada una de las ideas que escribiste en el punto 2, quiero que plantees una forma más consciente y poderosa de afrontar tu antigua creencia.

Escribe nuevas ideas potenciadoras y poderosas basándote en todo lo que has aprendido hasta ahora con este libro e inspirándote en la forma en la que crees que esa persona le llevó la contraria a esas ideas:

¿Cómo vas a contrarrestar la creencia que te limita? ¿Qué le vas a decir a tu diálogo mental automático cada vez que esa idea negativa intente cortarte el paso? ¿Qué vas a hacer cada vez que la idea limitante se presente? ¿Cómo vas a debatirla? ¿Cómo vas a restarle poder sobre tu vida?

a) _____
_____
_____
_____
_____

b) _____
_____
_____
_____
_____

c) _____
_____
_____
_____
_____

d) _____
_____
_____
_____
_____

e) _____
_____
_____
_____

4) Como ves, esta persona no es ningún extraterrestre, probablemente es más parecida a ti de lo que te imaginas. La diferencia radica en que tomó una decisión y estuvo dispuesta a realizar renuncias. Escribe ahora a qué cosas estás dispuesto a renunciar para materializar la vida que sueñas:

_____

_____

_____

_____

_____

_____

_____

_____

Capítulo 12

El verdadero movimiento surge de la quietud absoluta

Después de que has soltado la palabra, esta te domina.
Pero mientras no la has soltado, eres su dominador.
Proverbio árabe

Escapamos del silencio porque solo en él podremos confrontarnos con nosotros mismos, tememos mucho a lo que vamos a encontrar cuando cerremos la puerta del ruido mental y de la saturación de estímulos externos y abramos la puerta al vacío interno.

Evitas ver tu profunda esencia, no porque te de miedo confrontarte con tus ideas, los dolores y el sufrimiento que surgen de la mente, en realidad, evitas confrontarte contigo mismo porque sabes que en el momento en el que descubras tu verdadera grandeza y la veas cara a cara, tu vida jamás podrá ser igual, ya no habrá nadie a quien más culpar, ya no habrá nadie más a quién responsabilizar de eso que tu mente considera una desgracia, entenderás que el ego era solo una construcción mental, caerán las máscaras de la victimización y la fragilidad y podrás ver tu grandeza en toda su expresión, y en ese instante no existirá más alternativa que retomar el poder y asumir tu papel como creador de eso que tanto has rechazado.

Temes confrontarte con la esencia divina que eres porque en ese momento la queja y la evasión de responsabilidad no volverán a tener lugar, porque toda tu vida tal y como la conoces se va a desarmar, porque aquello que te enfocas en perseguir para alcanzar la felicidad se desvanecerá ante ti como un espejismo, porque comprenderás que no hay ningún otro lugar a donde llegar, entenderás que no hay ningún otro sitio hacia donde dirigirte, entenderás que no hay lugar a donde trasladarte porque la felicidad no estará ahí donde tu mente te hace creer, comprenderás que la plenitud no yace en ningún sitio más que en tu elección de cómo deseas experimentar el regalo del tiempo que te ha sido otorgado, y, por fin, aceptarás que has pasado tu vida entera huyendo de ti mismo y que las respuestas siempre han estado y estarán en ti.

El descubrimiento más grande en mi vida se presentó cuando comprendí que para enfocar adecuadamente toda mi energía y dirigir correctamente mis acciones era necesario conectar con el campo donde surgen todas las posibilidades. Era necesario descubrir en mi interior un espacio de profunda quietud y calma.

Imaginemos que nos encontramos dando un paseo por una hermosa bahía, el cielo está claro, la tarde va cayendo y el lugar está completamente solo en quietud y calma. Estamos tan concentrados observando el paisaje que no nos percatamos de nuestros pasos, de repente pisamos una superficie blanda y lodosa, en segundos nuestra pierna se sumerge hasta la rodilla y en un acto reflejo debido a la pérdida de equilibrio, enviamos la otra pierna y nuestras manos al frente, ahora, nuestros antebrazos y piernas están cubiertos de lodo. Todo ocurre muy rápido y cuando por fin logramos percatarnos de lo que sucede, nos encontramos ante un espectáculo aterrador: estamos atrapados... Pensemos por un segundo cuál sería nuestra reacción inmediata. Luchar, resistirnos, probablemente emplearíamos todas nuestras fuerzas en una batalla infructuosa por salir de la situación que nos amenaza, para tiempo después, darnos cuenta de que, como en la arena movediza, toda esa energía invertida solo sirvió para estancarnos más, para empeorar nuestra situación, y que si hubiéramos tomado las cosas con más calma hubiéramos podido encontrar alternativas diferentes de solución. Ahora, gracias a la energía invertida y a la lucha, nos encontramos atrapados.

En muchas ocasiones hacemos lo mismo en nuestra cotidianidad, tomamos decisiones por las razones incorrectas y testarudamente nos aferramos a la idea de que tenemos que defender la elección que hicimos a costa de todo y a como dé lugar. Invertimos energía, seguimos decidiendo mal solo para tratar de mantener a flote nuestro punto de vista o defender la idea que alguna vez tomamos. Invertimos esfuerzos que solo nos conducen a quedar atrapados en la trampa mental que nosotros mismos hemos creado, seguimos esforzándonos inclementemente y no damos el brazo a torcer, puesto que preferimos seguir luchando que reconocer que estábamos equivocados; nos rehusamos a abandonar la iniciativa incluso a costa de nuestro propio bienestar, de nuestra tranquilidad y de nuestra felicidad. Solamente el ego podría llevarnos a un nivel de insensatez tan alto como para considerar que es más importante tener la razón que disfrutar de la paz.

El movimiento requiere de una alta inversión energética, no solo física, sino en muchos casos, mental. Nuestras emociones son también energía en movimiento, pues detrás de cada emoción que experimentamos hay una descarga masiva de sustancias químicas o neurotransmisores que acompañan nuestros estados de ánimo. Para los antiguos griegos el concepto de energía estaba asociado con la capacidad de ejecutar algo a través del movimiento y en la física cuántica se contempla como una fuerza poderosa e indestructible y la mínima parte de lo que conocemos como materia. La energía es la esencia de todas las cosas que no puede crearse ni destruirse, que solo puede transformarse. Entonces, si es la esencia del movimiento y al mismo tiempo la base de todo lo que vemos en el mundo de las formas, nosotros no solo estamos conformados de energía en nuestro cuerpo físico, sino que SOMOS energía en nuestro plano mental y espiritual.

Cuando era solo una niña, el movimiento era intrínseco en mi vida y reflejaba mi total estado de libertad y plenitud. Recuerdo que mi mamá me decía que yo cantaba hasta la publicidad de la televisión, y que parecía un lorito por lo mucho que hablaba, me encantaba comunicarme, cuando me regalaban muñecas no les prestaba mucha atención, realmente nunca me atrajo el hecho de jugar a la casita o de ejercer el rol de mamá, por el contrario era una comunicadora innata, cuando tomaba los osos de felpa o las muñecas lo hacía para sentarlos en fila y jugar a que estaban en clase y yo hacía el papel de maestra. Recuerdo también que usualmente me regañaban por entrometerme en las conversaciones de los mayores y por opinar donde «se supone» que yo debería callar. Sin embargo, esto no solo ocurría conmigo, hoy comprendo que pasa con todos los niños, y que la esencia pura infantil siempre busca comunicarse a su manera personal y de acuerdo con la energía de sus almas: un grito alarmante a las tres de la mañana no es más que una señal de que un bebé tiene hambre o frío, es la forma natural y simple en la que dentro de nuestro estado de libertad absoluta expresamos nuestras emociones, otros niños lo hacen saturando a sus mayores con preguntas incesantes, como si su sed de información fuera inagotable. Otros lo hacen llevando al límite sus propias capacidades físicas, por ejemplo, queriendo saltar más alto, correr más rápido, levantar algo más pesado, otros a través de expresiones artísticas... Los niños tienen altas dosis de energía y esta es expresada y potenciada de manera natural de acuerdo con su estado del ser, pero a medida que van creciendo nosotros como sociedad tomamos esas fuentes inagotables y las mermamos a través del control y la cohibición.

Es por esto que no existe nada más frustrante para un niño que el hecho de que se coarte su libertad de expresión. Pedirle a un pequeñito que se quede quieto es como tomar a un ave y ponerla en una jaula. Sin embargo, con el paso de los años, a todos en cierta medida, en nuestras casas nos enseñaron a callar nuestra voz cuando los mayores hablaban, en el colegio el sistema educativo nos enseñó a quedarnos quietos por horas como un requisito para recibir información, y mientras íbamos creciendo aprendimos que para ser socialmente aceptados era necesario, muchas veces, no expresar nuestras verdaderas emociones y opiniones: «los niños no lloran», «cómetelo todo aunque no te guste», «las niñas deben comportarse femeninamente», «aunque no quieras, debes ir porque si no será mal visto», «no te subas *ahí*», «no toques eso», «quédate quieto», «a los mayores no se les lleva la contraria», «no preguntes tanto», «esos son cosas de adulto», «cuando seas grande lo entenderás»... En otras palabras, fuimos entrenados para reprimir la manifestación de nuestra curiosidad innata, fuimos desconectados de nuestra esencia, de nuestra energía pura.

Por obvias razones, el sistema nos llevó a desconectarnos de nosotros y en lugar de prestar atención a lo que había adentro, nos llevó a centrarnos en todo lo que pasaba afuera, en cómo se desenvolvía el mundo y en cómo éramos percibidos por los demás, puesto que, de alguna manera, de la opinión de otros dependía la aprobación que obtendríamos, y de dicha inclusión dependería nuestra supervivencia. Así, aprendimos a vivir consumiendo nuestra energía en acciones infructíferas, llegando a la edad adulta con la «batería baja» o con nuestra capacidad productiva a media marcha, solo porque nos entrenamos en dar al exterior toda nuestra energía, pero nunca nos enseñaron ni nos interesamos por descubrir cómo recargarla, cómo potenciarla y, en especial, cómo invertirla de manera amorosa y consciente en aquello que realmente produzca frutos de bienestar y plenitud, nos enseñaron a buscar el ruido y a escapar del silencio.

Como mencioné antes, la energía no desaparece, solo se transforma. Ya hemos visto que un primer escenario consiste en que mucha de nuestra energía se ha transformado en frustración y dolor a causa de nuestras elecciones y se ha desperdiciado bajo la terquedad de mantenernos firmes en aquello que a largo plazo no producirá ningún beneficio, como la persona que está a punto de caer en banca rota a causa del juego, y pese a ello, se encuentra en un casino y, aun habiendo perdido ya más del setenta por ciento del último dinero que le queda, continúa apostando en la mesa de póker aferrado a la idea de que debe apostar el treinta por ciento restante a ver si esta vez por fin llega un golpe de suerte, en lugar de levantarse de la mesa de apuestas con el capital que le queda, detener el círculo de sus malas decisiones y elegir tomar ese dinero abriéndose a la posibilidad de ponerlo a producir mediante nuevas alternativas.

El segundo escenario consiste en que la energía asociada a la interpretación que hemos creado de la vida no se ve reflejada tan claramente en nuestra realidad exterior, sino que se refleja en nuestro estado interno, porque nos podemos ir al otro extremo y reprimir nuestros verdaderos deseos o emociones. Así, en aras de no generar conflicto exterior creamos un martirio interior. Por fuera sonreímos mientras por dentro lloramos de dolor, por fuera aceptamos y nos mostramos conformes mientras en nuestro interior juzgamos, nos lamentamos o nos sentimos ofendidos. Entonces, ¿qué ocurre con toda esa carga energética que hemos ido reprimiendo a lo largo de los años? Básicamente ocurren dos cosas: esta energía busca un punto de escape a través de nuestro cuerpo y emoción manifestándose en enfermedades físicas, ansiedad, falta de sentido de la vida o depresión, o bien, tal y como ocurre con el ejemplo de la trampa de arena, enfocamos ciegamente nuestras acciones y nuestros movimientos en encontrar salidas que finalmente nos conducirán a caminos ciegos y terminarán atascándonos más en la insatisfacción porque serán vías alternas que no conducirán a afrontar la raíz real del conflicto, sino que nos llevarán por vías de evasión.

Estas salidas pueden ser la búsqueda incansable de felicidad mediante logros externos académicos o profesionales, las drogas, el juego, las relaciones, las emociones fuertes y muchas más. En mi experiencia personal, me ocurrieron las dos. Me enfoqué en cumplir con los estándares del guion social a través de muchos estudios, altas posiciones directivas en importantes compañías nacionales e internacionales, tenía estatus y el bolsillo lleno, pero mi corazón absolutamente vacío, además me encontraba con un cuerpo totalmente agotado, fatiga crónica, una gastritis que era el pan de cada día y unas piernas que, debido al dolor articular, simplemente no me respondían.

Hoy comprendo que durante muchos años estuve en un movimiento incansable pero infructuoso porque no conducía realmente a la armonía, paz y plenitud que añoraba, sino que me acercaba al caos y la desesperanza. Para mí, la realización y la felicidad se encontraban un paso siempre adelante: cuando estudie esto, cuando ascienda a tal cargo, cuando consiga una casa y un auto más grandes, cuando tenga tanto en mi cuenta bancaria, cuando en mi relación pase esto, cuando conozca tal país... En fin, mucho movimiento y mucho ruido, y estos a su vez desencadenaban frenéticamente más ruido y movimiento, en un círculo vicioso con todos los resultados posibles, excepto la plenitud.

Descubrí que nunca había estado en verdadero silencio, siempre la mente a mil por hora y el exterior lleno de desafíos y metas, y las pocas veces que había tomado un tiempo para conectar conmigo, tampoco me había escuchado realmente porque lo único que hacía era aprovechar este tiempo para lamentarme y victimizarme. Había pasado toda mi vida escuchando a otros, pero jamás me había detenido a escuchar mi propia voz, realmente no había tomado un segundo para escucharme a mí misma en completa quietud y calma, porque, como ya te planteé al comienzo de este capítulo, sabía que al escucharme, mi vida jamás volvería a ser la misma y eso me producía mucho miedo. Sin embargo, hoy agradezco ese instante porque fue doloroso pero necesario para un renacer maravilloso. Cuando decidí detenerme y escucharme me encontré con una mujer hermosa y maravillosa a la que desconocía completamente, recordé a la niña que había en mí y que sentía una empatía innata, recordé como a lo largo de mi vida las señales que me conectaban con mi verdadera vocación siempre estuvieron presentes, pero nunca pude verlas porque estaba en constante movimiento.

En nuestra vida estamos siempre en un choque de trenes, un mundo externo cambiante, vertiginoso, demandante, controlador y un mundo interno que es mucho peor, lleno de emociones sin procesar, lleno de sentimientos sin expresar y atiborrado por un desborde interminable de pensamientos. Seguramente esta lectura te ha llevado a comprobarlo y a analizar solo una pequeña parte de la avalancha de pensamientos que habitan en nuestra cabeza. Creemos que la consciencia es igual a nuestra capacidad de razonar o de pensar, llegamos incluso a identificarnos con nuestros pensamientos, pero en realidad somos mucho más, muchos de estos pensamientos o ideas realmente no nos representan, hemos ido identificándonos con ellas a lo largo de nuestra vida, las aprendimos de nuestros padres, de nuestros maestros o de la sociedad. Gracias a mi experiencia como psicóloga, concluyo que las famosas crisis de los treinta, los cuarenta o los cincuenta no son más que una manifestación de nuestro verdadero yo, que siente que se le está agotando la vida cumpliendo los sueños de otros y no los propios.

Como adultos, esa libertad que poseíamos al ser niños solo puede retomarse cuando logramos trascender el huracán de nuestros pensamientos y nos convertimos en el testigo silencioso de ese mar de ideas y emociones. Cuando logramos vernos a nosotros mismos como una laguna, como si fuésemos un lago y cuando por fin logramos contemplar a nuestros pensamientos como gotas de lluvia que al contacto con la superficie pueden generar ondas, entendemos que aunque esté cayendo una tempestad y toda la superficie se altere con las gotas, y aunque el día esté gris y nublado y aunque en la superficie todo parezca un caos, en el fondo, por debajo, en lo hondo de esa laguna, nuestra esencia es tan densa y profunda que jamás es alterada. Sin importar lo que esté pasando superficialmente, el interior, la verdadera esencia, solo puede estar en absoluta calma y es ahí donde debemos aprender a llegar si queremos vivir en consciencia y plenitud. No podemos evitar la precipitación de un chaparrón imprevisto, pero siempre podemos volver a elegir descender hasta el lugar sereno y tranquilo donde nada ni nadie puede quitarnos aquello que es nuestro derecho: nuestro silencio y la paz interior de nuestro corazón.

El campo de las infinitas posibilidades está más allá del ego y del miedo que son formas aprendidas de ver y afrontar la vida, el campo de las infinitas posibilidades desde el que surge el verdadero movimiento creativo y transformador proviene de esa esencia que está más allá de las formas y los condicionamientos y que nos confronta con nuestros verdaderos intereses, sueños y deseos, y con el motor universal de la vida: el amor. No nos han enseñado a estar en calma, a sentirnos cómodos con el silencio, a apreciar y valorar la contemplación y la paz, todo lo contrario, huimos de eso porque nos resulta totalmente desconocido y, por tanto, atemorizante.

A todos nos ha pasado que en algún momento olvidamos una palabra, una canción o el nombre de alguien, y mientras más nos enfocamos en recordarlo más y más nos frustramos porque no logramos acceder a esa información que «sabemos» está ahí, y cuanta más energía invertimos, más parece que la respuesta se aleja de nosotros. Sin embargo, cuando nos distraemos de ese objetivo, cuando desistimos de ese propósito, cuando dejamos a un lado la terquedad de tener la respuesta y nos liberamos de la presión de tener que encontrar la información, cuando estamos en calma disfrutando de algo que nada tiene que ver, concentrados en otro tema o simplemente riéndonos de cualquier tontería, de repente, la respuesta que tanto estábamos buscando aparece como por arte de magia, recordamos el nombre de la canción, el nombre del lugar o el nombre de la persona. Pero ¿por qué ocurre esto?, ¿por qué si la información estaba ahí en lugar de hacerse visible parecía esfumarse como el humo ante nuestros ojos?

La respuesta es sencilla: por la expectativa y la presión que pusiste en tener que alcanzarla, porque dejaste de disfrutar el proceso y te resististe a reconocer que no era urgente tener la información. En el momento en el que te aferras a que *tienes que* acceder o lograr algo y que *tiene que hacerse en tu tiempo, porque tú quieres, porque es así como debe ser, porque tiene que ser a tu manera*, la energía que es tu potencial de creación se ha apegado, se ha aferrado y, por tanto, se ha estancado en una vibración densa al servicio de los caprichos del ego. Si en lugar de ello hubieras tenido la certeza de que la información ERA TUYA y que por tanto, en cualquier momento aparecería y te hubieras relajado, hubieras tomado tu energía pasándola a un plano más elevado vibracionalmente más armónico, y así hubieras facilitado el proceso de recordación.

También, a todos nos ha ocurrido que cuando estamos haciendo un proyecto, desarrollando una idea, o buscando una solución, y nos enfocamos muchísimo en encontrar las alternativas pensando en que *tenemos que hacerlo,* en que *las cosas saldrán mal si no lo conseguimos,* en que *el tiempo se nos está agotando*, o en el *qué dirán aquellos que vayan a recibir nuestro trabajo,* llegamos a un momento de estancamiento y la creatividad desaparece, el potencial se atrofia. Tal y como ocurre en la trampa de arena, nos sentimos sin salida, todo ese movimiento energético y desgaste no produjo ningún resultado satisfactorio, pero, en cambio, si en el momento en el que aparece el bloqueo mental y la saturación emocional, nos permitiéramos estar en silencio por unos momentos, si nos diéramos el espacio de alejarnos un rato, si nos tomáramos un café, si nos diéramos el espacio de disfrutar de conectar con nuestro interior, de jugar con nuestras mascotas, de observar un paisaje, de respirar, de volver al centro, de disfrutar de la paz interior, simplemente de estar, lo que ocurriría es que disminuiríamos el ritmo vertiginoso de nuestros pensamientos y lo más importante: dejaríamos de esforzarmos y pasaríamos a un estado de disfrute. Ahí de repente, las ideas comenzarán a surgir aparentemente de la nada, pero en realidad, estarán proviniendo del TODO porque habrás dejado de centrar tu atención en una pequeña parte de la existencia que es la materia, lo terrenal, lo que puedes ver y tocar, habrás dejado de fijarte en el mundo y sus expectativas, y habrás conectado con lo que es REAL, lo que siempre ha existido y existirá, lo que es la esencia creadora de la realidad: habrás conectado con la divinidad expresada en tu existencia y a la que solo puede accederse a través del silencio y de la paz.

Existe una diferencia enorme entre crear y fabricar, la mayoría de nosotros nos pasamos la vida en movimiento fabricante, y no de verdadera creación. Fabricar es como tomar piezas de la realidad pre-establecidas y con ellas elaborar figuras que encajen en los «moldes existentes», por el contrario, crear es un proceso que solo surge de la conexión con la esencia, que surge del campo de las posibilidades infinitas, es decir, el campo al que se accede desde nuestro estado de quietud y calma. Incluso, importantes científicos han dicho que sus grandes logros surgieron de un proceso de conexión consigo mismos y de quietud mental. Existe en ti y en mí, en cada uno de nosotros, un ser superior, una consciencia infinita, una matriz de energía pura tan sabia y tan poderosa, y al mismo tiempo tan respetuosa, que espera caballerosamente a que le permitamos manifestarse, pero no puede hablarnos si nosotros estamos todo el tiempo en un dialogo interno incesante. Ese testigo silencioso solo se manifiesta cuando nuestra mente y emociones están en quietud y calma, cuando dejamos de divagar en el futuro o en el pasado y nos concentramos en el único momento en el que ocurre la vida: en el eterno presente.

Momento de reflexión

Los sabios nos enseñan que no puedes dar a otros aquello que no te estás dando primero a ti mismo, y que puedes gastarte la vida en un movimiento incansable pero absolutamente infructuoso, entonces, ¿qué le estarás dando a quienes amas, a la sociedad, al planeta?

Encuentra un lugar cómodo, preferiblemente con una vista que te resulte inspiradora o agradable, procura que durante los próximos minutos nada vaya a interrumpirte. Elige algo orgánico (vivo, natural o en movimiento) que cautive y atraiga tu mirada, puede ser una flor, un insecto, un ave, un árbol, las nubes del cielo, el agua que corre o la llama de una vela, cierra el libro y concentra tu atención en ese objetivo por unos minutos. Mientras te dedicas a la contemplación, observa cómo simplemente se limita a estar y a ser, observa cómo la vida es maravillosa gracias a su presencia, analiza qué es lo que este ser le brinda al mundo y cómo este planeta es un mejor lugar gracias a su presencia.

Eso en lo que has elegido enfocarte es una gran fuente de inspiración y un gran ejemplo para ti. Eso está dando todo de sí, simplemente porque está en coherencia con lo que realmente es, no hay un ruido mental que lo desconecte de hacer aquello para lo que ha sido creado, nada lo desvía de su propósito, no sufre, no se lamenta, no culpa, no se victimiza, está en el silencio y la quietud que le han permitido ser lo que es, y dar al mundo aquello que es.

Después de dedicar unos minutos a este ejercicio, pregúntate: ¿cómo me relaciono con mis hijos, con mis compañeros, con mi familia, con mi pareja? ¿Lo hago desde mi paz interior y desde la quietud y la coherencia de saber quién soy o desde el ruido mental y la saturación emocional que me invaden?

¿Qué estás dando al mundo?

Los seres humanos somos privilegiados, tenemos la potestad de elegir y decidir cómo invertir ese potencial puro que existe en cada uno de nosotros, el movimiento es intrínseco a nuestra condición de seres creadores. Entonces te invito a que te detengas un segundo y revises tu estado actual. La forma en la que experimentas tu vida ahora y los sentimientos que albergas en tu corazón son un reflejo del impulso desde el cual surgieron los movimientos que te condujeron a este presente. Así que si en tu vida hay caos, insatisfacción, e infelicidad, te invito a que hagas un alto, a que te conviertas en ese testigo silencioso que no juzga y que observa, a que conectes con la plenitud de tu alma que es sabia y poderosa, a que escuches los deseos de tu corazón, a que rompas con patrones impuestos por condicionamientos que nada tienen que ver con tu esencia, y desde ahí, desde esa calma infinita que yace en lo profundo de tu ser, conectes con tu poder interior para realmente hacer cosas buenas por ti y por los demás comprendiendo que solo desde la quietud de tu alma, puede surgir el verdadero movimiento creador.

Ya ha quedado claro que probablemente estás desaprovechando tu energía infructíferamente en pensamientos o acciones a satisfacción de las antiguas programaciones mentales instauradas en ti. También has comprendido que el ruido y la saturación son vías de escape para no conectar con tu poder interior y, por último, que solo a través del silencio y la observación de ti mismo puede llegar la libertad de la expresión, la creatividad y, por supuesto, el autoconocimiento. Ha llegado el momento de que descubras que es tu responsabilidad no solo elegir sabiamente cómo invertir tu energía, sino también velar porque esta esté constantemente recargada y renovada.

Integrando el aprendizaje

Eres único y tu energía vital también, para materializar lo que sueñas requieres proteger y potenciar tu energía vital, y para esto, es muy importante que calles el ruido mental, que apagues el ruido exterior y aprendas a conocerte. Responde las siguientes preguntas:

Algo fuera de lo convencional, una costumbre rara o absurda que a ti te encante, que te produzca emoción y pasión es:

_____

_____

_____

_____

_____

El momento del día en el que sueles sentirte más activo o productivo es:

_____
_____
_____
_____
_____

La expresión creativa o artística que más te llama la atención, bien sea porque disfrutas siendo espectador de ella o porque te agrada practicarla (no importa que seas bueno o no en ello), es:

_____
_____
_____
_____
_____

Los alimentos que te recargan de energía, que en lugar de hacerte sentir pesado o aletargado, te hacen sentir nutrido, activo, saludable, satisfecho y motivado son:

_____
_____
_____
_____
_____

Cuántas horas de sueño requiere tu cuerpo para sentirse descansado y productivo:

_____
_____
_____
_____
_____

Qué cambios podrías realizar para que tus horas de descanso propicien un sueño realmente reparador (enfócate en lo que ves antes de irte a la cama, en la armonía y el orden del lugar donde descansas, en los aparatos electrónicos o luces que están activos en la noche mientras tú duermes, en las conversaciones que sostienes antes de ir a descansar, en el estado emocional y energético que tienes antes de dormir. Por ejemplo, antes de caer en sueño profundo te detienes a agradecer por tu día y le indicas amorosamente a tu cuerpo que descanse, o en lugar de ello te quedas dormido con el televisor encendido hasta que tu energía vital se agota):

_____

_____

_____

_____

_____

De tu entorno cercano, las personas que más te llenan de positivismo, que recargan tu energía y que te inyectan pasión por la vida son:

_____

_____

_____

_____

Cuando te sientes agobiado, decaído o confundido, lo que suele funcionar para levantarte el ánimo y para ayudarte a encontrar alternativas es:

_____

_____

_____

_____

Una frase, refrán o cita poderosa que te inyecta valor y te motiva a la acción es:

_____

_____

_____

_____

_____

Además de dormir, la forma en la que más te agrada descansar y recargarte es:

_____

_____

_____

_____

Si tuvieras que elegir un momento del día para estar habitualmente en silencio por unos minutos, para disfrutar de tu propia compañía y estar en armonía contigo mismo, con tus pensamientos y con tus reflexiones, ese momento del día sería:

_____

_____

_____

_____

Si tuvieras que elegir una práctica silenciosa para estar en paz y en calma por unos minutos diariamente, cuál sería la actividad que preferirías (ejemplo: meditar en silencio, o escuchar una meditación guiada, pintar por unos minutos, observar la naturaleza, escribir tus pensamientos, solo respirar y estar, cerrar los ojos y acostarte por unos minutos siendo consciente de tus emociones, sentarte a escuchar música suave, etc.):

_____

_____

_____

_____

_____

Qué tipo de contacto con la naturaleza que esté al alcance de tu cotidianidad y que puedas realizar mínimamente un par de veces al mes,
resulta más ameno, inspirador y positivo para ti (ejemplo observar el
atardecer, visitar un parque, estar en contacto con los animales, cuidar
plantas en casa, abrazar un árbol, caminar descalzo sobre el césped,
contemplar el mar, bañarte en un lago, etc.):

_____

_____

_____

_____

Algo que te hace disfrutar y reír a carcajadas es:

_____

_____

_____

_____

Qué otras prácticas consideras que podrían ayudarte a incrementar tu energía vital:

_____

_____

_____

_____

Habiendo completado este cuestionario, qué compromisos o acuerdos estás dispuesto a realizar ahora contigo mismo, en beneficio de cultivar, proteger e incrementar tu energía vital:

_____

_____

_____

_____

_____

Capítulo 13

El sentido profundo de la existencia

No busques. Lo que es, es. Detente y mira.
Osho

¿Qué existe más allá de esta vida? Lo que nos espera después de la muerte es una de las preguntas que más desconcierta a la humanidad. Muchas personas dejan de disfrutar esta experiencia, temiendo que no vivir «correctamente» acarreará consecuencias nefastas en otro lugar, donde el castigo se impondrá para la eternidad. Otras tantas están más allá del concepto del castigo y la culpa, pero no disfrutan la vida por la angustia de pensar que el tiempo se agota, que hay tanto por hacer, que no han logrado nada y que están estancados. Finalmente algunas más están tan preocupadas por ganarse el cielo que crean un infierno y viven una vida, aburrida, parca y sin disfrute, con la esperanza de que ese cielo les traiga el éxtasis, la jovialidad, la alegría, el placer y la plenitud de la que se privaron en esta existencia... Así cada día, el hermoso y eterno presente deja de ser un gozo y se convierte en una angustia generada por pensamientos futuristas y garrafales, que solo pertenecen al mundo de la imaginación.

No logras lo que quieres, porque vives ahondando en el pasado que ya murió o anticipándote al futuro que no ha llegado. Vives en un limbo inexistente, porque ni pasado ni futuro son reales. El pasado ya fue, y es altamente probable que no haya sido exactamente como lo recuerdas, y que lo que evocas sea solo información selectiva que tu mente ha elegido cautelosamente y que ha interpretado para confirmar las ideas preestablecidas sobre ti o sobre la realidad. La otra parte, el futuro, todavía no ha ocurrido, y te aseguro que probablemente tampoco será tal y como tu imaginación lo vislumbra, puesto que muchas veces las historias mentales que nos contamos son mucho más terroríficas que lo que termina sucediendo en realidad. Simplemente ambos estados temporales (pasado y futuro) **no existen,** y si no existen, lo único que haces es gastar tu energía en un ir y venir de inexistencia. Realmente no vives porque estás enfocando tu atención en dos momentos temporales que no son reales. Tú eres, en esencia pura, energía, y si la enfocas en algo inexistente, tú tampoco existes. Obsérvalo corazón: ¡realmente no VIVES por andar en el juego de la mente!

Tu cuerpo habita el presente, pero tu mente está en otros lugares ilusorios, no estás viviendo, no estás conectado con el disfrute de la realidad, estás embebido por tu recuerdo o tu imaginación. Por eso, en la espiritualidad comprendemos que el tiempo es un constructo mental necesario para comprender esta experiencia de vida, pero entendemos que el lugar donde habita la Consciencia, la Fuente, el Tao, el Universo, el Yo soy, o si lo prefieres Dios, es el lugar donde TODO LO ES, y el único lugar donde todo ya ES es sin duda el eterno presente, y el presente al igual que tu esencia es continuo, permanente e inagotable.

No puedes ser consciente al mismo tiempo que estás recordando o imaginando, estas cosas son incompatibles porque la mente humana permeada de ego debatirá y generará conflicto entre los juicios, las anticipaciones, los recuerdos dolorosos del pasado, las comparaciones y los constructos. La consciencia solo se manifiesta cuando se está presente y cuando el ser real observa lo que es, tal y como es, sin llenarlo de información y conceptos. Sabes que estás siendo consciente cuando te permites observar la realidad con la inocencia prístina de un niño pequeño que se sorprende cuando vive una experiencia como si fuera la vez primera, y en lugar de interpretarla o juzgarla, se aventura a disfrutarla lleno de pasión y de gozo. Ya decía un gran maestro «dejad que los niños vengan a mí, porque de ellos será el reino de los cielos». El cielo no es un lugar a donde ir, y no es un lugar que pertenezca a los niños porque ellos carezcan de eso que llaman pecado, todo lo contrario, el cielo es ahora y los niños lo disfrutan porque están presentes y porque gozan lo que sea que ocurra sin juicios y con inocencia. Sabes, conozco niños de cinco años y también de cincuenta, adultos que más allá de su edad disfrutan con inocencia infantil de todo aquello que les ocurra en la vida. Por favor, no confundas inocencia con ingenuidad, ambas son cosas muy distintas. También conozco personas que, sin morir, ya viven en el cielo, porque disfrutan de la plenitud del presente, y otras tantas que ya están muertas en vida o que anidan en el infierno de sus propias creaciones mentales.

La consciencia solo habita en el presente, debido a que en ese instante en el que estás presente no hay lugar para el ego, pues el ego solo tiene dos casas: sus lugares de residencia son el pasado y el futuro, y por ello es absolutamente imposible que se manifieste en el presente, cuando estás concentrado en el aquí y el ahora lo has apartado a un lado. Recuerda, simplemente el ego no puede residir donde no haya caos, del caos fue creado y en el caos se alimenta, sin él no habrá manera de que el ego pueda manifestarse y el caos es una construcción de tu proceso mental, basado en las experiencias pasadas y en la predicción del futuro.

Momento de reflexión

Piensa en una situación en la que hayas actuado de una forma que no te llene de satisfacción, en un momento en el que, si pudieras, lo harías todo de manera diferente. Puede ser un conflicto, un juicio, una discusión, un instante en el que, de ser posible, cambiarías tu reacción y en el que, ahora en retrospectiva, sabes que quien dijo, hizo, opinó, o decidió no fue tu ser amoroso, sino tu ego.

¿Qué te llevó a actuar de esa manera? Recuerda cómo te estabas sintiendo, y luego ve más profundo y revisa qué pensamientos produjeron ese sentimiento tan desagradable. ¿Te sentiste indignado, frustrado, molesto, ofendido, amenazado, poco valorado, iracundo, impaciente? Ahora rétate a ti mismo y descubre cómo el ego movía los hilos de tu actuación y cómo silenciosamente dirigía tu comportamiento. Analiza cómo es que el pensamiento se alejó del presente y te llevó a comparar la situación, a ti o al otro, basándote en experiencias o situaciones pasadas, o tal vez te llevó a no aceptar lo que estaba ocurriendo y frustrarte porque las cosas en el futuro no saldrían de acuerdo con tus expectativas.

Analiza y reflexiona con conciencia, recuerda cómo ese malestar crecía en ti porque no estabas aceptando el presente. Seguramente, en ese instante había juicios anticipatorios de un futuro que no había llegado y que, a su vez, estaban fundamentados en los miedos y dolores de un pasado que ya había dejado de existir. Cierra el libro y confróntate. Descubre a tu ego moviéndose en los dos tiempos inexistentes: pasado y futuro.

El sentido profundo de la existencia solo se obtiene donde la aceptación yace apacible e imperturbable, por eso la aceptación mora en el momento presente. Pasado y futuro son constructos de tu mente, y no olvides que es la mente la responsable de la creación de tu personaje. Tu mente también ha creado el tiempo como interpretación mental y como una estructura lineal en la que puedes anticiparte o retroceder, partiendo del momento en el que te encuentras, y todo esto se hace a través de tus pensamientos. La capacidad de comprenderlo desde una consciencia espiritual radica en que recordemos siempre que en esta experiencia de vida, que por naturaleza nos lleva a movernos entre los opuestos, la división es una ilusión y que lo que subyace siempre es, ha sido y será la unidad.

El despertar espiritual parte de la consciencia de que (como ya hemos visto) aunque sientas el frío o el calor, ambos en esencia son lo mismo, que a pesar de tus ojos vean como separados al sol y la luna o al día y la noche, ambos son lo mismo, que el uno no existiría sin el otro y que son las dos caras de una única danza universal, y asimismo, que comprendas que tu pasado y tu futuro forman parte de la misma composición. Son constructos de tu mente que aparentemente están divididos, pero que en esencia provienen de la misma fuente, eres tú quien los crea y los une. Pasado y futuro son herramientas para existir en este plano y propiciar experiencias que te ayuden a expandir tu conciencia, pero en la inconsciencia han dejado de ser herramientas y las has convertido en el alimento con el que se rebosa y fortalece el ego. No puede existir aceptación para quien no ha comprendido que la separación es una ilusión y que lo único real es la unidad. Profundicemos en estos dos tiempos.

Futuro

Cuando en este libro te hablo del poder de la visualización como una herramienta para elevar tu vibración, sé consciente de que he planteado que el propósito es que emplees tus imágenes mentales para elevar tu vibración energética y enviar al campo cuántico un mensaje contundente sobre qué es lo que deseas materializar. No te estoy diciendo que lo hagas para que en *un futuro* eleves tu vibración, sino para que, a través de tus visualizaciones, eleves tu vibración **en el presente** alimentándote con una imagen que deseas que ocurra en el futuro. Si lo observas bien, realmente **es en el presente donde estás construyendo**, no en el tiempo ilusorio.

Es en **TU PRESENTE**, donde tu vibración se modifica y envía una señal al universo. Es en tu presente donde tu vibración le dice al campo cuántico cuál es tu real intención. Como ya habrás comprendido, una forma de cambiar tu vibración en el único momento en el que todo ya es (el presente), consiste en visualizar conscientemente tu deseo futuro y sintiendo aquí y ahora que esto ya ha ocurrido. Cuando cambias tu vibración, ese sueño para el universo ya es una realidad. Recuerda: si tú vibraste con ello, entonces eso ¡ya ocurrió! Tu vibración aquí y ahora ya se modificó y, como el tiempo y el espacio no existen en el campo cuántico, tu vibración está indicando que eso que resuena en ti *ya es una realidad*. Por lo tanto, en ese momento que tu mente llama futuro, aquello con lo que vibraste terminará por materializarse, porque vibracionalmente ya lo viviste.

Pasado

Tu pasado es una herramienta poderosa para desarrollar consciencia, pero también lo es para sabotear tu vida. Como el cuchillo con el que puedes desatar a alguien y enviarlo a la libertad o apuñalarlo hasta dejarlo sin vida. Como en el ejemplo del cuchillo, el elemento es neutro, es su uso el que determina su condición de benéfico o maligno.

Regresar al pasado para analizar tu comportamiento y descubrir cómo puedes mejorar o cómo ya has mejorado gracias a las nuevas experiencias e información que has incorporado es algo sumamente potente. También es muy valioso regresar al pasado para recordar cuánto has avanzado y sentirte agradecido, también puede ser de ayuda regresar al pasado para recordar un aprendizaje que a lo mejor no habías integrado correctamente y así evitar un dolor futuro. Sin embargo, date cuenta de que todos estos escenarios también pueden ocurrir sin necesidad que tú te andes paseando permanentemente por el pasado. Puedes estar agradecido ahora por todo lo que es sin tener que estar comparando lo que tenías antes versus lo que tienes ahora. Cuando aprendes a identificar a tu ego, desde el autoconocimiento y desde el poder personal, puedes hacer uso de tus habilidades adquiridas y anticiparte a una lección o aprendizaje dolorosos, eligiendo y actuando de manera consciente en el presente sin tener que viajar al pasado.

Al visitar el pasado, el campo cuántico también recibe tu vibración en el presente, cuando a tu mente se le antoja *darse un paseíto por el ayer*. Si recuerdas el dolor de la traición de tu expareja y cómo rompió, por ejemplo, su promesa de serte fiel hasta la muerte, o si evocas el momento en el que tu jefe te despidió injustamente, o cómo tu padre abusaba de ti, tu vibración en el presente se permea de dichas emociones y baja; y entonces el mensaje que enviarás al campo cuántico será: *más dolor por favor*. Y como ya te he dicho varias veces, eres Dios y tus deseos son órdenes.

Sé que esto de mantenerte presente es todo un reto, pero acaso, ¿no es eso la vida? No te propongo que elimines totalmente tu pasado como si sufrieras de amnesia instantánea, tampoco te digo que te olvides totalmente del futuro, porque en ese caso no habría lugar para sueños o metas, lo que te propongo es que desarrolles consciencia suficiente como para «pillar» el juego de la mente en los tiempos pasado y futuro, y elegir traerla al presente en el momento en el que dichos juegos no están sirviendo a la grandeza de tu ser sino a la trampa del ego.

Es un proceso retador, pero sumamente valioso. Yo cada vez voy menos al pasado, y soy muy selectiva acerca de cuándo y cómo anticiparme al futuro, y si lo hago procuro hacerlo en presencia plena.

Corazón, el sentido de esta existencia no se halla, simplemente se observa. Logra apreciarse en totalidad cuando se es consciente de que la mente podrá visitar el pasado o anticiparse al futuro, pero el SER siempre morará en el presente. La felicidad está ocurriendo ahora, simplemente te has distraído con tus preocupaciones futuras y lamentaciones pasadas, y por ello, no consigues apreciarla.

Integrando el aprendizaje

Piensa en el mayor de tus problemas actuales, si no tienes problemas piensa en esa situación que desearías transformar y a la que atribuyes gran parte de tu frustración. Descríbela ahora:

_____
_____
_____
_____
_____

Mientras lees estas líneas, ¿qué está ocurriendo realmente en tu vida? Describe realmente lo que está aconteciendo tal y como está ocurriendo. Ejemplo: estoy en mi casa, tengo el estómago lleno, estoy en mi sillón, no tengo frío ni calor, estoy seguro y cómodo, etc. Haz tu ejercicio:

_____
_____
_____
_____

Revisa con consciencia si el problema está ocurriendo en el presente, en el futuro o en el pasado. Por ejemplo, estás preocupado por tener que asistir a esa reunión mañana, pero eso ¿está pasando ahora o te estás anticipando? O tal vez, estás lamentándote por no tener pareja y quedarte en casa leyendo este libro, pero ¿eso realmente te afecta, o lo que te lastima es que te castigas pensando en lo que debería ser, en lugar de aceptar lo que ya es? Supongamos que la situación es económica, no crees poder llegar a fin de mes y te preocupa que no podrás pagar tus compromisos económicos, ¿la fecha de pago es hoy, está ocurriendo en el presente o es una fecha que se avecina? ¿Esto es nuevo o te ocurrió lo mismo el mes pasado? Al final, el mes pasado pudiste sortearlo, ¿sí o no? ¿Aquí y ahora qué está pasando? ¿Qué estás haciendo, qué está ocurriendo con tu economía? Estás aprovechando el presente tomando acción o estás nuevamente creyendo que en el movimiento mental pasado-futuro se generará algún cambio.

Escribe qué es lo que realmente te duele, te afecta o te preocupa y analiza la forma en la que divagas en imaginación, recuerdos, o en juicios en contra de lo que ya es, desconectándote del presente.

_____

_____

_____

_____

_____

Haz del presente tu zona segura. Esto me ha ayudado enormemente, así como a los miles de personas que acompaño. Piensa en el lugar donde te sientas protegido y en el que creas que realmente puedes ser tú. Tu casa, tu habitación, la naturaleza... Pues bien, ese lugar no solo es un sitio físico, más allá del espacio donde te encuentras, recuerda que ese lugar siempre habita en tu interior. Comienza por darte cuenta de que te has distraído.

Recuerda que eres tú quien controla tus pensamientos y que no es a la inversa. Revisa tu actitud, siendo consciente de lo potente que es tu vibración. No estés dispuesto a vibrar en una sintonía que no corresponda a eso que tanto deseas materializar.

Mantén una mente de principiante. Si fueras otra persona inocente y neutra, ¿cómo observarías esta situación que tanto te acongoja? ¿Realmente es una situación muy grave? ¿Realmente es una situación tan compleja como para sobrepasar tu poder personal?

_____

_____

_____

_____

_____

Libérate de juicios sobre otros o sobre ti mismo. Acepta, acepta y acepta. No combatas, no desgastes tu energía en luchar contra lo que ya es, inviértela en crear lo que deseas manifestar.

Respira, vuelve a tu refugio: vuelve al aquí y al ahora. Recuerda que el único caos es el que surge de tu mente. Conecta con la paz que habita cuando estás en calma con tu momento presente, y cuando sabes que aquí y ahora, todo está bien para tu ser.

En total armonía, piensa en cuál es la mejor alternativa de solución para esa situación que te aflige, desapégate de lo que siempre has creído sobre ese tema, olvídate de la única alternativa que tu mente ha aceptado, ábrete a nuevas posibilidades, recuerda que eso que tu mente cree que debe ser, al final, no es necesario para ser feliz.

Pregunta a tu parte más sabia: ¿Qué es lo que me he rehusado a ver sobre esta circunstancia? ¿Cuál es la salida que siempre ha estado frente a mis ojos y que no he querido aceptar? ¿En el presente qué es lo que mi parte más profunda sabe que debo hacer?

_____

_____

_____

_____

Por último, eleva tu vibración solo con tu intención y sintonizando correctamente tu emoción, enfocándote en lo que deseas y no en lo que rechazas o temes, y así, envía al campo cuántico tu mensaje. Hazle saber al universo tu deseo. Escribe eso que anhelas y que _también es posible para ti_:

La separación no existe más que en la mente, no hay división alguna para el ser. Es así como en esta experiencia de vida, donde existe un principio de dualidad cuyo fin es permitirnos aprender a través de contrastes, la ilusión de que estamos separados toma el control y la mente comienza a gobernar tu vida creyendo que la separación es real. NO ESTÁS SEPARADO DE NADA, eres parte de todo, NO ERES VÍCTIMA DE NADA, estás viviendo lo que tus elecciones, acciones u omisiones han creado, NADA OCURRE PARA LASTIMARTE, las experiencias dolorosas son oportunidades de expansión de tu consciencia, TODO LO QUE SUEÑAS PUEDE SER ALCANZADO los únicos obstáculos son los que has aceptado y establecido con las limitaciones de tu mente.

La mente se encuentra fragmentada porque es, en su origen, una creación que proviene de la ilusión de que somos seres individuales que forman parte de un mundo hostil donde hay que competir para obtener algo, donde alguien tiene que ganar y otros tienen que perder, donde al dar, te quedas sin nada mientras que el otro recibe todo. Sin embargo, nada de esto es real, tanto si das amor como si das odio, no te quedas sin nada, por el contrario, más te llenas de ello.

Cuanto más odio profesas, más crece este sentimiento en ti y más se convierte en parte de tu existencia. Igual ocurre con el amor, y cuando crees que amaste sin medida y te quedaste sin nada, entonces no amaste, sino que entregaste a través del ego esperando recibir algo a cambio. El amor verdadero se multiplica en tu interior y se expande cuando lo expresas. Asimismo, tal y como ocurre con el dolor, el miedo o el recelo, cualquier cosa que pienses que le estás dando al otro, al final de cuentas, no abundará en el otro sino en ti, porque eres tú y solo tú quien la estará experimentando y sintiendo. Sea cual sea la emoción que crees que brindas a los demás, para poder darla primero tuviste que sentirla, por eso, es mentira que el otro se lleva lo que le diste. Vivir en consciencia implica reconocer que odio o amor no dependen de los actos de los demás, siempre estar en una de esas polaridades será tu elección y, en cualquier caso, antes de que se lleve a cabo tu intención de transmitirla a otros, primero vivirás e incorporarás esa polaridad en la vibración del ser, tú y solo tú.

Comenzaba este capítulo con el planteamiento de que las personas no viven sus vidas por andar agobiándose, pensando qué sigue después de esta experiencia. Si te preguntas a dónde vas cuando la melodía que interpretas se acaba, te recomiendo empezar a reconocer que esta, sin duda, es una pregunta de la mente, puesto que te lleva a pensar en un futuro, a desconectarte del presente, a carecer de certeza y a pensar en la muerte como la terminación y el final de lo que tú eres. Tú no terminas cuando el cuerpo cumpla con su servicio, tú no mueres, solo muere el vehículo que utilizaste durante un tiempo. Pensar en qué hay más allá de «esta vida» es una preocupación de la mente, porque en efecto, tu mente muere con tu cuerpo, pero TÚ NO ERES TU MENTE, tú eres la consciencia eterna que da vida a la mente a través de sus pensamientos, tú eres la energía que nunca se destruye, que no se acaba y que seguirá su camino y su proceso a través de nuevas expresiones.

Cuando abandones el cuerpo que habitas, el Ser, en contra de lo que establece la mente, sabe claramente que no hay un lugar a dónde ir, puesto que eso representaría que tu existencia se interrumpiera, que terminara y que se rompiera el principio de la continuidad. Pensar en un lugar a donde ir sería facultar a la inexistencia, olvidando que tu esencia es lo que es, lo único que siempre ha sido y siempre será.

El traje que portas (tu cuerpo) está dotado de órganos sensoriales que te permiten percibir parcialmente un extracto de lo que te rodea, pero ten en mente que el hecho que ese traje no pueda percatarse a través de sus sentidos de TODO lo que existe, no quiere decir que aquello que los sentidos no puedan percibir no sea algo real. Tus sentidos observan la luz emitida por una estrella, pero eso no quiere decir que esa estrella exista, pudo haberse extinguido hace años y lo que observas es su luz que viaja a través del espacio. Sin embargo para tus sentidos, eso que ves es existente. Así mismo, tus sentidos no pueden ver ni palpar la gravedad pero sí pueden observar como una manzana cae de un árbol, y la interpretación de este acontecimiento con el nivel de información que ahora posees, es entendido con tu mente como la ley de la gravedad, no obstante, hace siglos, cuando no se había desarrollado la física tal y como la conocemos, esta ley también existía, aunque la mente de ese entonces no tuviera los suficientes constructos para interpretarla.

Imagina que hoy tuvieras que viajar al pasado, a la época medieval y que tuvieras que explicar todo lo que sabes hoy acerca del funcionamiento del universo. Imagina que tuvieras que hacerlo sin herramientas que te permitieran demostrar que lo que afirmas es válido y sin que quienes te escuchan pudieran comprobar de manera «palpable» lo que afirmas, ¿te creerían o te tacharían de demente solo porque con sus sentidos y su razonamiento no logran comprender lo que compartes? Sería muy complejo hacerles entender la información de la que estás seguro, y muchos la rechazarían, aunque tú sabes que es real. Lo mismo pasa con la grandeza y la divinidad de tu existencia, por eso la divinidad es algo que no puede explicarse con conceptos o demostrarse bajo parámetros comprobables y medibles (por lo menos por ahora), pero llegará el momento en el que la humanidad abrirá su mente a una realidad que está más allá de lo palpable y de lo que puede percibirse con los sentidos corpóreos. Entre tanto, tu misión es transformar tu realidad y vivir en merecimiento y plenitud, de esta manera, empoderándote y conectando con tu poder personal, ya estarás haciendo un gran aporte no solo en tu existencia, sino, en la elevación de la vibración del planeta que habitamos preparando el terreno para el surgimiento de una nueva era más despierta y consciente.

Recuerda corazón: que no puedas ver o apreciar algo con tus sentidos, o que tu mente carezca de una explicación lógica para los acontecimientos que te ocurren, no significa que lo que está más allá, y que aún no puedes comprender, no forme parte de esta matriz divina, de esta gran unidad y consciencia infinita. En otras palabras, que no puedas comprenderlo o verlo, no significa que no pueda ser. Comprender que no hay un lugar a donde debas ir después de esa experiencia no significa que no exista una «realidad» (si así queremos llamarla) más allá de la que percibes, tampoco descarta el hecho de que este sueño al que llamamos vida no sea más que una experiencia cíclica y continua de renovación constante, en la que te vistes una y otra vez de muchos trajes, como una forma de experimentarte para así poder recordar tu consciencia eterna y expandirla.

El traje en el que te estás expresando ahora posee una mente, y ella teme por el futuro y se pregunta qué ocurrirá cuando sus partes dejen de funcionar y cuando el traje deba ser desechado, pero esas preocupaciones son propias de la mente, no de tu Ser. En la naturaleza, la roca no es consciente de tu existencia, carece de órganos sensoriales, su traje no tiene ojos u oídos y su estructura no está compuesta de receptores o corpúsculos que le permitan sentirte a través del tacto. Su traje de roca no le permite percatarse de ti pero ella existe, emite energía y está manifestada a través de un traje limitado, y aunque su traje no le permita *darse cuenta* de tu presencia, eso no quiere decir que tú no existas por el hecho de que la roca no te perciba, tú existes, pero no existes para la roca, ¿correcto? Que uses un traje que te permita corroborar *solo ciertas cosas* no quiere decir que aquellas cosas que tu traje no perciba no existan y tampoco implica que tu existencia dependa del hecho de llevar puesto o no un traje, es decir, un cuerpo.

La individualidad va de la mano del concepto de la muerte como «tu final» y este es un asunto que te aleja de la plenitud y que te desvía de eso que anhelas. Debatirte entre estos razonamientos mentales consume tu energía y te desenfoca del verdadero disfrute. Recuerda que participas en una sinfonía eterna: eres parte de un conglomerado de expresiones encargadas de hacer sonar la música y tú también eres la música. Reflexiona: ¿Es acaso el músico más importante que la orquesta misma? ¿Podría haber orquesta si no hubiera músicos? ¿Importa más la individualidad de los músicos que la misma música?

La música es música, sea interpretada por uno o por cien, y la Fuente es la música misma expresándose en cualquier forma de interpretación. En esencia lo único real, lo único *que verdaderamente existe* es la música, no existen ni orquesta ni músicos que importen más que la música y la música es ETERNA. Sin melodía musical, ¿qué sentido tendría pensar acaso en ser un musico o pertenecer a una orquesta?

Comprende que eres la música que se expresa a través del músico, y también eres el instrumento, la partitura y el director, eres todo, porque formas parte de la unidad, eres parte de lo que ES, eres música y tu más alta evolución inicia cuando te permites aceptar que la Fuente y tú no estáis separados. Has sido creado porque la música requería expresarse a través de ti, y serás músico, obra musical, instrumento, director, lo que sea que permita que la música VIBRE. En resumen, al final, todos estamos conectados, todos somos uno, todos somos música. Eres Dios, eres la energía divina expresándose, no puedes estar separado de nada, porque eres una manifestación de lo único que existe.

La mente cree que al morir el traje del músico, morirá también la música, pero esto no es cierto. El atuendo también es parte del juego. Que un instrumento deje de funcionar o de servir no significa que haya muerto la música. Incluso aunque no hubiera quién la interpretara, la música seguiría siendo música y latiendo como una posibilidad en el campo cuántico, en la gran matriz que alberga el potencial infinito. La divinidad carece de límites, por eso, aunque no hubiera músico o instrumento, la música seguiría siendo y seguiría estando latente e imperceptible por los órganos de los sentidos, pero, al fin y al cabo, morando apaciblemente en un campo donde las posibilidades son infinitas, donde las alternativas de crear sinfonías variadas son inagotables. La música no desaparecería, estaría ahí inmutable, esperando la llegada de un nuevo integrante de la orquesta dispuesto a elegir cómo interpretarla.

El traje y la mente que lo habita creen que provienes de un lugar y que también hay un lugar a donde ir, el Ser sabe que él no debe ir a ningún lado porque ya mora en el lugar donde todo es, y también sabe que no hay un lugar de donde provenga porque eso sería encasillar e interpretar, con un constructo mental de espacio tiempo, a la Fuente poderosa, eterna, infinita e inagotable. El Ser sabe que no se trata de provenir o de ir a ningún lado, sino de EXPANDIRSE en el único lugar donde todo ya es, y la forma en la que te expandes es a través de experiencias que sumen a la elevación de tu consciencia.

Si tu guardarropa estuviera compuesto de miles de trajes y si te hubieras puesto ya cientos de ellos (tantos que ya no los recuerdas), y si adicionalmente te faltaran otros miles más por lucir, ¿tendría sentido preocuparte por lo que ocurrirá con el traje que llevas puesto cuando este se descomponga? ¿Tendría sentido apegarte a él? No se trata del traje, se trata de la consciencia de aquel que lo porta, y de qué decide hacer el portador del traje con las oportunidades que le son brindadas mientras está vestido con él.

En esta experiencia, tú tienes el poder de crear las circunstancias que favorezcan tu crecimiento, tu empoderamiento y la expansión de tu consciencia, pero también tienes el poder de crear experiencias que te sumerjan en el victimismo y en la culpabilidad. No olvides nunca que el único motivo por el cual las personas no obtienen lo que anhelan es la percepción que tienen sobre la vida y sobre ellos mismos.

¿Cómo saber si ya estás listo para dar el paso y transformar lo que te resta de esta experiencia a la que has llamado vida mientras portas el traje que te ha sido asignado en esta etapa? En realidad, es simple, llévate la mano al corazón y pregúntate si de verdad crees que eso que sueñas **también es posible para ti** y si estás dispuesto a materializarlo a través de la divinidad que eres.

◀ Agradecimientos ▶

A mis padres, almas sabias que aceptaron ser el medio para que yo pudiera gozar de esta experiencia y fueron el instrumento a través del cual pude encarnar este viaje de vuelta a la consciencia del amor. Infinitas gracias por acompañarme en este recorrido con su entrega y dedicación. A mi hermanita, por ser maestra de amor y por su apoyo incondicional. A mi equipo de trabajo: Leidy, Lina, Luisa, Fransury y Camila, por creer ciegamente y confiar con certeza, pero, sobre todo, por su admirable e inagotable paciencia. A Andrés, mi amor y mi esposo, que llegó en el momento menos esperado, cuando tener una nueva relación era algo que simplemente no estaba en mis planes, gracias por presentarte justo cuando este libro estaba siendo terminado, gracias por cumplir la cita de nuestras almas, por permitirme llegar a casa y por coincidir en el momento preciso para corroborar que la vida te premia cuando has hecho tu trabajo.

A mi «jefe», por traerme hasta aquí y permitirme servir en libertad, abundancia y amor. A mis guías y maestros por su compañía y paciencia... Y especialmente gracias infinitas a ti que estás leyendo estas líneas, por ser parte de mi historia.

◀ Sobre la autora ▶

Maria Elena Badillo es experta en crecimiento personal, es psicóloga, escritora, conferenciante, docente y guía espiritual. Especialista en talento humano, certificada en valoración del talento, diplomada en salud, programación neurolingüística, inteligencia emocional, entre otros. Ha participado como ponente en varios congresos de talla mundial y participa frecuentemente como profesional invitada en medios de televisión y radio internacional. Se ha formado compartiendo presencialmente con grandes representantes del despertar de la consciencia y el desarrollo personal como Deepak Chopra, Joe Dispenza, Neale Donald Walsch, Matias De Estefano, Enric Corbera, entre otros, y acompaña a más de un millón de seguidores en redes sociales.

Pese a que había construido una exitosa carrera como directiva en varias compañías multinacionales, no encontraba la paz que anhelaba, y la falta de equilibrio emocional se manifestaba en sus relaciones de pareja, su estado de ánimo y su salud. Es así como dio un giro a su vida, aceptando su llamado a servir y realizando su propio proceso de despertar espiritual. Hoy, desde su conocimiento y su experiencia personal, se dedica a cumplir con su propósito: acompañar a las personas a liberarse del sufrimiento y crear la vida de plenitud que merecen. Ella, con su toque amoroso y directo, acompaña a otros a amar su vida y a recordar el ser poderoso y merecedor que habita en su interior.

🌐 www.mariaelenabadillo.com

📷 @maria.elena.badillo

▶️ Psicóloga Maria Elena Badillo